黒人のたましい

W・E・B・デュボイス 著
木島始・鮫島重俊・黄寅秀 訳

未來社

バーガートとヨーランド
失われたものと見出されたもの
に捧げる

W. E. B. Du Bois

黒人のたましい

目次

序想

以下には、もし忍耐づよく読みとられるなら、二〇世紀の曙において黒人であることがいかに奇異な意味をもつことかを示す、数々のことがらが埋めこまれている。その意味たるや、寛大なる読者よ、あなたにも興味がなくもない、何故かなら、二〇世紀の問題とは、皮膚の色の境界線《カラー・ライン》の問題だからである。

だから、わたしは、あなたに祈る、わたしの小さな書物を、あらんかぎりの寛大さをもって受けとられんことを。そして、わたしの言葉をわたしとともに研究し、わたしの内部にある信念と情熱に由来する誤りや弱点をゆるし、ここに隠されている真理の穀粒をさがしもとめられんことを。

わたしは、この書物で、漠然と定かではない略図でだが、一〇〇〇万のアメリカ人が、生活し奮闘している精神世界を、素描しようと望んだ。まず、最初の二章では、奴隷解放がかれらに何を意味したか、そして、その余波が何であったかを、わたしは示そうとした。第三章では、個人的な指導性のゆっくりとした興隆を、わたしは指摘して、今日その人種の主要な重荷をになっている指導者を、率直に批判した。それから、またべつの二章では、速書きの略図でだが、わたしは、ヴェールの内と外の二つの世界を、素描した。そして、そうすることで、人生に立ち向うひとびとを教育するという中心課題に到達したのである。さらに、こんどはもっと深い詳細に敢えてつっこんでみて、わたしは、ふたつの章で、何百万という黒人農民大衆の闘争を研究し、べつの一章では、主人と召使いの息子たちの現在の関係を明瞭にしようとしてみた。

それから、白人世界をはなれて、わたしは、ヴェールの内側に踏みこみ、そのいっそう深い奥の奥にあるものを、あなたが見ることができるようにと、ヴェールを持ちあげてみた、――その宗教の意味、その人間的な悲しみに充ちた情熱、そして、その偉大な魂の闘いを。こういったすべてを、わたしは、ほとんど書かれたことのない、二度にわたる物語りと、歌についての一章で、しめくくりにした。

これらのわたしの考察のいくつかは、以前に、べつの装いのもとに陽の目をみたものである。それらをここに再びあらたまった拡張した形で刊行するのに親切にも同意をいただいたことにたいし、わたしは、つぎの出版者たちに感謝しなければならない。すなわち、「ジ・アトランティック・マンスリー」「ザ・ワールズ・ワーク」「ザ・ダイアル」「ザ・ニュー・ワールド」それに「アンナルズ・オヴ・ジ・アメリカン・アカデミー・オヴ・ポリティカル・アンド・ソーシァル・サイエンス」である。

各章の前に、御覧のように、「悲しみの歌」の楽節がある、――暗い過去の黒い魂から湧きあがってきた、唯一のアメリカ音楽からのつきまとう旋律のこだまが。そして、さいごに、こうしてここに語っているわたしが、ヴェールの内側に生きるかれらの骨の骨、肉の肉であることを、いまさらつけくわえる必要があるであろうか？

ジョージア州アトランタ

一九〇三年二月一日

W・E・B・デュボイス

五〇年後

十九世紀の終りに、中西部に文学的な出版センターを造ろうとする運動が、シカゴで発展した。A・C・マックラーグ社のために、編集者であるブラウンズ親子は、若くて無名の若者たちを、探しまわりはじめた。わたしは、ちょうど最初のわたしの本を二冊、出版したばかりであった。「アメリカへのアフリカ奴隷貿易の鎮圧」の歴史、それは一八九六年に新ハーヴァード歴史研究双書の第一巻として現れた。わたしの「フィラデルフィア・ニグロ」は、一八九九年にペンシルヴェニア大学によって出版された。わたしはまた、いくつかの論文を書いていて、それらは、「アトランティック・マンスリー」「ダイアル」その他いくつかの定期刊行物に受けいれられていた。

マックラーグの編集者たちは、一九〇〇年ごろ、かれらの考慮しうるような一冊の書物になる材料を、わたしが持っていないかどうかを問いあわせる手紙をかいてきた。わたしは、ちょうどそのとき、わたしのライフ・ワークにしようと望むことについて、アトランタ大学で仕事にとりかかろうとしていた。それは、合衆国における黒人問題の広範な徹底的な研究となるはずであった。わたしは、この計画のあらましを編集者たちに知らせたが、かれらは当然のことながらもっと限定された一般読者向けのものを欲しがった。そこで、わたしは、わたしのそれまでに発表した論文や未発表の論文を、新しいいくつかを加えて、集めることにとりかかった。

かれらは、提案された書物が気にいり、出版を申し出た。わたしは、ためらった。何故かなら、もっと時間と考察をくわえれば、いっそうましな仕事ができると信じていたからである。非常にたくさんの点で、これは、不完全で、不満足なものであった。しかし、ついにわたしは、勇気をふるいおこして、原稿を送った。そして、五〇年前に『黒人のたましい』"The Souls of Black Folk"は、現れたのである。それは、好評で、それから三〇年ものあいだ、何回も数多くの版を重ねた。

何回か、わたしは、この書物を改訂して、わたしじしんの思想の歩みに並行させ、批評にこたえることを計画した。しかし、わたしは、ためらい、ついに、この書物は一九〇三年にわたしが考え、感じたことにたいする記念碑として、最初に印刷したままにしておくことに決めた。わたしは、事実の変化と影響は、べつの本のなかに書きとめようと望んだのである。

こんどのジュビリー版では、わたしは、この決定に固執したので、五〇年前のわたしの思索は、当時かかれたとおり再びあらわれるわけである。ただ数ヶ所、語句で訂正したところがあるが、それも四、五ケ所にすぎず、かつて書きとめられた思索を変えるためではなく、昨日わたしが言わんとしたことを今日ふとしたことから誤解されることがないようにとの配慮のためである。

半世紀前のこれらの伝言《メッセージズ》を再読すると、わたしはふたつの点を感ずるが、そのふたつというのは、わたしのほうで落したというより、当時わたしが知らなかった、というか理解していなかったことがらのしるしなのである。ひとつは、心理学の研究におけるフロイトとかれの共同研究者たちの影響である。もうひとつは、カール・マルクスのあたえた近代世界にたいする驚くべき衝撃である。

ジェームズ、サンタヤナ、ジョイスの一学徒として、わたしは、二〇世紀のもたらした心理学における革命に不用意であったわけではない。しかし『黒人のたましい』は、人種偏見の増大と影響における、無意識の思考や習慣の牽引力を適切に考慮にいれているとはいえない。

わたしの大学教育は、必ずしもカール・マルクスを除外したわけではない。かれは、ハーヴァードで言及されていたし、ベルリンで考慮の対象になっていた。それは、脱落ではなくて、マルクスが意図した思想と行動における革命を、わたしの先生たちのあいだで、適切に強調したり、包含したりしなかったということである。だから、おそらく、わたしは、この回顧を単純につぎのように言うことでしめくくってもよかろう。昨日と同じように今日もなお、わたしは、皮膚の色による差別線は、今世紀の一大問題である、と。しかし、今日、わたしは、昨日よりいっそう明かに見てとるのである、人種と皮膚の色の背後にはいっそう大きなひとつの問題が横たわっており、それが差別線の問題を曖昧にもしまた補いをしてもいるのを。そして、それは、じつに多くの文明人たちが、じぶんたちが安楽に暮すこととの代価が他の大多数の同胞たちの貧困と無知と疾病であったとしても、安楽に暮したがっているということ、そしてこの特権を維持するためには、ひとびとは戦争をしてきたのであるということ、しかもその結果、今日では、戦争は、どこにでも広がり、絶えまがなくなろうとしており、その戦争の口実たるや、たいてい、あいもかわらず、皮膚の色と人種であるということである。

W・E・B・デュボイス

一九五三年

第一章　われわれの魂の闘い

おお、水よ、わたしの心の声よ、砂中に咽き
夜どおし　悲痛な叫びをあげて
わたしが伏して耳かたむけていると　わたしには
身近なわたしの心の声とも　また　海の声とも　聞きわけられない
おお、水よ、安らぎを求めて咽くのは、わたしなのか、このわたしなのか?
夜どおし　海は　わたしにむかって　叫びかけている。

おちつかない水よ、最後の月が沈んで
最後の潮が引きしりぞき　西のほうで
終末の炎が　燃えはじめるまで　けっして安らぎはないだろう。
そして　心は　疲れはて驚いて　海のように泣きさけぶだろう、
生命のあるかぎり　空しく叫んでいるだろう、
夜どおし　海が　わたしにむかって　叫びかけているように。

——アーサー・シモンズ*

わたしと、もう一つの世界との間には、いつも一つの声にならない問いがある。或る者は、こまか

い心づかいのため、他の者は、正確な表現力をもたないために、その問いを口にしない。しかもなお、すべての者は、その問いのまわりで羽をばたつかせているのだ。かれらは、ためらいがちに、わたしに近づき、わたしを好奇と憐びんの目でみつめる。そして、直接に「厄介者《プロブレム》あつかいされるのは、どんな気持のするものですか?」と聞くかわりに、こう言うのだ。「わたしの町にはすばらしい黒人が住んでいます。」「メカニックスビル*の戦闘にわたしは参加しましたよ。」あるいは、また、「こういう南部の不法と暴力が、あなたの血を煮えたぎらせるのではないですか?」と。こういう言葉に対して、わたしは或るときは、笑顔を作り、或るときは気持を動かされ、また或るときは、煮えたぎる気持をじっとこらえておさえるのだ。本当に「厄介者《プロブレム》扱いにされるのは、どんな気持のするものですか?」と問われるときには、わたしはほとんど何も答えない。

しかもなお、厄介者《プロブレム》であるということは、異常な経験であるのだ、——赤ん坊時代とヨーロッパにいる時をのぞいて厄介者以外の者であったことのない人間にとっては、一種独特といってもよい経験なのだ。はっと目覚める出来事が、無邪気にはねまわっている少年時代の初期に、いわば、一日にしてまず突然かれに襲いかかってくる。わたしは、あの黒い影がさっとわたしを横ぎって通りすぎていった時のことを忘れることができない。わたしは、まだ子供で、ニュー・イングランドの人里はなれた山のなかに住んでいた。暗いフサトニック川*の流れが、フーザックとターカニックの間をうねり流れて海にそそいでいた。小さな木造の校舎では、一包み一〇セントの豪華な名刺を買って交換する遊びが何となく少年少女たちの心をとらえていた。その交換遊びは楽しかった。だがあるとき、新入りの背の高い一人の少女がわたしの名刺を拒絶したのだ。その少女は、じろりと一瞥して、傲然とそれを受取ることを拒否したのであった。そのとき、わたしには、わたしが他の子供たちと違っているのだ、いや恐らく心と生命と憧れでは同じでも、かれらの世界からは、巨大なヴェールでへだてられているのだ、ということに急に気がつき始めたのだった。わたしは、それ以後、そのヴェールをひきはがして、それをくぐり抜けていこうという欲望を持つことがなかった。わたしは、そのヴェールの向う側のものをすべてみんなと同じ軽蔑の念で見た。そして、そのヴェール上の青空の世界、大きなさまよう影の世界のなかで生きていた。空は、わたしが、試験の時間に同級生たちを打ち負かしたり、また、かけっこで勝ったような時に、いやまた、かれらの筋ばった頭を打ちのめした時に、もっとも青く見えたのである。だが、ああ、年月が経つにつれて、このすばらしい軽蔑の念は色あせていった。なぜなら、わたしが憧れもとめた世界、その目もくらむような成功への機会が、かれらのものであって、わたしのものではないということがわかったからである。だが、とわたしは言うのだった。かれらにこのすばらしい獲物をいつまでももたせておくものか。そのいくらかは、いや、すべてを、きっとかれらの手からもぎとってみせる。ただ、どうやってそれを実行するか、そのことがわたしには決められなかった。法律を一生懸命に勉強してか。病人をなおすことによってか。それともわたしの頭にあふれるすばらしい物語を語ることによってか。――とにかく、何らかの方法によってだろう。他の黒人の少年たちにとって、闘争は、これほどはげしい輝きを伴うものではなかった。かれらは、味気ないへつらいのなかに青春をしぼませ、まわりの薄仄白い世界をひそかに憎み、また、どんなものでも白いものなら、あなどり信じないのであった。いや、それだけではない。「なぜ神さまは、おれをじぶんの家のなかで余計者にしたり、またよそものにしちまったんだ？」というはげしい叫びのなかで若さをすりへらすのであった。牢獄の影は、われわれみんなのまわりをとりまいていた。ならぶ壁は、純血の白人にもかたくなに門をとざしているが、暗がりのなかを忍従しつつまさぐり歩かねばならない夜の息子たちにとっては、非情なまでに狭く、高く、登り得ぬものであった。かれらの手は、空しく石をたたき、なかばあきらめの気持で、じっと上空の一すじの青さを見つめるのであった。

　エジプト人とインド人、ギリシャ人とローマ人、チュートン人とモンゴール人につづいて、黒人は、このアメリカの世界に、ヴェールを背負い、未来を見とおす目をもって生まれでた、いわば第七の息子*であった。アメリカの世界――それは、黒人にすこしも真の自我意識をあたえてはくれず、自己をもう一つの世界（白人世界――訳者）の事物を通してのみ見ることを許してくれる世界である。この二重に屈折した意識、このたえず自己を他者の目によってみるという感覚、軽蔑と憐びんをたのしみながら眺めているもう一つの世界の巻き尺で自己の魂をはかっている感覚、このような感覚は、じつに異様なものである。かれはいつでも自己の二重性を感じている。――アメリカ人であることと黒人であること。二つの魂、二つの思想、二つに分裂した努力、そして一つの黒い身体のなかで闘っている二つの理想。しかも、その身体を解体から防いでいるものは、犬のような頑健な体力だけなのである。

　アメリカ黒人の歴史は、この闘争の歴史である。すなわち、自我意識に目覚めた人間になろうとする熱望、二重の自己をいっそう立派ないっそう真実の自己に統一しようとする熱望の歴史なのである。この統一の過程で、かれは、古い自己のいずれをも失いたくないと望んでいる。かれはアメリカをアフリカ化しようとはしないであろう。なぜなら、アメリカの持っているものは、世界とアフリカを教えても、あまりあるほどに大きいからである。また、かれは、黒人の魂を、白いアメリカニズムの奔流のなかで漂白させようともしないだろう。なぜなら、かれは、黒人の血のなかに世界に対する予言がながれていることを知っているからである。かれは、一人の人間が自分の仲間によってのしられたり唾をひっかけられたりすることもなく、また、自分の目の前で「機会」のとびらが荒々しく閉ざされたりすることもなく、黒人であるとどうじに、しかもアメリカ人でもある、ということが出来たらと望んでいるにすぎない。

それ故、つぎのようなことがかれの闘争の目的となる。すなわち、文化の王国における共働者となること。死と孤立からのがれること。自己のもっともすぐれた能力と、埋れた天才を掘りおこし有効に使うこと。このような心身の諸能力は過去において、奇妙に浪費され、消散させられ、かつまた、忘れ去られてきたのであった。すばらしい黒人の過去の面影は、黒人の国エチオピア、スフィンクスのエジプトの話として、われわれの目の前をかすめて通っていく。全歴史を通じて、真の黒人の諸能力は、流星のように、そこここで光芒を放つが、時として世間が正当にその光輝を評価しないうちに死に絶えていくのであった。ここアメリカでは、奴隷解放後の短い期間に、黒人たちはその奮闘のなかでためらい疑いながら右往左往したために、しばしばその精力を浪費してしまい、能力が欠如していたり、水準以下であるというような感じをあたえた。しかし、それを水準以下だなどといってはならない。目標の二重性からくる矛盾というべきである。二重目標をもった黒人職人のあがき――一方では、木挽きや水汲みにすぎない民族に対する白人の軽蔑からのがれること、他方では、貧困に打ちひしがれた流浪の民のために、耕し、釘を打ち、穴を掘らねばならぬこと、――のもたらす唯一の結果は、かれを下手な職人に仕立てあげることに他ならなかった。何故なら、かれは、のがれるにせよ、土着するにせよ、いずれの場合にもどっちつかずの態度をとらざるをえなかったのだ。かれの同胞たちの貧困と、無知とは、黒人牧師や医者を、まやかしと煽動へ走らせることになった。さらに白い世界からの批判によって、自己の卑しい仕事を恥辱と感じさせる理想へとむかっていった。自称黒人「学者《サヴァン》」の前に立ちふさがったものは、かれの同胞たちの必要としている知識が白人の隣人にとっては二番せんじであり、白人世界の知識は、自分の肉親たちにとって理解することも出来ぬようなものであるという矛盾であった。黒人に固有のあの調和と美への愛は、教養のないかれの同胞たちを踊らせ、歌わせるけれども、黒人芸術家の魂のなかには、ただ、混乱と疑惑とをひきおこすだけであった。なぜなら、かれの前に啓示される美は、かれのもつさらに大きな聴衆(白人―訳者)の軽蔑している人種の魂の美を表現するものであって、かれには他の民衆の言葉を表現する能力はないからである。この目標の二重性からくる浪費、この調和することのない二つの理想をともに満たそうとする希望のために、一〇〇〇万民衆(黒人―訳者)の勇気と信念と行為は、あわれにも荒廃に帰し、しばしば、かれらに偽わりの神々の愛を求めさせ、偽わりの救済手段を哀願にいかせることとなった。そして、ときには、自ら黒人であることを恥と考えるようにさえしむけているように思えるほどである。

過去の奴隷制時代に、黒人たちは、一つの聖なる事件ですべての疑惑と失望が消失するのを見ることができるものと考えていた。かつてアメリカ黒人が、二世紀の間いだいていたような「自由」に対する絶対的な信仰、その半分の信仰ででもいいからこれまでに「自由」を崇めることがあったかといえば、それはじっさいきわめて稀である。黒人にとっては、かれが考えそして夢みるかぎりにおいて、奴隷制度は、じつにあらゆる非道の骨頂であり、あらゆる悲しみの源であり、あらゆる偏見の根元であった。奴隷解放は、かつて悩めるイスラエル人たちの目の前にひろがった甘美な約束の土地よりも、いっそう甘美な約束の土地への鍵であった。一つの折り返し句《リフレーン》が、歌のなかでも、訓戒のなかでも、声高にとなえられた、――「自由《リバーティ》」。涙と呪いのなかにかれの哀願した神さまは、右手に「自由《フリードム》」をもっておられた。ついに、それはやってきた、――突然に、おそるおそる、まるで夢のように。はげしい血と情熱の謝肉祭《カーニバル》(南北戦争―訳者)とともに、哀しい歌の調べで、あの神のお告げが、(つぎのような霊歌をさす―訳者)やってきた。

叫べ、おお　子供たちよ！

叫べ、おまえたちは自由なのだ！

神さまが、おまえたちの自由をあがなわれたのだ！


その時いらい、一〇年、二〇年、四〇年と、年月は過ぎていった。四〇年の国民生活、四〇年の革新と発展があった。それにもかかわらず、あの浅黒い亡霊が、アメリカ国民の祝宴のなかで、もとの座に坐りつづけているのである。そしてわれわれが、われわれの当面しているこの最大の社会問題にむかって、声を大にしてこう訴えるのだが、空しい叫びだ。


おいどんなにでも姿をかえてこい。

おれの筋金入りの体はびくともせぬぞ。

（「マクベス」第三幕、第四場、マクベスのバンクオーの亡霊にたいするせりふ——訳者）


この国民は、その罪障から、まだ安らぎを発見していない。解放奴隷は、まだ自由のなかにかれの約束の土地を発見してはいない。この転換の年月のあいだにどんなによいことが生まれ出たにせよ、深い失望が黒人民衆のうえに依然として影を落している。そしてこの失望たるや、下層階級が単純無知である場合は問題外であるが、達成されない理想というのが無限にあるために、それだけにますます苛烈をきわめるのである。

最初の一〇年は、いつでも巧みに身をかわして逃れてしまうようなあの自由という贈物をさがし求めての長い空しい年月にすぎなかった。人をじらせ、首領のいない群を激怒させたり、また方向をあやまらせたりする鬼火のような自由。戦争の大虐殺、キュー・クラックス・クラン団*の恐怖、カーペットバガー*どもの嘘っぱち、産業の解体、敵と味方とからの矛盾した忠告、――それらは、とまどっている農奴たちに昔ながらの自由を求める叫び以上のどんな新しい合い言葉をももたらさなかった。しかし、時がたつにつれて、かれは新しい理念を把み始めた。自由の理想を実現するためには強力な手段が必要であった。そして憲法修正条項第一五条*がこの強力な手段をあたえてくれた。以前は、自由をさししめす目にみえる標識とみなしていた投票用紙を、今やかれは、戦争によって部分的に与えられたその自由をいっそう拡大し完全にするための主要な手段と考えるようになってきた。そう、どうしてそう考えてはいけないのか？　投票が戦争を起し、数百万人を解放したのではなかったろうか？　投票が、解放奴隷に政治的な権利を与えたのではなかったろうか？　これらをすべてやってのけた力で、何か不可能なことというのがあるだろうか？　百万の黒人たちは、熱意も新たに自ら投票して神の国へと出発していった。そして一〇年がまたたくまに飛び去り、一八七六年の大転換*がおこり、半分自由な農奴を倦怠と懐疑におとしいれた。しかし、まだかれらは奮起していた。続く数年の間に、政治的な力を獲得する夢が、徐々に確実に新しいヴィジョンにとってかわられてしまった。これは強力な運動、指導者のいない民衆を指導するもう一つの新しい理想の興隆、暗い憂いの昼の後にかかげられたもう一つの夜の火柱であった。その理想とは「学問《ブック・ラーニング》」であった。むりやり閉じこめられていた無知の状態から、白人の神秘的な学問の力を知りかつ試してみたいという好奇心が生まれ、知識を得たいという熱望となった。ついにここに、カナーン*の地へ到達する山道が発見されたかに見えた。それは、奴隷解放と法の公道よりはさらに長く、険しくて、でこぼこであった。だがそれは、じゅうぶんに人生を見渡せる高さの丘へと続いている真直ぐな道でもあった。

この新しい山道を、前衛は、ゆっくりと、重い足どりで、強情に、よじ登って行った。この時期の学校の黒い生徒のよろめく足、霧のようにかすんだ精神、おそい理解力を見守り導いてきたもののみが、黒人民衆の誠実で痛々しいほどの学問への努力を知っているのである。それは、投げ出してしまいたくなるような仕事であった。冷静な統計学者は、ここかしこで、進歩の背丈を計って記録し、あそこで足がすべり、ここで誰かが倒れた、ということまで書きつけた。疲れた登山者たちにとっては、地平線はいつも暗く、霧はしばしば冷たかった。そして、カナーンは、つねに遙かにかすんだ向う側にあった。しかし、たとえまだ目的地を展望することができず、休息所も見えず、へつらいとあらさがしの他には、ほとんど何の姿も見えなかったとしても、すくなくともこの旅は、瞑想と自省のための余裕を与えてくれた。それは、奴隷解放期の子供を、自我意識と自我実現と自尊心に目覚めはじめた青年に変えたのである。この暗い奮闘の森のなかで、じぶんじしんの魂が、かれの前にたちあらわれた。かれは、まるでヴェールをとおして見るように、ぼんやりとじぶんの姿を見た。しかし、それでもとにかく、自己の力と使命がかすかに自分自身の中にあらわれているのを見たのである。かれは、自分がこの世にその地歩を固めるには、自分自身であらねばならず、他人であってはならぬというぼんやりした感情を持ちはじめた。かれは始めて、じぶんの背中に背負っている重荷、まだ生まれたばかりの黒人問題のかげに一部分かくされて前面におし出されてはいない社会的退廃のずしりとこたえる重荷を分析してみようとした。かれは、じぶんの貧困を骨身に感じた。一文もなく、家もなく、土地もなく、道具もなく、貯えもなく、かれは、富も土地も腕もある隣人との競走に加わったのであった。金のないということは辛いことだ。しかしドルの国の貧乏な人種であることは、この世の苦難のまさにどん底におとしめられていることである。かれはじぶんの無知——学問だけでなく人生、仕事、人間性についての無知——の重さを肌身に感じた。何十年何世紀にわたる怠惰、責任回避、不器用さの累積が、かれの両手両足に枷を加えた。いやかれの重荷は、貧困と無知だけがすべてではなかった。二世紀にわたる黒人婦人への組織的で合法的な暴行が、この人種の皮膚に父知らずという赤いあざを刻みつけたが、それは、ただたんに古いアフリカの純潔の喪失を意味しただけでなく、白人の姦夫たちからののしかかるような堕落の重荷を受けつぐことをも意味した。こうして、黒人家庭は抹殺の危機におちいろうとしていたのである。

このような不利な条件をつけられたひとびとに、世界と競争せよということが無理である。むしろそのすべての時間と思索を、自らのさまざまな社会問題に向けることが許されてよい筈であった。だが、悲しいかな、社会学者たちが陽気に黒人の私生児たちと売春婦たちの数を数えているあいだに、汗水たらして働いているその黒人の魂は、大きな絶望の影で暗くなるのである。人は、その影を偏見と呼び、したり顔で、それは野蛮に対する文化の、無知に対する知識の、犯罪に対する潔白の、「下等」人種に対する「高等」人種の、当然の防衛だと説明する。これに対して黒人は、大声で「アーメン！」と祈りの叫びをあげる。そして文明とか、文化とか、公正とか、進歩とかへの、至当な敬意に基づいているというあの奇妙きわまりない非常に多くの偏見にむかって、卑屈に頭をさげ、おとなしく服従することを誓うのである。しかし、このようにしてもなおかつ跳梁する、ひどい偏見の前で、かれは、手も足も出ず、狼狽し、ほとんど声を発することもなく、突っ立っているのである。あの直接的な非礼と嘲笑、冷笑と計画的な侮辱、事実の歪曲とほしいままに気紛れを行う放縦さ、善への冷笑と無視、悪の騒々しい歓迎、トゥーサン*から悪魔に至るまで何でも黒いものなら軽蔑するよう教えこもうとする欲望の充満——こういう状態を前にしては、「失意」が口づたえの言葉となっている黒い群いがいのどんな民族でも、いずれは絶望と失意におちこみ、武装解除させられてしまうであろう。

しかしながら、このように巨大な偏見に直面すれば、抑圧にかならず附随し、軽蔑と憎悪の雰囲気のなかで育まれるところの、あのどうしても避けがたい自己への懐疑と自己軽視、諸理想の引き下げという現象が起る。ささやきと不吉な兆しが、風にのって四方からやってきた。おお、われわれは病み死に絶えようとしているではないか、と黒い群たちは叫んだ。われわれは文字が書けない、われわれが投票して何になろう。いつも料理人や召使として働かなければならぬとしたら、教育の必要などどこにあるのか？　そして、アメリカ国民は、この自己批評に調子をあわせて、いっそうそれを強調するのだ。こう言ってだ、召使いで満足せよ、それ以上をのぞむんじゃない。半人前の人間にいま以上の教養は無用だ。暴力によるにせよ、ペテンによるにせよ、黒人の投票権を剝奪するんだ、そして、一つの人種の自殺を見守ろうではないか！　だがしかし、悪からなにがしかの善は生まれてきた。すなわち、教育をいっそう注意深く現実生活に適応させることと黒人たちのさまざまな社会的責任をいっそう明確に把握すること、進歩の意味について冷静な認識をもつこと、がそれである。

こうして《狂乱怒濤《シュトゥルム・ウント・ドランク》》時代の夜明けが始まった。嵐と緊張が、今日、われわれの小舟を猛り狂った世界の大海のまっただなかでゆり動かしている。内にも外にも、激突する音がひびきわたり、肉体は焼け、魂は千々に引きさかれている。そして、奮い立つ心は、疑惑と抗争し、誠意は、むなしい不信と相たたかっている。過去の輝やかしい理想——身体の自由、政治的能力、頭脳と手の鍛練——これらすべてが、つぎつぎにふくれてはしぼみ、ついには、最後の理想さえも、ぼんやりと曇ったものになってしまうのだった。こういう理想は、すべてまちがっていたのか、すべていつわりのものであったのか？　いや、そういうわけではなく、そのひとつひとつは単独では単純に過ぎ、しかも不完全であったということ、いわばだまされやすい幼年期の人種の夢想、われわれの力を知りもせず、また知ろうともしないもう一つの世界に対する甘い考えであったということだ。それらの理想のすべてを真に実現するためには、それらを溶かし、溶接して、一つのものにしなければならない。今日われわれは、いかなる時よりも学校における訓練——器用な手と鋭敏な目と耳の訓練、そして何よりも、天賦の精神と純潔な心のより広いより深いより高次の開発——を必要としている。われわれは、まったく自衛のためにのみ、投票用紙の力を必要としている。——いったいそれいがい何がわれわれを第二の奴隷制度から救えようか？　自由もまたわれわれが長く求めつづけ、今なお求めているものだ。身体生命の自由、労働し思索する自由、愛と理想を求める自由。労働・教養・自由——われわれは、これらのすべてを必要としている。だが、ひとつずつばらばらにではなく、ひとまとめに、つぎつぎにではなく、同時にだ。それぞれが増大していき、相互に助けあいながら、すべてが黒人人民の前方にちらついているより巨大な理想、すなわち人種の理想を統一することによって獲得される人類連帯の理想にむかって奮闘する、そういう労働、教養、自由を、われわれは必要としているのだ。その理想とは、他の人種に敵対したり、それを軽蔑したりするのでなく、むしろアメリカ共和国のいっそう偉大なさまざまな理想に大局的に自己を一致させて、黒人のさまざまな特質と才能を育成し掘りおこすという理想だ。そして、いつの日にか、アメリカの土地で、世界的な意義をもつ二つの人種が、双方に極端に欠けている特質を互いに与えあうようにしようとする理想だ。われわれ黒色人種は、現在でも、かならずしも何も手ぶらでいるわけではない。今日、アメリカの黒人以上に独立宣言に表明された純粋な人間精神の真の担い手はいないだろう。黒人奴隷の野生的で美しいメロディー以外に、真にアメリカ的な音楽はない。アメリカのお伽話も民間伝承も、インディアン系かアフリカ系である。これを要するに、われわれ黒人は、ドルと抜け目なさの支配している索莫たる砂漠のなかで、素朴な信頼と敬意をいだいている唯一のオアシスであるように見える。もしアメリカが、その下品で陰鬱な、へまのかわりに、快活できっぱりとした黒人の謙譲さをもってきたとしても、アメリカは今より貧しくなるということがあるだろうか？　粗野で残忍な機知のかわりに、愛すべき陽気な上機嫌を、卑俗な音楽のかわりに《哀しみの歌*》の気迫をもってきたとしても、今より貧しくなるということがあるだろうか？

黒人問題こそは、正にこの偉大な共和国の基底に横たわっている諸原則の具体的な試金石である。そして、解放奴隷の息子たちの向上をめざす魂の闘いは、力の限度をこえるほどの重荷を背負わされている人々の魂の陣痛に他ならない。黒人たちは、この重荷を、歴史的な人種という名において背負い、また、その名においてかれらの父祖の地を背負い、しかも、人間に機会を与えるという名において背負っているのだ。

さて、次章以下において、いま簡単に粗描した問題を、わたしは再びさまざまの方法で、愛情をこめて力説し、より深く細部にわたって述べたいと思う。読者は、必ずや、黒人の向上を目ざす魂の闘いの物語りに、耳をかたむけてくれるであろう。

第二章　自由の曙

偉大な復讐者は不注意のようだ、
　歴史の教訓はただ記録するだけ
暗闇のなかのひとつの死の格闘を
　古い制度と福音とのあいだの。
真理はつねに断頭台上にあり、
　悪はつねに王座にある。
けれどもその断頭台は未来をゆるがし、
　そして薄暗い無名のものの背後で
影の内側にかくれて神は立ち給う
　神の御子たちの上を見守りながら。

——ロウエル*

二十世紀の問題は、皮膚の色による境界線《カラー・ライン》の問題、——すなわちアジア、アフリカ、アメリカ、海の島々における色の黒い人種と色の白い人種との間の関係である。この問題の一面として南北戦争がひきおこされたのであった。そして一八六一年に南部へ北部へと進軍したひとびとが、とくにその共通の目標として、どれほど連邦だとか地方自治だとかいった問題をひきあいに出してみたところで、われわれの知っているように、ひとりのこらず、この紛争の真の原因は、黒人奴隷の問題であることを知っていた。そしてまた、このより根深い問題は、いかに努力してもいかに否認しても、常に表面に押し出てくるのであるから奇妙なことであった。北部軍が南部の土地に接触するやいなや、この古い問題は、新しい装いをこらして、大地から湧きおこってきたのである、――「黒人たちをどう処遇すべきか?」あれやこれやの断固たる軍事命令をもってしても、この疑問に答えることは不可能であった。奴隷解放宣言*は、さまざまな困難をいっそう拡大し、深刻化させるにすぎないように思われた。そして、戦争の結果うまれた憲法修正条項*が、黒人問題を今日のようなものにした。

この論文の目的は、アメリカ黒人に関する一八六一年から一八七二年にいたる期間の歴史を研究することである。この「自由」の黎明期の物語は、事実上、一国民が巨大な人種問題と社会問題にたいして四つに取組もうとして試みたなかで、もっともユニークなもっとも興味あるひとつの試み、――あの「自由民管理局《フリードメンズ・ビューロー》」と呼ばれる統治機構の説明に外ならない。

戦争は奴隷とは関係がない、と議会も大統領も国民も叫んだ。それにもかかわらず、東部と西部の軍隊が、ヴァージニアやテネシーの奥深くはいりこんだとたんに、逃亡奴隷たちがその前線に登場してきたのである。かれらは、野営のかがり火が、巨大な不安定な星のように、黒い地平線に明滅する夜になるとやって来た。やせこけて、銀髪もまばらな老人たち。おびえた目つきで、ひもじさに絶えかねて泣いている子供たちをひきずってくる女たち。頑丈だがやつれはてた男たちや娘たち。――家もなく、援助者もなく、暗澹とした窮地におちいってみじめきわまる、飢えた浮浪者の群。これらの新参者たちにたいする二つの取り扱い方法は、正反対の考えの持主たちにとっては、等しく合理的なものにみえた。ベン・バトラー*は、ヴァージニアにおいて、いち早く奴隷財産を戦利品と宣言し、逃亡者たちを労役につかせた。いっぽう、フレモント*は、ミズーリで、奴隷たちは軍政のもとでは自由民であると宣言した。バトラーの行動は是認されたが、フレモントの布告は、とり急ぎ撤回された。かれの後継者ハリック*は、事態を違った角度から見た。かれはこう命令した。「今後、前線への奴隷の立入りは、絶対に許可されてはならない。無断立入りしたる場合も、所有主の要求があるときには、これを引渡さなければならない。」このような方針の実施は困難であった。黒人逃亡者たちのなかには、自らを自由民であると宣言するものもいたし、また主人たちが、じぶんらを見捨てたと申し立てるものもいたし、さらにまた、堡塁《フォート》や大農場《プランテーション》に捕えられているものもいた。奴隷たちが、南部連盟諸州《コンフェデラシイ》*にとっても力の源泉であり、労働者や生産者として使用されていることは、これまた歴然たる事実であった。陸軍長官カメロン*は、一八六一年の末に次のように書いている。「かれらは戦力を構成している。それ故、かれらを敵にひきわたしてならぬことは、議論の余地を残さぬほど明白なことである。」そこで、軍隊の主脳部の調子は、しだいに変っていった。議会は、逃亡者たちの引渡しを禁じた。バトラーのいわゆる「戦利品」は、軍隊の働き手として歓迎された。この事は、問題を解決するよりもむしろ複雑にしたのである。なぜなら、散発的であった逃亡者たちの流れが、今や軍隊の進軍につれてひきもきらぬものとなり、いっそうその流れの速さも増してきたからである。

そこでホワイト・ハウスの主人公の椅子についていた面長で心労を深く顔に刻みこんだ男（リンカーン——訳者）は、事態の避くべからざることをさとり、一八六三年元旦に、謀反人の奴隷たちを解放した。一ヶ月後に、議会は、一八六二年七月の法令*でなかば不承不承に登録を認めた黒人の兵士たちを、熱烈に必要とすることになった。かくして、障害がくつがえされ、それは行動に移された。逃亡者たちの流れは、ふくれあがって洪水になった。そして、軍隊の指揮官たちは、心配そうに問い続けた。「ほとんど毎日のように到着する奴隷たちをどうしたらよいのか？　女たちや子供たちに食物と住居とを見つけてやらなければならないのだろうか？」

それに処方をあたえたのが、ボストンのピアス*という人物であった。そして、このことによって、かれは、或る意味では自由民管理局の創設者となった。かれは財務長官チェイス*の変らぬ友人であり、一八六一年に奴隷と放棄地の管理が財務省役人にまかされると、状況調査のためにとくに派遣された。先ずかれは、モンロー砦*で逃亡者たちの世話を焼いた。ついでシャーマン将軍*がヒルトン・ヘッド島*を占領すると、そこに派遣されて、奴隷たちから自由労働者に仕立てあげるポート・ロイヤルの実験*にとりかかった。しかしながら、かれの実験がやっと始まったばかりのとき、逃亡者問題というのは、すでに非常に大きな比重を占めるにいたっていたので、この問題の処理は、重荷にあえいでいた財務省の手から、軍隊の指揮官の手にゆだねられてしまった。すでに、集まってきた解放奴隷たちの中心地が、ポート・ロイヤルだけでなく、モンロー砦、ワシントン、ニュー・オーリーンズ、ヴィックスバーグ、コリンス、ケンタッキー州コロンバス、イリノイ州カイロなどに形成されつつあった。従軍牧師たちは、そこに新しい実り多い分野を発見し、「戦利品の監督」たちの数は、増大した。そして、屈強な成年男子は軍隊に登録し、残りのひとびとは仕事につかせるという試みが、或る程度まで組織化された。

ついで、ピアスからの訴えや、その他の困窮の中心地からの感動的な訴えによって、いくつかの自由民援助協会*が生まれた。アミスタッド事件*を契機としてうまれたアメリカ伝道協会*は、今や十分な活動力を備えた組織となっていた。また、全国解放奴隷救済協会*、アメリカ解放奴隷同盟*、西部解放奴隷援助伝道団*――といったようなさまざまの教会組織は、合計で五〇以上におよび、活溌に動いていた。そして、衣類や金や教科書や教師を南部へおくりこんだのである。これらの団体のやったことは、すべて必要なことであった。なぜなら、解放奴隷たちの窮乏は、しばしば「信じ難いほどひどいものである」と報道されており、状況は好転するどころか、日毎に悪化の一途を辿りつつあったからである。

さらにまた、これは、一時的救済では手のつけられぬような大問題であって、国家的危機を意味するものであることが、日ましに明白となりつつあるように思われた。すでに大規模な労働問題が不気味に迫っていた。黒人大衆は、仕事もせずに突っ立っているか、たとえ不定期に仕事をあたえられることがあったとしても、給料を貰える当てはまるでなかった。そして、たまたま給料を手にしても、かれらは、前後の見境いもなく、この新しいもの(給料――訳者)を浪費するのであった。このようにして、また他の方面でも、収容所生活と新しい自由とは、解放奴隷たちの道徳を低下させていた。だからしてもはやいっそう幅広い経済団体が必要なことが明らかとなり、任意にか、もしくは地方的な事情にもとづいてか、そういう団体があちらこちらに発生した。で、このさい、大農場を賃貸し、労働者を教導するというピアスの例のポート・ロイヤル計画が、およその方向を示すことになった。ワシントンでは、監督の緊急の請願にもとづいて、軍事行政官が、没収地を逃亡者たちの耕作のために解放した。そして、そこでは、円屋根のかげに黒人農民集落がより集った*。ディックス将軍*は、モンロー砦やその他南部や西部の解放奴隷たちに、地所を譲渡した。政府と慈善団体は、耕作手段を供給し、黒人たちはまた徐々にその労働にもどっていった。このようにしてはじめられた支配体制は、急速に成長して、あちらこちらで奇妙な小政府にかわっていった。例えば、ルイジアナのバンクス将軍*のそれは、一年に九万の黒人住民、五万の指導を受けた労働者、十万ドル以上の年間予算をもっていた。それは、一年に四千の給料支払簿を作製し、全解放奴隷を登録し、苦情調査をしてそれを除去した。また課税と徴税を行い、公立学校制度を確立した。同じように、テネシーとアーカンソーの監督であったイートン大佐*は、一〇万人の解放奴隷たちを支配し、七〇〇〇エーカーの綿花畑を賃貸して耕作させ、年間一万人の貧民に糧食を供給した。南カロライナには、黒人民衆に深い関心を抱いているサックストン将軍*がいた。かれは、ピアスと財務省の役人たちの仕事をひきついで、没収財産を売却し、放棄された大農場を賃貸し、学校の建設を奨励した。そして、シャーマン将軍があのすさまじくも壮麗な海への進撃*を遂行した後、数千のうらぶれた非戦闘従軍者たち（野営軍隊について行く商人、人夫、売春婦など――訳者）をひきとった。

シャーマン将軍のジョージヤ進撃のなかに、影のある浮き彫りをつけて新しい局面をきわだたせる三つの特徴的な要素があったといっていいであろう。つまり、征服者と、被征服者と、黒人とである。或るものは、すべての意義を破壊者の冷酷な最前線に見るし、或るものは「大義名分を失って」はげしく悩んでいるひとびとのなかにそうした意義を見いだす。しかし、わたしにとっては、兵隊も逃亡者も、急速に進軍する隊伍の後尾に悔恨のようにすがりつき、ある時にはその半分にまでもふくれあがり、ほとんどその隊伍を呑みこみ窒息させせんばかりにしたあの黒い人間のかたまりほど、意味深く語りかけてくるものはない。かれらに退去命令をくだしてもその効はなく、かれらの足の下の橋げたを切りおとしても無駄であった。かれらは、幾万という飢えた裸の群となって、とぼとぼと歩き、身悶えし、波のように殺到して、ついにサバナになだれこんだ。ここで、ふたたび軍による独特の救済手段がとられたのであった。「チャールストンから南の島々、沿岸地区より三〇マイルにわたる放棄された河川流域の米をつくる田、フロリダのセント・ジョン川にかこまれた地方は、戦争によって今や解放された黒人の居住地区として、留保されなければならない。」有名な「野戦命令第一五号*」には、このように規定してある。

これらすべての実験、命令、組織は、とうぜん政府および国民の注目をひき、それらを当惑させることとなった。奴隷解放宣言が発せられた直後、下院議員エリオット*が、解放局を創設する法案を提出した。しかしそれは結局、審議されなかった。翌年六月、陸軍長官によって任命された調査委員会が「逃亡した解放奴隷たちの向上、保護、雇用」のためには、臨時局の設置が必要であると報告したが、それはその後の方針とおよそ同じ線に沿ったものであった。著名な市民たちや団体がさまざまの請願をリンカーン大統領のもとに提出した。そして、一部局を設置して、その下で解放奴隷問題を包括的また統一的に処理する計画をたてることを強く主張した。この局の「任務は、解放奴隷たちの教育を容易にし、あらゆる面で賢明で人道的な援助を行うための方策の計画と実施について研究し、解放された黒人およびこれから解放される黒人を、古い強制労働の条件から、新しい自発的な勤勉の状態へ導くべきである。」とされた。

部分的にこの目的を達成する措置として、問題全体をふたたび財務省特別代理官の管轄下に置いたが、不徹底なものであった。一八六三年および六四年の法律によって、かれらは、一二ケ月を越えない期間、放棄された土地を管理し、賃貸し、「このような賃貸もしくはその他の方法によって」、解放奴隷たちの「雇用と一般的福祉を供与する」ことを命ぜられた。大部分の軍隊の指揮官たちは、この処置をやっかいな「黒人問題」を解決する救済策として歓迎した。そして、一八六四年七月二九日財務長官フェセンデン*がすばらしい体系をもった諸法令を発布し、すぐ直後にはハワード将軍*がそれにならった。ミシシッピー溪谷では、財務省代理官の管轄下にあった巨大な土地が賃貸され、多くの黒人が雇用された。しかし一八六四年八月にこれらの新しい諸法令は、「公共政策」上の理由で執行が停止され、陸軍がふたたび管理することとなった。

やがて議会の注意がこの問題に向けられ、五月に、下院は二票差の多数決で陸軍省に解放奴隷局を設置する法案を通過させた。上院においてこの法案の責任者となったチャールズ・サムナー*は、解放奴隷と放棄地は同じ省の管轄下におかるべきであると主張し、下院を通過した法案の代りに、その局を財務省に所属させるという法案を上程した。この法案は通過したが、下院のこれに対する決定がおそすぎた。討議が本筋をそれて、行政の全政策や奴隷制の一般的問題にわたって延々と続き、すぐ手許のこの法案の長所に直接に手をつけるところまではいかなかった。次いで総選挙が行われた。政府は、国民から新たに信任投票を得て、この問題に真剣に取りくんだ。両院協議会は、サムナーの法案の主要条項は含むが、予定された組織を陸軍省と財務省の両方の役人から独立した部局とするという内容の、慎重に作成された議案について意見が一致した。この法案は、新しい部局に「全解放奴隷の全面的監督権」を与えてはいたが、保守的なものであった。その目的は、解放奴隷たちのために「諸法令を制定し」、かれらを保護し、土地を貸与し、賃金を調整し、民事と軍事の両法廷において、かれらの「代理人」としての役割を果すというものであった。このようにして付与された権限には、様々の制限がつけられていた。そしてこの組織は、恒久的な性格をもつこととなった。しかしながら、上院はこの法案を否決し、新たに両院協議委員会が任命された。この委員会は、二月二八日新法案を上程したが、会期が終了した時には、一回転して振出しにもどり、陸軍省に「避難民、解放奴隷ならびに放棄土地局」を設置するという一八六五年の法律となったのであった。

この最後の妥協は、いささか性急な立法で、大綱が不明確で不安定なものであった。「現在の内戦状態の存続期間、およびその後一年間存続する」局が創設された。この局には「局長官によって提案され、大統領によって承認された命令および条令」の下で、「放棄された土地全体を監督管理する権限、および避難民ならびに解放奴隷に関する全問題を統制支配する権限」が付与された。大統領および上院によって任命された長官が、一〇人の事務官を限度とする職員を有するこの局の統轄に当ることとなった。大統領はまた、脱退した諸州において副長官を任命し、軍人に一定の給料を支給して役人としてこれらの職に就かせる権限も有することとなった。陸軍省には、貧困者に糧食、衣料、燃料を配給する権限が与えられた。そしてすべての放棄された土地は、この局の手にゆだねられて、終局的には四〇エーカー区画で以前の奴隷に貸与もしくは売却されることとなった。

　このようにして、アメリカ合衆国政府は、解放黒人をこの国の被後見人として保護する責任をはっきりと背おうこととなった。それは大事業であった。ここにペン先のひとなでで、数百万の人間の政府が創設された、――しかもこのひとびとは決して普通の人間ではなくて、何世紀ものあいだに異様なまでに完璧な奴隷制度によって去勢された黒人たちであった。そして今や、ふいに、猛烈ないきおいで、かれらは、戦争と興奮の時代に、すなわちじぶんたちの以前の主人たちが傷つき苦境におちいっているただなかに、新しい生得権を手にいれたのであった。このような巨大な責任を負わされながら、不明確な権限と限られた資源しかあたえられないなら、そのような事業の責任を引き受けることをあらゆるものがためらったとしても、当然のことであったであろう。おそらく兵士いがい誰ひとりとして、このような要求に敏速に応じることはなかっただろう。そして、じじつ兵士いがい誰もこれに応じることができなかった。なぜなら、議会は給料と諸経費のための金をまったく支出することを承認しなかったからである。

　あの疲れ果てた解放者（リンカーン―訳者）が死んで安らかな眠りについてから一月もたたぬうちに、かれの後継者はオリヴァー・O・ハワード少将をこの新しい局の長官に任命した。メイン州の出身で、当時、わずかに三五才であったかれは、シャーマン将軍とともに「海への進軍」を敢行し、ゲティズバーグで勇敢に戦い、わずか一年前にテネシー軍管区の司令官に任命されたばかりであった。実直で、人間性に信頼をおきすぎるほどの人物であったが、かれは、実務や複雑で細かなことにはあまり能力を持ちあわせていなかったにせよ、すでに目前の多くの仕事に直接に精通するようになる機会にじゅうぶんに遭遇していた。そしてその目前の仕事については、以下の表現が真実をうがったものである。すなわち、「ほぼ正確な文明の歴史というのであれば、どんなものでも、自由民管理局の組織および行政を、政治的社会的進歩の一大道標としてきわだたせて描くことなしに、書きあげられるということはありえない。」

一八六五年五月一二日、ハワードが任命された。そしてかれは、はやくも一五日には就任して、活動領域の点検をはじめた。かれが見たものは奇妙な混乱であった。すなわち、小型の専制、共産主義的実験、奴隷制、農奴制、事業投機、組織された慈善事業、組織化されない喜捨行為、――これらすべてのものが解放奴隷たちを救済するよそおいのもとに、よろめき進んでおり、すべては戦争の硝煙と流血、怒れる人間たちの呪いと沈黙のなかに秘めこまれていた。五月一九日、新政府は、――じっさい、それは政府であったのだから――その「憲法」を発布した。それによって、行政担当官がそれぞれの脱退諸州に任命され、かれらは「避難民および解放奴隷に関する全問題」に全責任を負うこととなった。そしてあらゆる救済物資はかれらの同意によってのみ配給されることになった。この局は、慈善団体にたいして引きつづき協力を求め、次のように宣言した。「有償労働の実際的な組織を導入し」、学校を設立することが、「全行政担当官の目的となるであろう。」ただちに九人の副長官が任命された。かれらの任務は、現場に急行し、救済組織を徐々に閉鎖することに努力して、貧困者に自活の道をひらくことであった。さらにまた、法廷のないところ、あるいは黒人が自由人として認められていないところでは、裁判官として行動し、かつて奴隷であったものたちのあいだの結婚制度を確立し、公記録を保存することであった。また、解放奴隷たちが、雇用者を自由に選択しうるように取り計らうこと、かれらのために公正な契約を作ってやる援助をすることも任務にふくまれていた。そして、同文通牒は、最後に次のように述べている。「奴隷制の消滅に関心をもつひとびとにたいしてわれわれが全面的に期待をかけている純粋な誠意こそ、とくに行政担当官が解放奴隷たちに対して負っている職務の遂行を容易にし、一般的福祉を増進させるであろう。」

このようにして活動が開始され、全体の組織化と地方の編成があるていど始まったとたんに、この局の活動の理論と成果に大きな変化をもたらす二つの重大な困難があらわれてきた。第一に、南部の放棄地の問題があった。奴隷解放の主要問題は、すべて、奴隷をかれらの主人の没収土地に定住させることによって解決されるであろう、という理論がすくなくとも北部では長いあいだ明確な表現となってあらわされていた、——一種の詩的な正義*であると言うものもなかにはいた。しかしながら、この詩がいかめしい散文にかえられると、それは南部における大規模な私有財産の没収と、広範な盗用を意味した。今や、議会は一セントも支出しなかった。そこで全面恩赦宣言*が発せられると直ちに、自由民管理局の手中にあった八〇万エーカーの放棄土地は急速に消失していった。第二の困難点は、広い活動領域にわたって、この局の地方組織を完成するという点にあった。新しい機構をつくり、社会改革の大事業にたいする適格性を十分に備えた役人を派遣することは、容易な仕事ではなかった。しかもこの仕事は、新しい中央組織を、雑多で混乱してはいるが既存のかつて奴隷であったものたちの救済や統制のための組織に適応させる必要があったために、それだけますます困難なものになった。

そしてこの事業に利用できる役人は、細心の注意を必要とする社会事業には本質的に不適格なひとびと、――つまり軍事作戦にいまなお余念のない軍隊のなかからか、進撃中の軍隊の後にくっついてまわる問題の多い非戦闘員のなかから求めなければならなかった。このようにして、この事業は、精力的に推進されたにもかかわらず、一年たつと、当初よりもかえって把握しにくく解決困難な問題になってしまったように思われる。それでも、その年の事業として、三つの有意義なことがなされた。第一にそれは、多数の傷病者を救済し、第二に七〇〇〇の逃亡者を人口過密の逃亡中心地から農場へつれもどした。そして第三に、最も重要なことであるが、それはニュー・イングランド女教師十字軍*をはじめて組織した。

この第九番目の十字軍*の年代記については、まだ書かれるべきことが多い。これは聖ルイ*の探検が当時のひとびとにとって空想的にみえたのよりも、はるかに空想的なものにみえる現代の布教団の物語である。破滅と略奪の霧の背後から、自ら志願した婦人たちの更紗木綿の衣裳がひるがえり、野砲の轟いた後に、アルファベットのリズムがひびきわたった。富める女たち、貧しい女たち、すべてが、真剣で探究心にもえていた。父を失い、兄弟を失い、さらにそれ以上のものを失いながらも、彼女らは、南部の白人と黒人のあいだにニュー・イングランド式の学校をつくりあげることに生涯の仕事をもとめてやって来た。彼女らは、その事業を立派に遂行した。最初の年に、彼女らは一〇万人以上のひとびとを教育した。

非常に急速にその重要さを増し、大きな可能性をもつようになった速成のこの管理局に、議会が直ちにまた立法措置を講じなければならぬことは、明らかな事実となった。このような制度は、始めるのも、終らせるのも、ほとんど同じほど困難であった。一八六六年初めにイリノイ州出身の上院議員トランバル*が、管理局を拡大しその権限を強化する法案を提出した時に、議会は、この問題をとりあげた。この法案は、議会で、以前に出された法案よりもはるかに多くの議論をよびおこし、その注意をひいた。今や、戦雲はうすれて、奴隷解放事業についてさらに明確な概念をもつことが可能となっていた。この法案の擁護者たちは、自由民管理局の強化は依然として軍事的要請であり、憲法修正条項第一三条を正しく執行するために必要であり、かつて奴隷であったものたちにとっては真に正義にかなった事業であって、そのための政府の支出はとるにたらぬものである、と主張した。逆に、反対論者たちは、戦争は終結した、だから戦時措置の必要も消滅した、そして管理局は異常な権限を付与されているから平時においては明らかに憲法違反であり、つみかさなれば結局おそらく数億ドルの犠牲を払ったうえ、南部を刺激し、解放奴隷を窮乏化させることにおわるであろう、と主張した。次の二つの主張は論駁されなかった、いや、じっさい論駁できないものであった。第一は、管理局の異常な権限があらゆる市民の市民権をおびやかしているということ。第二は、政府は、明らかに実行すべきことを実行する権力をもたねばならぬこと。目下のように解放奴隷を放置しておく状態は、実際上は、かれらの再奴隷化に他ならぬこと。結局、法案は通過して、自由民管理局は、拡大され、常置されることとなった。しかし、直ちにジョンソン大統領*は、それが「反憲法的」「不必要」「治外法権的」であるという理由で拒否権を行使した。そしてその拒否権のために、法案は最終的な可決を得ることができなかった。だがやがて、議会と大統領の意見対立の裂け目は大きくなり始めた。そして、先に否決された法案の修正法案が、結局、大統領の二回目の拒否権を押しきって、七月一六日に可決された。

一八六六年の法律で、自由民管理局は、その最終的な形態をとることとなった、――すなわち、後世に知られ、人々の審判を受けているあの形態である。この法律によって、管理局の存置期間は、一八六八年七月まで延長された。この法律は、副長官の増員、正規の軍務をはなれてその任についた将校の留任、相当程度の没収地の名目的価格による解放奴隷への売却、黒人学校用としての南部連盟公共財産の売却、より広範囲の法律解釈権と裁判権を、公式に認めた。未再建南部の行政権は、このようにして非常に多くの部分が、自由民管理局の手にゆだねられた。それも多くの場合、分遣軍司令官が、副長官をも兼任するようになったが、そのようなときにとくにこの傾向は顕著であった。このようにして、自由民管理局は、人間の政府として一人前になったのである。この管理局は、法律を制定し、それを執行し、その解釈権をもった。それは、課税と徴税を行い、犯罪の定義をくだし、それを処罰した。それは、戦力を維持し、行使し、さまざまの目的を完遂するために必要で適当と考えられる諸施策を指示した。当然のことながら、すべての権力が、たえず行使されたわけでもなく、また最高限まで行使されたわけではない。しかしながらなおかつ、ハワード将軍が言ったように「市民社会で法制化されなければならぬどのような問題でも、あれこれの時期にほとんどすべて、この特異な性格の管理局の介入を必要とした。」

このような大事業を理解し、冷静に論評するためには、六〇年代後半の大勢を一瞬たりとも忘れてはならぬ。リー将軍*は降服し、リンカーンは死んだ。そしてジョンソン大統領と議会は、対立していた。憲法修正条項第一三条は、採択されたが、第一四条は未決であり、第一五条は一八七〇年に発効すると宣言された。明滅する戦争の残り火の炎のように、ゲリラ襲撃があいかわらず続き、その戦力を黒人反対闘争のために費していた。全南部は、狂おしい夢からさめたように、貧困と社会革命の存在に気がつきはじめていた。完全におだやかな時代、隣人たちが喜んで手をさしのべ、富がたえず流れている時代には、四〇〇万の奴隷たちを政治的社会的統一体のなかで、安定して自活しうる地位にひきあげる社会的事業を遂行するのは、不可能事にひとしかっただろう。しかし、細心の注意を要するむずかしい社会的手術につきもののさまざまな困難に、さらに闘争の悪意と憎悪、戦争の地獄絵図が加わるとすれば、すなわち疑惑と残虐が社会をおおい、やせおとろえた「飢え」が「死の不幸」のかたわらで泣いているとすれば、――そのような場合には、どのような社会改革の機関による仕事にしても、まずその大部分があらかじめ失敗する宿命を背おっていたといえる。「管理局《ビューロー》」の名前こそ、南部において二世紀以上ものあいだ、ひとびとが口にしようともしなかったひとつの事を表わしていた、――すなわち自由黒人たちのあいだに立ちまじって生活するなどということは全く考えられなかったことであり、もっとも気狂いじみた実験であったのである。

　管理局の統轄下にあった代理官たちは、無私の博愛主義者から狭量なおせっかい屋や泥棒までさまざまであった。そしてたしかに平均していえば、最悪よりははるかにましであったが、たまに飛んでくる蝿のために救済の軟膏も台なしになるのであった。

　当時、こういう状況下に、解放された奴隷たちは、味方と敵とのあいだにはさまり、当惑して卑屈にかがみこんでいた。かれは、奴隷制から身を脱したのであった、――かならずしも世界で最悪の奴隷制というのでもなく、人生をまったく堪えがたいものにする奴隷制でもなく、むしろ、ここかしこにいくらか親切さ、誠実さ、幸福をかかえこんでいるような奴隷制であった、――だがしかし同時にまた、人間的な渇望とか荒廃という点でいえば、黒人と牛とを同類に分類する奴隷制でもあった。そして、黒人は、南部人が深い心の奥底では何を確信していたにしろ、かれらがこの奴隷制を、すなわちその下で黒人大衆が表現しえぬもどかしさをこめてもがきふるえた奴隷制を、永久に存続させようとして絶望的なエネルギーを傾けて闘ってきたということを、充分に知っていた。かれらは、鬨の声をあげて自由をむかえた。かれらは、あいかわらずじぶんたちの鎖りを手に入れようとあがいている主人たちをおそれて避けた。かれらは、かれらを自由にした友人たちのところへ逃げた。しかしこの友人たちは、頑強に抵抗する南部をもとの忠誠におしもどすための棍棒として、かれらをじつは使おうとして待ちかまえていたのであるが。こうして、南部白人と黒人のあいだの裂け目は、ひろがった。そんな事態に立ち至るべきではなかったと言ってみたところで何になろう。それは、不可避の出来事であり、そのもたらした結果は無残なものであった。互いに調和しない二つの要素が奇妙な姿で相対峙することになった、――一方に北部、つまり、政府とカーペットバガー*と奴隷と、他方に全南部、つまり、紳士であれ浮浪者であれ、誠実な人間であれ悪漢であれ、無法な殺人者であれ義務に殉ずるものであれ、すべての白人。

このようにして、この時代を冷静に記述することの困難性が倍加する。感情は激しくゆれうごき、激情は強くひとをゆさぶって、ひとびとの判断力を失わせてしまったのである。こうした激動のなかで、来るべき時代にたいして常にきわだってその時代を象徴する、二つのタイプの人物が立っている。――一つのタイプは、銀髪の紳士である。その父祖たちは男らしく隠退してしまっていたし、その息子たちは無名の墓地に横たわっていた。かれは奴隷制の悪の前に屈服した。何故なら奴隷制の廃止ははかりしれない悪をすべてのものにしめすようにみえたからである。そこでかれは、ついに、その晩年には、目に憎悪をたたえて、希望をくじかれ破滅した人間として立つことになった。――もう一つのタイプは、数世紀のもやで真黒によごれたおそろしい顔つきの女性像で、陰欝な表情でためらい歩きながらも、母親の優しさを失わない。彼女は、以前は白い主人の命令におじけひるみ、主人の息子たちや娘たちのゆりかごの上に優しくかがみこみ、主人の妻の死をみとり、そのおちくぼんだ目を閉じてやった、そう、そしてまた、主人の命令の前には卑屈にひれふしてその肉欲の犠牲にならなければならなかった。そして彼女は、褐色の男の子を生みおとし、しかもそのあげくには、その黒い少年の四肢が「黒んぼめ」を追う深夜の襲撃者の手で引き裂かれ、あとかたもなく殺されてしまうのを目撃しなければならなかった。これらは、まさにあの悩み多き日の最も沈鬱な光景であった。だが誰もこの消えゆく過去現在の二人の人物の手を握るものはなかった。かれらは憎しみをたたえてその住みなれたもとの場所にもどっていった。そして、かれらの孫たちも憎しみをたたえて今日を生きているのである。

それゆえ、自由民管理局の仕事の分野がここにひろがっていた。ある種の躊躇があったにせよ、一八六八年の法律によって、この局は一八六九年まで存続された。そこでこの局の四年間の仕事を全体的に眺めてみよう。一八六八年には、九〇〇人の役人がワシントンからテキサスに至る地域に配置され、直接間接に数百万の人たちを支配した。この統治者の仕事は主として七項目に分類することができる。肉体的疾病の救済、自由労働創設の監督、土地の売買、学校の設立、報奨金の支払、法の執行、そして、これら諸活動に対する金融であった。

一八六九年六月までに、五〇万以上の患者が管理局付の内科医、外科医の治療を受け、六〇の病院と養育院が施療活動を行った。六〇ヶ月の間に、二一〇〇万の配給糧食が無料で供給され、それに四〇〇万ドル以上の金が支出された。次の難問は、労働問題であった。まず、三万の黒人を避難地および救済基地から移送して農場へもどし、新しい労働様式にもとづく緊急な実験に従事させた。極めて明白な指示がワシントンから発せられた。労働者は雇用者を選択する自由をもつこと、賃金相場をあらかじめ規定してはならないこと、農奴制と強制労働とを存続させてはならないこと。ここまではよろしい。だが、地方駐在の代理官の能力や気質に著しい差《トト・シーロ》があったり、職員《ペルソネル》がたえず変っているようなところでは、その成果も必然的にさまざまであった。成功をもたらした場合の最大の要素は、解放奴隷の大多数が、仕事に意欲を、いや熱意さえをも示したという事実のなかにあった。そこで、労働契約が一州で五万通も作成され、労働者には助言が与えられ、賃金は保障され、雇用主は労働者を供給された。この組織は、事実上、巨大な労働管理局となった、——不完全で、じっさい、あちこちでひどい欠陥をさらけだしたが、全体としてみれば、思慮のある人間でも夢想できなかったような成果を収めた。しかし、管理局の役人たちの前に、二つの大きな障害が横たわっていた。一つは暴君であり、一つは怠けものであった、——すなわち別の名における奴隷制を断固永続させようとしている奴隷所有主と、自由を永久の休息と考えている解放奴隷と、——換言すれば、「悪魔」と「深海」とであった。

黒人を小土地所有農民に仕立てあげようとする仕事で、この管理局はその当初から立ち遅れをみせ、結局は断固とした拒絶に直面した。いくらかは達成され、いっそう多くのことが計画された。放棄地は、それが管理局の手中にあるあいだは、農民に貸与され、総額約五〇〇万ドルの年収を黒人小作人から得た。すでに所有権を国が取得した土地のあるものは、安い支払条件で売却され、公共地は農具と資本をもった解放奴隷の入植地として解放されたが、そのような黒人の数はとるにたりないものであった。しかし、「四〇エーカーとラバ*」の夢、——この国が解放奴隷にほとんど無条件で保障した地主となるという正当で当然の野心——は、結局ほとんどすべての場合に苦い失望となってあらわれた。そして、黒人たちに現在の農奴状態にもどったほうがよいとしきりにいま説教しているおどろくべき後知恵の持主たちは、黒人農民がよろこんでその土地に居つづけることができる機会というのはすでに失われてしまったということを、よく知っているのである。もし知らないのだとすれば、知ってもらわなければならない。つまり、あの日、すなわち自由民管理局長官が南カロライナに出かけて、長年の労苦の甲斐もなく泣き悲しんでいる解放奴隷たちにむかい、かれらの土地はかれらのものではないこと、間違いが――どこかに――あったことを告げなければならなかったあの日[*]に、機会というのは失われてしまったのである。ジョージヤの黒人だけが一八七四年まで三五万エーカーの土地を所有していたとしても、それは政府の慈悲の賜物ではなく、黒人自身の勤勉のおかげだったのである。

自由民管理局のおさめた最大の成功は、それが黒人の間に無月謝学校をつくりあげ、南部のすべての階級のあいだに無償義務教育の観念を植えつけたことである。管理局は、慈善団体の手を通じて女教師を招聘しかれらに学校を作ってやったばかりでなく、エドマンド・ウエア[*]、サミュエル・アームストロング[*]、エラスタス・クラバス[*]のような人間文化の使徒たちを見出し、その仕事を支持することに手を貸した。当初、南部における黒人教育への反対は、はげしい性格を帯びていた。そしてそれは、殺戮、襲撃、流血となってあらわれた。南部人は、教育ある黒人は危険な存在であると信じていたのである。この点で南部が全面的に間違っていたわけではない。あらゆる種類の人物に教育を施すことには、危険な革命的要素、不満と不平をもたらす要素がふくまれていたし、将来もその要素をはらむからである。それにもかかわらず人間は知ろうとする努力を捨てない。あの不穏な管理局の時代でも、おそらくこの矛盾にいくらかでも気づいたので、そのおかげで武装兵は、南部でいまなお燃えあがらないまでも依然くすぶりつづけている人間教育への反対気勢をそぐことができたのである。フィスク大学[*]、アトランタ大学[*]、ハワード大学[*]、ハンプトン大学[*]はこの時代の所産である。そして六〇〇万ドルが教育事業につぎこまれ、そのうち七五万ドルは黒人たちじしんが窮之生活のなかから支出した。

このような分担額と、土地その他諸種の企業買収の事実とから、旧奴隷たちがすでに或る程度の自由な資本を運用していたと考えることができる。この資本の主要な供給源は、軍隊内での労働と、兵士としての給料および報奨金とであった。黒人兵士への支払問題は、当初は受取人の無知から混乱をまねき、さらに、北部黒人部隊への割当額が、見も知らぬ戦友である南部からの補充兵たちによって食われてしまうという事実によって、その混乱に輪がかけられた。かくしてその結果、支払問題には、一八六七年に議会が共同決議によって問題全体を自由民管理局の手にゆだねるという欺瞞行為が附随してきた。二年間にこうして六〇〇万ドルが五〇〇〇人の権利請求者に分配された。そして、結局は総額で八〇〇万ドルを超過した。この方式でも欺瞞行為は日常茶飯事であった。しかしながら、やはりこの仕事は事実上の貧民の手中に必要な資本をあたえ、すくなくともその一部分は、有効に使用されたのである。

　管理局の仕事のなかで、もっとも困難でまたほとんど成功することのなかった仕事は、司法権の行使の問題であった。正式の管理局裁判所は、雇用者代表一名、黒人代表一名、管理局代表一名で構成されていた。もし管理局が完全に公正な態度を維持できたとしたら、この構成は理想的なものであり、しかるべき時期に信頼を獲得していたにちがいない。しかし、管理局の他の活動の性質とその職員《ペルソネル》の性格から、局は一方的に黒人訴訟当事者に有利な態度をとった。このため多くの不公正と厄介事をひきおこしたことは疑問の余地がない。かといって、黒人を南部法廷にゆだねることは想像もできなかった。奴隷制がやっと崩壊したばかりの狂乱の地では、弱者を強者の勝手気ままな虐待から守ることも、弱者に強者の半ば剝奪された力をあざわらう無礼を許さぬことも、ともに割にあわぬ絶望的な仕事であった。この土地の旧主人たちは、強制的に使いたてられ、逮捕され、投獄され、くりかえし処罰され、軍の将校たちに軽んじられた。旧奴隷たちは、復讐に怒り狂ったひとびとから、脅迫され、殴打され、強姦され、屠殺された。管理局法廷は単に白人を処罰するための中心機関となる傾向をもち、いっぽう正規の民事法廷は単に黒人奴隷制を永続させるための公共機関となる傾向をもつにいたった。州議会は黒人を農奴身分に引き下げるため、――すなわち、かれらを個人所有の奴隷でないまでも州の奴隷とするためには、ありとあらゆる法律や方法を巧妙に考案して適用した。またいっぽう、管理局の役人たちはあまりにもしばしば「一番下の横木を一番上に」置くような愚行をせっせとくりかえし、解放奴隷たちにまだ使い方も知らぬような権力と独立をあたえたのである。われわれ次の世代の人間が、当時の灼熱のなかで重荷を背おわされていたひとびとにくらべて、助言をあたえられて賢明になっていくのは全く当然のことである。一瞬にして家も財産も家族をも失った人間、じぶんの土地が「らばと黒んぼ」によって支配されるのを目撃した人間が、実際には奴隷制の消滅によって恩恵を受けたという事実を今や容易に確認することができる。欺かれ、横っ面をはりとばされ、さらには父の頭がぐにゃぐにゃになるまでうちのめされ、母が忍びがたい凌辱をうけるのを目にしたことのある若い解放奴隷に、柔和な人たちが地を受けつぐであろう*と告げるのは、今や易々たることである。とくに、あの悪い時代のあらゆる悪を自由民管理局の上につみかさね、犯されたことごとくの過誤と失敗を理由にしてそれを全面的に非難することほど便利なことはない。

このような論断は容易である。しかしそれは、分別あるものでも、公正なものでもない。誰かが失策を演じていたのだが、それはオリバー・ハワード長官が誕生するはるか以前であった。無法な攻撃とおかまいなしの義務の怠慢が行われた。しかし何等かの組織的な統制がなかったら、現実にあったよりももっと多くそのようなことが行われたであろう。そのような統制がもし南部の内部から行われたとしたら、黒人はどうみても再び奴隷化されていたことであろう。統制が南部の外部から生まれていたのだから、もし完全な人物と方法を得ていたら事態の全体を改良に向わせたことであろう。そして、不完全な代理官や疑問の多い方法が用いられたが、それでも遂行された仕事には称賛されるべきものがなかったわけではない。

自由の曙とは、このようなものであった。自由民管理局の仕事は、このようにして行われた。以上を簡単に要約すれば、次のようにとりまとめて言えるであろう。一八六五年以前に費された総額を除いて、約一五〇〇万ドルの金と慈善団体の施し物の力で、この管理局は、自由労働組織を軌道にのせ、農民に土地を所有させる事業を開始し、法廷における黒人自由民の人権を保証し、南部に無償公立小学校を創設した。他方、それは、旧主人と解放奴隷のあいだに善意を確立するきっかけをつくることに失敗し、独立独行の精神をくじかせる温情主義的な方法に染らないようにとその事業の全体を守ることに失敗した。また、解放奴隷に土地を供与するという暗黙の約束をいくらかなりとも注目に値するほど遂行することにも成功はしなかった。この局の成功は、博愛主義者たちの助力と黒人たちの熱心な努力に支えられた、つらい労働の賜物だった。この局の失敗は、地方駐在代理官の質の悪さと、この事業に本来つきまとっているさまざまな困難と、国民の無視との結果であった。

このような制度は、巨大な権力、重大な責任、大きな資金管理、広く注目をあびる立場のために、とうぜん次々にはげしい攻撃の矢面に立たされた。この局は、一八七〇年にファーナンド・ウッド*の提議にもとづき議会の徹底的な調査を受けることになった。その公文書とわずかに残された任務とは、一八七二年に陸軍長官ベルクナップ*の勧告にもとづいて、露骨極まる無礼さで、ハワード長官の出席も求めず、かれの管理から陸軍長官の手に移された。そしてついに、陸軍長官とその部下が不正行為があるという重大な発表を行ったために、ハワード将軍は一八七四年に軍法会議に付された。この両方の裁判で、自由民管理局長官たるかれになすりつけられた失策は、正式に無実のものであることが証明され、かれの事業は称賛された。しかしながら、多くの不快な事実が明るみに出された、――管理局の事務処理には欠陥があった。使いこみの事実が数件証明され、他に強く疑惑をもたれる詐欺行為もあった。不正行為とまではいかなくても、危険な投機と感じさせるような事務取引も数件あった。そして、これらの事件のまわりには、すべて自由民銀行の汚点が横たわっていた。

自由民銀行は、自由民管理局といかなる法的な関係もなかったのだが、精神的にも実際的にもこの管理局の一部分をなしていた。その背後に政府の威信をひかえ、異常な尊敬と国民的名声を獲得した理事会をもっていたために、この金融機関は、奴隷制度が黒人たちに知らせないようにしていたあの勤倹節約の精神をかれら黒人たちのあいだにひろめるためにそのめざましい活動を開始していたのである。だが、悲しいかな、或る日とつぜん破産が襲いかかってきた、――解放奴隷の労苦の産物たるすべての金は、雲散霧消した。しかしこのことはまだ、損失のなかではもっとも小さな損失である、――貯蓄への信頼の念もまた消え失せてしまい、あまつさえ人間への信頼の念もその多くが消え失せてしまったのである。そしてこの損失こそ、今日黒人の怠惰を冷笑している一国家が未だに補償できずにいるところのものなのである。もし奴隷制がさらにあと十年存続していたとしても、この国が黒人たちを特別に援助するために免許をあたえた一連の貯蓄銀行の不良経営と破産ほど、解放奴隷たちに大きな打撃をあたえ、その節約精神を窒息させるような事態は引き起さなかっただろう。どこにすべての非難をあびせたらよいのか、容易には言い難い。「管理局」と「銀行」が消滅したのは、主として利己的なその友人たちからの打撃によるものなのか、敵の黒い陰謀によるものなのか、おそらく時間の経過もその全容を明らかにしてはくれないであろう。なぜなら、この点には歴史の空白が横たわっているからである。

管理局の外部の敵のなかで、もっともはげしい攻撃をあびせたものは、その運営や政策よりもむしろこのような制度自体がそもそも必要でないと考えたひとびとである。このような攻撃は、主として境界州や南部諸州から加えられた。そして、ケンタッキー州選出のデビス*上院議員が一八六六年の法令*に「白人種および黒人種間の不和と衝突を……憲法違反の権力を付与することによって促進する」議案という名称をあたえる提議をしたときにその立場が集約されていた。北部でも南部でも、この議論に異常な精力を集中した。しかしその精力こそまさに、その弱さの証明に他ならなかった。何故なら、この国の普通の常識を備えたひとびとは、次のように主張したからである。もし、この国が無力な被後見人の保護者としての立場をとるのが、違憲であり、実情にそぐわぬものであり、無益であるとすれば、のこされた道は一つしかない、――すなわち、これら被後見人を投票用紙で武装して自らを保護者に仕立てあげることである。しかもそのうえ、この実際政治家（デビス上院議員――訳者）の道もこの主張と同じ方法を指示したのである。なぜかというと、この御都合主義者は、次のように主張したからである。もしわれわれが白人の投票によって南部を平和のうちに再建することができないとしても、われわれは必ず黒人の投票を借りてそれをなしとげることができる。こうして、正義と暴力が手を結んだのである。

このようにして、この国民が選択を迫られたのは、黒人の完全参政権か、制限参政権か、という問題ではなかった。もしそういう問題だとしたら、分別をわきまえた人ならだれでも、黒人白人の別なく直ちに後者を選んだことであろう。果しない血と黄金が人間の束縛を流しさった後では、むしろ参政権か奴隷制かの問題が、選択の対象であった。南部議会で、いかなる条件にもせよ黒人が投票場に入ることを認めようとしているものは、ひとつとして無かった。南部議会のどれひとつとして、あらゆる黒人の自由を剝奪する制限措置を組織化しなければ、その自由労働が実現可能だなどと信じているものは、全然なかった。南部には、奴隷解放を心の底から犯罪と信じ、それを事実上無効にすることが義務であると考えないような白人は、ほとんどいなかった。このような状況の下では、黒人に投票権を与えるということは、必要欠くべからざるものであり、罪を犯した国民が虐待された人種に与えることのできる最小限の事であり、南部に戦争の結果を強制的に受けいれさせる唯一の方法であった。このようにして、黒人参政権は内戦を終結させたが、同時に人種間の反目も始まった。そして、あるものは国家の完全一体という祭壇の上で産着のまま犠牲に供されたこの人種へ感謝の気持を感じ、あるものは過去にもまた現在でも無関心と軽蔑の念を抱いているだけである。

政治的な緊急性がそれほど切迫してもいず、黒人を保護する政府への反対もそれほど激しくはなく、奴隷制への愛着もそれほど強くなかったとしたら、社会の予見者は、はるかに有効な政策をじゅうぶん想像しうるのである、——すなわち、自由民管理局の常設機関化、連邦政府による黒人学校制度の維持、雇用と労働の慎重な監督機関、正規の法廷における公平な保護制度、貯蓄銀行、土地家屋組合、社会事業団などのような社会的福祉を目的とした機関の設立がそれである。これらすべての事業に巨額の金と多くの頭脳が費やされていたとしたら、市民権への希望を抱かせるひとつの偉大な学校が組織されていたであろうし、われわれが未だかつて解決したこともないような方法で、もっとも複雑で手ごわい黒人問題を解決していたかもしれない。

一八七〇年当時そのような制度が考えられなかったのは、一つには自由民管理局の或る種の行動に責任がある。管理局は、その仕事を単に一時的なものとみなし、黒人への参政権付与を現在のあらゆる難局突破の最終的解決法だと考えるようになっていた。代理官とその子分《プロテージエ》の多くが、政治的な野心を抱いていたために、この局は、いかがわしいさまざまの諸活動にまで遠く足をふみいれてしまった。その結果、深い偏見を胸に抱いていた南部は、易々とこの局のあらゆる正当な活動をも無視し、管理局という名前そのものを完全に憎悪するにいたったのである。こうして、自由民管理局は、死滅した。そしてその落し子が、憲法修正条項第一五条であったのである。

ひとりの人間の早死のように、その事業の達成する前にひとつの偉大な人間の組織が消滅することは、他のひとびとのために困苦奮闘するという遺産を残すだけである。自由民管理局の遺産は、現代のひとびとの莫大な相続財産である。新しい、より巨大なさまざまな問題が、この国民の精神と魂のあらゆる神経を緊張させようとしている今日、この遺産を、真剣かつ慎重に考慮に入れるのは、まさに時宜にかなったことではないであろうか？　何故なら、次の事実だけはあらゆるひとびとがよく知っているからである。黒人は、妥協し、戦争し、闘争したけれども、まだ自由ではない。メキシコ湾沿い諸州の奥地では、何マイルも何マイルもどこまで行っても、黒人は、じぶんの生まれた大農場をはなれることはできないであろう。南部の田舎では、ほとんど全域にわたって、黒人農民は、農奴状態のままで法律と慣習によって経済的奴隷制度にしばりつけられている。かれがそこから脱出できる唯一の方法は、死と刑務所行きである。南部のもっとも洗練された地域や都市では、黒人は、権利や基本人権を制限され、隔離された奴隷の身分におしこめられている。法廷では、かれらは、法律的にも慣習的にも、白人とは別の特殊な基礎の上に立っている。税金をはらっても代議士選出権をもたないというのが、かれらの政治生活の常態である。そして、これらすべての結果として、無法と犯罪が存在しているし、過去にも存在したにちがいない。以上が、自由民管理局の残した大きな遺産、そこで遂行できなかったが故に遂行しなかった事業である。

わたしは、太陽が陽気に輝く土地を見たことがある。そこでは、子供たちは歌い、起伏するいくつもの丘は、取入れにはしゃぐ情熱の女たちのように横たわっている。だが、その公道の上には、ヴェールをかぶり、腰をかがめた人間が、昔も今も坐っている。そして、旅人は、その姿をみて足早に通り過ぎてしまう。恐怖が腐敗した空気のことをくよくよと考えこんでいる。その腰をかがめた人間の魂をはげまし、そのヴェールをはぎとることが、三世紀にわたっての思想であった。だが、見るがいい、今や義務と行為を果すべき新しい一世紀である。二〇世紀の問題は、皮膚の色による境界線《カラー・ライン》の問題である。

第三章　ブッカー・T・ワシントン氏

生まれてから死ぬ日まで奴隷の身で、言動ともに去勢され！
……………………………………………………
世襲奴隷たちよ！　きみたちは知らないのか
自己解放を望むものは、一撃を加えなければならないと？

——バイロン*

一八七六年以後のアメリカ黒人の歴史のなかで、最もきわだった事件は、ブッカー・T・ワシントン氏*の影響力が支配的になったことである、とただちに言いきることができる。戦争の記憶と理想が急速に過去のものとなりつつある時期に、それは始まった。すなわち、驚くべき商業の発展が始まり、疑惑と躊躇の感覚が解放奴隷の息子たちの上に襲いかかってきたその時に、かれが、先頭に立って歩き始めたのであった。ワシントン氏は、この国が黒人たちにあまりに多くの感傷をそそいだことに、いささかの恥じらいを感じて、その精力を「ドル」に集中しつつある絶好の潮時《しおどき》に、単純明快な構想をたずさえて出現したのである。職業教育、南部の和解、公民権と参政権に関する降服と沈黙というかれの構想は、全面的にかれの独創の産物というわけではない。一八三〇年から戦時にいたるまで、自由黒人*は、職業学校設立のために真剣に努力したし、アメリカ伝導協会*はその発足当初からさまざまの手仕事を教えてきた。そしてプライス*その他の人々は、南部人の上層部との名誉ある同盟を結ぶ方策を求めてきた。しかし、これらのものを固く一つのものにまとめあげた最初の人間が、ワシントン氏だった。かれは、この構想に情熱と無限の精力と全面的な信念を捧げた。そして、それを、間道から正真正銘の生活方式の正道にかえてしまった。それゆえに、かれのやった方法を語ることは、まことに魅惑的な人間記録の研究ということになるだろう。

何十年もはげしい不平不満を言ってきた後で、一人の「黒人」がこのような構想を唱道するのをきいたとき、この国の国民は、仰天した。それは、人々を驚かせ、南部人の拍手喝采を獲得した。それは、人々の興味をひき、北部人の賞讃の言葉をかちとった。そして、それは、混乱した抗議のつぶやきをまねいた後で、よしんば黒人たちじしんを改宗させることはできなかったにせよ、かれらを沈黙させることにはなった。

ワシントン氏の最初の仕事は、さまざまな階層から構成される南部白人の共感と協力を得ることであった。タスキーギ専門学校*が創立された当時においては、黒人にとってはこのようなことは、ほとんど不可能なことのように思われた。しかし、十年後にアトランタでじっさいにこのことがつぎのような言葉で語られたのである。「純粋に社会的なすべての問題において、われわれは、五本の指のようにバラバラであることができる。しかし、黒白相互の向上に不可欠な問題では、一つの手とならなければならない。」このいわゆる《アトランタの妥協*》は、おそらくワシントン氏の経歴のなかで、もっとも特筆すべき事件である。南部は、これにいろいろちがった解釈を下した。急進派は、市民的、政治的自由への要求を完全に放棄するものと受けとったし、保守派は、相互理解をたすけるために案出された、寛大で実用的な原理と考えた。そして、両者とも、この発言を承認したのである。そのけっか、今日、この構想の案出者は、たしかに、ジェファーソン・デヴィス*いらいもっとも卓越した南部人として、しかも最大の個人的信奉者をもつ第一人者的存在となっているのである。

この成功にひきつづいて、ワシントン氏は、北部において地位と尊敬をかち得るにいたる。過去にも、これら二つの椅子に腰をおろそうと試みたものがあったが、その抜け目なさと、機転において、かれに劣っていたために、失敗をして転落した。しかし、ワシントン氏は、その生まれと、教育によって、南部の心の深奥にあるものをさぐりあてていた。そこで、かれは、比類のない洞察力をもって、直観的に北部を支配している時代精神をつかみとった。今や勝ち誇っている商業主義の舌と心、それに物質的繁栄のさまざまな理想を、じつに完璧に把握するようになったので、かれの目には、世間から無視された家庭の雑草と泥のなかでフランス語の文法書によみふけっている孤独な黒人少年の姿などというのは、やがて愚の骨頂にみえてきたのである。かれのこの姿を見てソクラテスやアッシジの聖フランシス*はいったい何というだろうか。

しかしながら、このヴィジョンの単一性と、同時代との完全な一体性こそが、この声名を獲得した人物の特徴なのである。造化の神というのは、ひとびとに力を与えるためには、わざわざそれらの連中の視野をせまくしておかなければ、気がすまないかのようである。こうしてワシントン氏は、その盲目的追従者の熱狂的崇拝を獲得した。かれの仕事は、驚嘆すべき成功をおさめ、無数の友を味方につけ、その敵を困惑状態におとしいれた。今日、かれは、かれの一千万の同胞の唯一の公認スポークスマンであり、七千万の人口を有するこの国のもっとも著名なる人物の一人となっている。それ故に、ほとんど無一物から出発してこのように多くのことをなしとげた人生を批判するには、躊躇が伴なう。にもかかわらず、ワシントン氏の成功とどうようにその経歴に見出される誤りと欠点を、誠心誠意、非礼にわたることなく、公言する時期が到来している。もちろん、あらさがしや羨望のためと考えられることを避けなければならないし、この世で悪をなすのは善をなすよりもいっそう容易であるという事実も忘れてはならない。

これまでのところ、ワシントン氏の出くわした批判は、必ずしもこのような率直な性質のものではなかった。とくに南部においては、かれは、激烈な非難から身をまもるために警戒しながら歩かなければならなかった。かれが、南部に深い心の痛苦をあたえる問題を取りあつかっている以上、それは当然のことであった。二回、すなわちシカゴでの米西戦争祝賀記念会において、かれが「南部の骨髄を食いつくしつつある」人種偏見をほのめかした時と、ルーズベルト大統領と会食*した時に、南部人たちのあいだに起こったはげしい非難は、かれの人気を根底から脅かすほど猛烈なものであった。北部においては、ワシントン氏の服従の教えが真の人間性のいくつかの要素を見落としたものであり、その教育構想が必要以上に狭隘なものであるという感情が、何回か言葉として表現されたことがあった。しかし、通常は、そのような表現はまだ公然たる批判とはなっていなかった。他方、奴隷制廃止論者の精神的継承者たちは、タスキーギ専門学校創立以前に広大な理想と自己犠牲的精神をもったひとびとによって造られた学校が、じつは完全に失敗であったし、また嘲りをうけるようなものであったと、なかなか認めようとはしないのであった。だからして、当時、反対論者は、ワシントン氏の言説にとうてい承服はできなかったものの、この国の世論の大勢はというと、遺憾ながらこれがもてあまし気味の問題であったものだから、その解決をよろこんでかれの手にゆだねようとしていたのである。曰く。「きみときみの人種が望むことがそれだけなら、その道をえらびたまえ。」

しかしながら、ワシントン氏は、じぶんの同胞たちのあいだから、もっとも手痛い永続的な反対を受けたのである。それは、時として、激烈な高まりをみせた。そして、この国の世論におされて外面的には沈黙を守っていても、今日でも依然として根強く残っている。もちろん、この反対論のなかには、たとえば見はなされた煽動政治家の失望、偏狭な精神の持主の遺恨といったような、単なる嫉妬にすぎないものもある。しかし、そういうのは論外としても、国土の全域に住む教養と思慮をそなえもった黒人たちのあいだに、ワシントン氏の理論のいくつかが広範囲に普及して支配的な影響力を及ぼしていることを、深く遺憾とし、また悲しみ、懸念する感情というのは存在している。けれどもその同じ人間たちが、かれの意図の純粋さを賞讃し、価値のある仕事を実行している誠実な努力に免じて、多くのことを許そうとしているのである。かれらは、良心の許すかぎりワシントン氏と協力している。じっさい、この男が各種各様の利益と意見のあいだでうまく舵をとって身を処していかなければならないにもかかわらず、このように広範囲にすべての人からの尊敬を受けつづけているということは、その才気と力量に対してひとびとが並々ならぬ敬意を捧げているということである。

しかし、誠実な反対論者たちの批判を沈黙させるのは、危険なことである。そんなことをすれば、最上の批判者たちのあるものを、不幸にも無言と活動の停滞へと導き、また他の批判者たちを、激情的で過激な演説をぶちまけることによって聴衆を失う方向へとおいやるのである。利害関係が非常に密接で身近な人々からの誠実でしかも熱心な批判、——読者の作家への批判、被支配者の支配者への批判、指導されるものの指導者への批判——これこそ、まさに民主主義の真髄であり、近代社会の安全装置である。もしアメリカ黒人の最良のひとびとが、部外からの圧力によって、かれらが以前には認めなかった一人の指導者を受けいれたとしたら、たしかにある種の実際的な利益が得られることは明瞭である。だが、他面、償ないえない損失もまた存在する。すなわち、ある集団が点検と批判によって自らの指導者たちを発見し任命する時に得ることのできるあの独得の有益な教育の機会が失われるのである。この指導者選出の方法というのは、ただちに社会発展のもっとも精妙なもっとも基本的な問題となる。歴史というのは、このような集団指導《グループ・リーダーシップ》の記録にすぎない。しかし、何とその形態と種類は数限りなく変化していることであろう！　しかも、これらすべての形態と種類のなかで、集団の内部での集団の指導という形態ほど教訓的なものがあり得るだろうか？　それは、真の進歩というものが否定的にみえるかもしれず、事実上の前進が相対的な逆行であるかもしれないという、あの奇妙な二重運動なのである。まさにこのことが、社会を研究する学徒を鼓吹もしまた絶望へと追いやるのである。

さて、過去におけるアメリカ黒人の集団指導者選出の経験は、多くの教訓を含んでいる。そして、このようにして形成された独特の王国は、現在の状況で照明をあてたとき研究に値するものがある。棒と石と野獣がある民族をとりまく唯一の環境であった時代には、かれらの態度というのは、主として自然諸力に断固として対抗してそれを征服するという性質のものであった。しかし、天地と野獣の他に人間と観念という環境が加わった場合には、社会的に押しこめられた集団が取りうる主要な形態は三つある。一つは、反抗と復讐の感情。もう一つは、すべての思考と行動を多数集団の意見に順応させようとする試み。そして、最後のものは、自己をとりまく社会の意見がいかなるものであろうとも、自我の実現と自我の発展をめざして断固として努力しようというものである。さまざまな時代に以上のような態度は見られたのだが、そのすべてのものの影響を、アメリカ黒人の歴史と、次々にあらわれるその指導者の展開のなかに、あとづけることができる。

アフリカの自由の炎がまだ奴隷たちの血管に燃えつづけていた一七五〇年以前には、あらゆる指導、また指導の試みには、反抗と復讐という唯一の動機しかなかった。恐るべきマルーン*の反乱、デンマーク黒人の反乱*、ストーノのカトーの反乱*がその典型であり、両アメリカ大陸を暴動の恐怖でおおった。十八世紀後半の自由主義的傾向は、黒人と白人間の関係のやわらぎも手伝って、終局的には順応と同化をめざそうとする思想をもたらした。このような熱望は、とくに、フィリスの熱心な歌*、アタックスの殉教*、セイレムとプアーの闘い*、バネッカーとデラームの知的教養*、カフ兄弟の政治的要求*のなかに表現された。

　戦後のきびしい財政的社会的圧力は、それ以前の人道主義的情熱の多くのものを冷却させてしまった。奴隷制と農奴制の頑強さに失望し、苛立った黒人たちは、その自己表現を二つの方向に見いだした。あきらかにハイチの反乱*についてのはっきりしないいろんな流説によって刺激された南部の奴隷たちは、三つのはげしい暴動を試みた。一八〇〇年には、ヴァージニアでガブリエル*の指導下に、一八二二年には、カロライナでヴェシー*の指導下に、一八三一年には、ふたたびヴァージニアで恐怖の人ナット・ターナー*の指導下に。他方、自由州では、自我の発展をめざすひとつの新しい奇妙な試みがなされた。フィラデルフィアとニュー・ヨークでは人種差別規定が、白人教会から黒人教会員の離脱をまねき、アフリカ教会として知られる黒人だけの独得の社会的宗教機関が形づくられた。この機関は、いまなおひとつの組織として存在し、そのさまざまな支部を通じて、一〇〇万人以上もの黒人たちを支配しているのである。

　時代の趨勢に反対するウォーカー*の激しい訴えは、綿紡機の出現後、世界がどのように変りつつあったかを示している。一八三〇年までには、奴隷制は、もはや絶望的なまでに南部に固着してしまい、奴隷たちは、おじけづいて完全に服従しているように思われた。西インド諸島からの混血黒人移民の精神的影響をうけて、北部の自由黒人たちは、かれらの要求の論拠を変更し始めていた。かれらは、奴隷たちのいる奴隷制度というのは認めるが、かれらじしんは自由民であると主張し、他のひとびとと対等の立場で国民との同化と融和を求めた。このようにして、フィラデルフィアのフォーテンとパーヴィス*、ウィルミントンのシャド*、ニュー・ヘヴンのデュボイス*、ボストンのバーバドーズ兄弟*その他の人たちが、かれらの言いぶんによれば奴隷としてでなく人間として、「黒人《ニグローズ》」としてでなく「有色人《ピープル・オブ・カラー》」として、単独でまた共同で、向上をめざして奮闘した。しかしながら、時代の趨勢は、個々の例外的な場合を除けば、かれらを人間として認めることを拒絶した。そして、かれらをすべての軽蔑すべき黒人たちの同類とみなした。やがて、かれらは、かれらが以前にもっていた自由民としての投票権、労働権、移住権すらも、これを保持するためには奮闘しなければならぬことに気がついてきた。かれらの間に、移民と植民の計画がもちあがってきたが、かれらは、これらの計画を好感をもって受けいれることを拒絶し、結局、頼みの綱としてかれらは、奴隷解放運動に向かっていったのである。

ここに、レモンド*、ネル*、ウェルズ・ブラウン*、ダグラス*に指導された自己主張と自己開発時代の夜明けが始まった。たしかに、これらの指導者たちの前にある理想は、究極的自由と同化であった。しかし、主なよりどころといえば、それは黒人自身による黒人の人権の主張であった。そして、この論理の行きつく先が、ジョン・ブラウンの暴動*であった。戦争と解放の後では、あの偉大な人物、アメリカ黒人指導者中もっとも偉大であるフレデリック・ダグラスが、まだ黒人大衆を指導していた。自己主張、とくに政治的な自己主張が、その政綱の根幹をなしていた。そして、ダグラスにつづいて、エリオット*、ブルース*、ラングストン*や再建《リコンストラクション》期政治家があらわれた。かれらより目立たなかったが、もっと大きな社会的意義をもった人物として、アレグザンダー・クラムメル*、ビショップ・ダニエル・ペイン*がいた。

　ついで一八七六年の大転換*が訪れた。黒人の投票権の抑圧、諸理想の変更と取り替え、偉大な夜の新しいともしびの探究。老齢のダグラスは、初期に主張した人間性の諸理想をもとめて、あいかわらず敢然として闘っていた。かれの理想は、自己主張をとおして、けっしてそれ以外の条件をつけないで究極的に同化することであった。一時、プライスが新しい指導者として頭角をあらわし、古い諸理想を捨てはしないが、南部白人の反感を買うことの少いかたちで、それを言いなおすだろうと考えられていた。だが、かれは、その活動の真最中に世を去ったのであった。かれの次に、このワシントンという新しい指導者が現われた。以前のほとんどすべての指導者たちは、その同僚である黒人の暗黙の投票によって指導者となったのであり、黒人大衆だけを指導しようとしていた。そして、ダグラスを除けば、通常かれらは、黒人人種以外の世界ではほとんど知られていなかった。ところが、ブッカー・T・ワシントンは、ことがらの本質上、一つの人種ではなくて二つの人種の指導者、――南部と北部と黒人のあいだの調停者として立ちあらわれたのであった。当然のことながら、黒人たちは、当初はたとえそれと引きかえに大きな経済的向上が与えられることになるとしても、自分たちの市民的政治的権利を譲り渡してしまう恐れのある妥協を、はげしく憎んだのである。だが、富と支配権を手中におさめた北部は、人種問題にあきあきしていただけでなく、南部企業に多量の投資をしていたので、平和的協力ならいかなる形態のものでも歓迎をした。こうして、黒人たちは、国民的世論におされて、ワシントン氏の指導を是認し始めた。そして、批判の声はかき消されたのである。

　ワシントン氏は、黒人の思想のなかで、順応と服従というあの古くからある態度を代表している。しかし順応とはいっても、かれの構想を独特なものにしたてあげるような特別な時代における順応である。現代は、異常な経済発展の時代である。したがって、ワシントン氏の構想が、経済的な特色をもつのは当然であり、あげくには「仕事と金」の福音となって、人生のより高い目標からまずは一見ほとんど完全にその光輝をうばいさってしまうようになっている。さらにそのうえ、現代は、先進の諸人種が後進の諸人種との接触をよりいっそう強めつつある時代であり、そしてそのためにまた人種感情が強烈となっている時代である。そして、ワシントン氏の構想というのは、実際上、いわゆる黒人人種の劣等性なるものを受けいれるものである。また一方、わが国では、戦時感情の反動として、黒人にたいする人種偏見には、拍車がかけられて来ている。そこへもってきて、ワシントン氏は、黒人たちの人間としてまたアメリカ市民としての高度の要求をひっこめている。他の時代には、偏見が強くなると、すべての黒人のなかに自己主張の傾向が呼びおこされたものであった。だが、現在のこの時点においては、服従政策が鼓吹されているのである。歴史的にみて、このような危機に遭遇したときに、他のあらゆる人種や民族のあいだでとなえられた教義は、次のようなものであった。すなわち、強い自尊心の価値は、土地や家にまさるものであり、みずからそのような自尊心を譲り渡したり、それを得ようとする努力を放棄したりする民族は、文明化するには値しないのだ、と。

この教義にたいして、これまで、黒人はただ服従をとおしてのみ生きのびることができる、という主張がなされてきた。ワシントン氏は、黒人人民にすくなくとも当分つぎの三つの要求をとりさげるようはっきりと要求している、——

第一、政治権力、

第二、市民権の主張、

第三、黒人青年の高等教育、——

そして、職業教育と富の蓄積および南部との融和に全精力を集中せよ、と言っているのである。この政策は、十五年以上にわたって大胆にそして頑強に主張され、おそらく十年間にわたって、輝かしい勝利をおさめてきている。相手に譲歩するしるしとして、この棕櫚枝を渡したけっか、いったい返礼は何だったのだろうか？　この期間につぎの三つの事態が起っている。

一、黒人の公民権を剝奪すること。

二、黒人にたいして低級な市民としてのはっきりとした一つの身分を合法的に創り出すこと。

三、黒人の高等教育のための諸機関から確実に援助を撤回していくこと。

これらの社会的動向は、たしかに、ワシントン氏の教義の直接的産物ではない。しかし、かれの宣伝は、まぎれもなく、このような動向を促進し、それに仕上げをかけることに手を貸してきた。そこで、次のような質問が生まれてくる。もし九〇〇万の黒人が政治的権力をうばわれ隷属状態におかれ、優秀な人間をそだてる機会をほとんどあたえられなかったとしたら、かれらが経済戦線で実際的な向上をかちとることが、理論的にも実際的にも可能であろうか？　この質問に、もし歴史と理性がこういう疑問に明確な答えを出すとしたら、それは断じて「ノー」である。だから、ワシントン氏の仕事の行手には、三つの矛盾が立ちはだかることとなる。

一、かれは、気高くも、黒人職人を実業家や地主に仕立てあげることにつとめている。しかし、近代の競争体制下で、勤労者や地主が、参政権なしでその権利を擁護し人間として存在することは、全く不可能なことである。

二、かれは、節倹と自尊心を主張するが、同時に、市民として身分が低いのにはだまって服従せよ、と勧告している。これが、結局どのような人種からも、その人間性を吸いとってしまうことは自明である。

三、かれは、公立小学校と職業教育を熱心に説くが、高等教育機関については低い評価しかあたえていない。しかし、もし黒人大学とその大学卒業者によって教育を受けた教師が存在しなければ、黒人小学校も、かれのつくったタスキーギ専門学校も、一日として存続できないであろう。

ワシントン氏の態度にあるこの三つの矛盾は、二種類の黒人アメリカ人からの批判の対象となっている。第一の部類に属するひとびとは、ガブリエルやヴェシー、ターナーから救世主トゥーサン*へとつながる精神の系統を引いており、反抗と復讐の態度を代表している。かれらは、盲目的に白い南部を憎んでおり、全体として白人人種に不信感を抱いている。そして、一定の明確な行動上の意見一致があれば、黒人の唯一の希望は、合衆国の境界をこえて移住することにあると考えている。けれども、何という運命の皮肉であろうか、このような計画がなんら望みのないものであることが、最近の合衆国の西インド諸島、ハワイ、フィリッピンの弱小有色民族に対してとっている政治方針によって、いともみごとに証明されているようなのである。一体全体、われわれが嘘をつく残忍な権力から安全にのがれて行くことのできるところが何処にあるだろうか？

ワシントン氏と意見を異にする第二の部類の黒人の声は、これまでのところまだあまりに小さい。かれらは、散発的な忠告と、内部の意見不一致があらわれたことの意味を、過小評価している。そしてとくにかれらは、有用で熱心なひとりの人間にたいするかれらの正当な批判が、狭量な反対者たちから毒液の総攻撃がかけられるさいの口実に使われるのは、考えるだけでいやなのである。それにもかかわらず、その包括している問題がきわめて基本的で重要なものであるから、グリムケ兄弟*やケリー・ミラー*、J・W・E・ボーエン*その他のこのグループの代表者たちが、これ以上沈黙を守ることが不可能であるということはたやすく理解されるところである。これらのひとびとは、その良心にしたがって次の三つの事項をこの国に求めねばならぬと感じている。

一、投票権。

二、市民的平等。

三、能力に応じた青年の教育。

かれらは、これらを要求するさいにワシントン氏がすすめた忍耐と礼節についての貴重な貢献を認めている。かれらは、文盲の白人の投票が禁じられている時に、文盲の黒人の投票を要求するようなことはしないし、何らかの参政権制限の理由がある場合に、これを制限してはならないとも言っていない。かれらは、黒人大衆の社会的水準の低さが、黒人に対する大きな差別待遇の原因になっていることを知っている。しかし、かれらだけでなくこの国民も、容赦するところのない人種的偏見というのは、黒人の程度の低さの結果というより、むしろその低さの原因をなしている場合のほうが多い、ということを知っているのである。かれらの求めているものは、この野蛮な遺物の除去であって、A・P通信からキリスト教会にいたるすべての社会的影響力をもった機関による、そういう遺物の組織的強化と増長ではない。かれらは、ワシントン氏とともに、完全な職業訓練で補強された黒人公立小学校を広範囲に制度化することを主張している。しかし、かれらは、ワシントン氏のような洞察力をもった人物が、このような教育制度はいつも設備陣容のととのった専門学校および大学そのものに依存してきたものだし、またそれいがいに存続しえないものであることをどうして見抜けないのかと驚いている。そしてかれらは、最良の黒人青年たちを、教師や知的な職業に従事するひとや指導者として訓練するための研究施設が、南部全体に少数でもよいから存在する必要がある、と主張しているのである。

このグループのひとびとは、白人の南部にたいし和解的な態度をとっているワシントン氏を尊敬している。かれらは、《アトランタの妥協》を最大限に広く解釈して容認する。かれらは、ワシントン氏とともに、南部に多くの有望な前途を思わせる徴候、高い目標と公正な判断力をもった多くのひとびとが存在することを認めている。かれらは、ひどい重荷を背負って倒れようとしている地域に課せられた仕事が、けっして容易ならぬものであることを知っている。しかし、それにもかかわらず、かれらは、真理と正義への道は、無差別なへつらいのなかにではなく、誠実と率直さのなかにあると主張する。すなわち、良い暮しをしている南部のひとびとを賞讃し、良くない暮しをしているひとびとを苛責なく批判すること、すぐ手近にある機会を利用し仲間にもそれをすすめること、しかし同時に、より高いさまざまな理想と抱負を固く守ること、そうしてこそそれらの理想を実現可能なものにしておくことができるということを忘れぬこと、がそれである。かれらは、自由投票権、市民権の享受、教育の権利が、一朝にして実現するものとは考えていない。かれらは、ラッパの一吹きで何十年にもわたる偏向や偏見が消失するのを見ることができるとは思っていない。しかしかれらは、一つの民族が正当なさまざまの権利を獲得する道は、自らすすんでそれらの権利を捨てたり、自分たちがそれらの権利を欲してはいないと主張することによって、けっして得られるものではないと確信して疑わない。また、一つの民族が尊敬を得る道は、たえず自分自身を軽視したり笑い草にしたりすることによっては得られないこと、むしろ逆に、黒人たちは、間断なくいつも、近代の人間にとって投票が必要欠くべからざるものであること、人種差別が野蛮だということ、黒人少年も白人少年とどうように教育を必要としているのだということを、たえず主張しなければならないと思っている。

故にもし、たとえ尊敬の的となっている指導者に反対するという犠牲をはらってまでも、自己の民族の正当な要求を率直明快に主張しないとしたら、アメリカ黒人の有識階級は、重い責任を回避することとなるであろう。すなわち、自らに対する責任、未来の大部分をこのアメリカにおける実験にかけているさまざまな黒色人種に対する責任、いやそれだけではない、とくにこの国、この共通の祖国に対する責任の回避となる。悪行をなしているひとりの人間、ひとつの民族を激励するのは、悪いことである。そうしなければ人気を得られないという理由だけで、一国民の犯罪を助け、そそのかすのは、まちがっている。一世代前のあの恐ろしい不和のあとで、北部と南部間の思いやりと和解の精神がしだいに増大してきているということは、すべての人間、とくにその虐待行為のために戦争をひきおこしたひとびとにとっては、深い祝福の気持をよびおこす源となっているのは当然である。しかし、もしその和解がたえまない立法措置によって他ならぬ黒人たちの社会的地位をおとし、産業奴隷制と市民権剝奪をもたらす特徴をもつものであるとしたら、真の人間としての黒人たちに要求されるのは、あらゆる文明化された方法によって、そのような進路にたいしてあらゆる角度からの愛国心と忠誠心を考慮にいれて反対することである。たとえその反対が、ブッカー・T・ワシントン氏との不和をもたらすとしてもやむをえない。われわれは、必然的に黒人白人いずれの子供たちに対しても災厄をもたらすもととなる種子がまかれているときに、決して坐視していてはならない。

第一に、南部に対する分別ある判断力をもつことが黒人の義務である。南部人の現在の世代は、過去のことに責任はない。かれらを過去を理由に盲目的に憎んだり責めたりしてはならない。さらに、黒人にたいする南部の最近の動きを無条件に承認することは、南部の最良の思想にとっても、いかなる階級にとってもどうように不快なことである。南部は、「不動《ソリッド》」ではない。それは、社会変動の興奮のただなかにある土地であり、あらゆる種類の勢力が優越を争っている土地である。南部の犯している悪事を賞讃することは、善を非難するのとまったく同程度に間違った行為である。南部がいま必要としているのは、分別と寛容に基づく批判である。それは、南部にいる白人の息子たちや娘たちのためにも、強固で健全な精神的道徳的発展の保証のためにも、必要なことである。

今日、南部の白人たちが黒人たちに対してとっている態度でさえ、非常に多くのひとびとが考えるように、あらゆる場合に共通しているわけではない。無知な南部人たちは黒人を憎み、労働者は黒人との競争を恐れ、蓄財家は黒人を労働者として使用することを望み、教養のあるひとびとの一部は黒人の向上発展を脅威と感じている。一方、通常もとの主人の息子たちがそうであるが、黒人が立ちあがるのに手をかそうと思っているひとびともいる。全国的な世論のちからで、この最後の部類に属するひとびとは、黒人公立小学校を維持し、部分的には黒人の財産、生命、身体を保護することができた。蓄財家たちの圧力によって、黒人は、とくに田舎では、半奴隷の状態にひきもどされる危険にさらされている。労働者たちと、黒人を恐れている教養あるひとびとは、黒人からその公民権を剝奪するために同盟を結んできたし、なかには、黒人を国外に追放せよと力説してきたものもいる。他方、無知なひとびとは、激情にかられるとすぐさま私刑を加えたり虐待をしたりするようになる。このように複雑に渦巻いている思想と偏見を賞讃するのは、正気の沙汰ではない。「南部」のことなら無差別に罵倒することは、公正なやりかたではない。しかし、エイコック知事*をたたえ、モーガン上院議員*の本質を暴露し、トマス・ネルソン・ページ*を論駁し、ベン・ティルマン上院議員*を非難することで呼吸をあわせることは、道理にかなっているばかりでなく、黒人有識者に課せられた不可欠の義務である。

何回か、ワシントン氏が黒人に対して不公正な態度をとる南部の動向に反対してきたのであるから、その事実を認めないとすれば、かれに対して公平さを欠くことになるであろう。じっさい、かれは、ルイジアナとアラバマの憲法修正条項審議会に請願書を提出したし、私刑反対の演説もした。さらに他の公然とした、また秘かなさまざまな方法によって、かれは、凶悪な陰謀や不幸な事件に反対してその影響力をふるった。こういう事実があったとしても、なお、次のように断言することは、おなじように真実をうがっているといえる。すなわち、ワシントン氏の宣伝によって、まず第一に、黒人の低劣さを理由にした現在の南部の黒人に対する態度が正当化されること、第二に、黒人がもっと早い速度で向上をとげることができない主たる原因は過去にうけた間違った教育にあること、第三に、黒人の未来の向上発展が何はさておいても黒人自身の努力に依存するということ、そういうことが全体として主張されているような印象をはっきりとわれわれは受けるのである。これらの主張は、それぞれ半面の真実をふくんでいるが故に危険なのである。これらに追加されるべき数々の真実が存在することを見失ってはならない。第一に、奴隷制度と人種偏見が、黒人の現状のすべての原因ではないにしても、有力な原因をなしていること。第二に、高等教育機関で教育を受けた黒人教師たちの出現を待たなければならなかったという止むをえぬ事情があったにしても、職業教育および小学校教育確立の速度がにぶかったということ、——もしまったくちがった発展のしかたをしたとしたら事態がこうなったかどうかは、はなはだ疑わしいのである。事実タスキーギ専門学校のような教育機関は、一八八〇年以前には考えられもしなかった。第三に、黒人が、自立をめざして力強く奮闘に奮闘をかさねねばならぬと主張することは偉大な真実にはちがいないが、もし黒人のまわりの財力と知力をそなえたグループが、先頭に立ってその努力を援助し、いや援助するだけでなく覚醒させせまた激励しなければ、黒人にはついに偉大な成功はのぞむべくもないこと、そのこともまたどうように真実である。

この最後の点を認識し、これを強調しなかったという点で、とくに、ワシントン氏は非難されなければならない。かれの教義は、北部および南部の白人たちに、黒人問題の重荷を黒人の肩の上に移しかえさせ、自らは批判者もしくは多少悲観的な傍観者として立たせるような傾向をもっていた。ところが、事実は、この重荷は国民全部で負わなければならぬものであり、もしわれわれが、その精力をこの大きな不正をただすために傾けないならば、われわれの手はすべて汚れていると言わなければならぬであろう。

南部は、率直で誠実な批判によって、より良い自己の主張を、過去において無慈悲な虐待をおこなってきたし、現在もなお行いつつある人種に対する責任を、充分に果す方向にみちびかれなくてはならない。共犯者である北部は、南部を黄金によって飾りたてることによって、良心の苦痛をやわらげることはできない。われわれは、この問題を駆け引きやものやわらかさ、いわゆる「政略」だけによって、解決することはできない。もし事態が悪化の一途をたどって最悪の事態に立ちいったとすれば、いったいこの国は、九〇〇万黒人をゆるやかに窒息させ殺してもなお、その道徳的性格を保持できるであろうか？

アメリカの黒人たちは、きびしく困難な義務、自らのもっとも偉大な指導者の仕事の一部に反対する前進運動をおしすすめる義務がある。ワシントン氏が、「節約」と「忍耐」と「大衆の職業訓練」を説教しているかぎりでは、われわれは、かれの両手をさしあげて支持し、かれとともに奮闘し、かれの名誉をよろこび、指導者のいない群を導くようにと呼びまねかれたこのヨシュアの力を誇りとしなければならない。しかし、ワシントン氏が、北部と南部の不正義のために陳弁し、投票の権利と義務を正当に評価せず、人間を去勢する身分差別の影響力を過小評価し、われわれの聡明な知力の持主たちに高等教育をほどこしその大望をよびおこすことに反対するならば、いや、かれが、南部が、また国家がこのようなことをするならば、われわれは倦むことなく断固としてこれらのことに反対しなければならない。あらゆる文明化された平和的な方法によって、われわれは、世界が人間に与える諸権利をもとめて奮闘し、「祖父たち*」の息子たちが忘れがちなあの偉大な言葉をゆるぎなく守らなければならない。「われわれは、次の真理を自明のことと考える。すなわち、すべての人間は平等に創造されたものであり、創造主によってゆずりわたすことの出来ない諸権利を与えられており、この諸権利には、生命、自由、幸福追求の権利がふくまれている。*」

第四章　進歩の意味

あなたのお力を世に知らせるためならば、
あなたの永遠の家に住んで、
罪に汚れるおそれのないひとびとをお選びなさい！
死ぬことのないもの、感じもしなければ、
泣きもせぬ、清浄なもの、
あなたの精霊たちをお遣しなさい！
やさしい少女、羊を飼う
か弱い魂をお選びなさいますな！
——シラー

＊

かつてわたしは、テネシー山中の学校で教えたことがある。その山中でミシシッピー川の広大な暗い溪谷のうねりが始まり、ひだをきざんでアレガニー山脈に達しているのであった。当時わたしは、フィスク大学の学生であった。すべてのフィスクの学生は、ヴェールを（人種差別のことをさす——訳者）めくれば、テネシーは自分たちだけの天地であると考えていた。そして、休暇になると、郡視学官に会うために隊を組んで威勢よく旅に出かけるのであった。若いわたしもまた幸福な気持で、出かけて行った。そしてわたしは一七年前のあの夏のことを容易に忘れることはないであろう。

まず、郡庁所在地で教員講習会があった。講習会では校長の招いた著名な講師たちが、教師に分数やスペリングやその他さまざまの秘法を授けてくれた。――白人教師の授業は午前中、黒人教師の授業は夜だった。ピクニックに行くこともあったし、夕食を一緒にとることもあった。そして、粗っぽい世界の空気は、笑いや歌でやわらげられた。それに今でもおぼえているのだが、何と……。いや、どうやら傍道にそれたらしい。

すべての教師が講習をおえて学校狩りを始める日がやって来た。うわさのききかじりだが（母がひどく銃器類をおそれていたので）かも狩りも熊狩りも人間狩りもひどく面白いものらしい。しかし田舎の学校狩りをやったことのない人間は、まだ追跡の快楽をほんとによく知っていないとわたしは確信する。七月の強烈な太陽の下で、白っぽくやけている道は、わたしの目の前にうねうねと起伏している。一〇マイル、八マイル、六マイルと距離がちぢまっても無慈悲に道は前方にのびている。わたしの心身は深い疲労感におそわれる。「先生が居るかって？　居るとも。」とくりかえしきかされる時には、心臓が重くめり込むような感じがする。とにかくわたしは、――馬はとほうもなく高くついたから――歩いて先へ先へと進んで行った。そして、鉄道線路をこえ、駅馬車道路をこえてさまよい歩いた末に、「ならずもの」（ねずみ、もぐらなど作物に害をあたえるけもの――訳者）や、がらがら蛇の住む土地に到着した。そこではよそから人が来るのが大事件であり、村人たちは一つの青い山かげで生活し死んでいくのであった。

森と東にむかって起伏している山によって外界からさえぎられた丸太小屋や農家が、丘や谷あいに点在していた。ここにわたしは、ついにちっぽけな学校を見つけたのだった。ジョシーからわたしはその学校のことを聞いた。彼女はやせた不器量な二〇歳の少女で、黒褐色の顔と濃い硬い髪の毛をもっていた。わたしはウォータータウンで流れを横切り、大きな柳の木の下で休んだ。それから、わたしは、小さな小屋のたっている一画にやってきた。ジョシーが町に行く途中でここに休んでいたのだ。やせこけた農夫が、わたしをこころよくむかえてくれた。ジョシーは、わたしの用向きを聞くと、真剣に自分たちは、丘のむこうに学校が一つ欲しいのだと言った。そして、戦後(南北戦争をさす―訳者)たった一回きりしか先生がきたことがない、自分もひどく勉強がしたいといったようなことを早口に大声でしゃべり続けた。その様子はひどく熱心で、力のこもった感じを与えた。

翌朝わたしは、高い丸い丘を越えてカロライナ地方に向ってひろがっている青黄色の山々を眺めながらさまよい歩いた。それから森の中にはいりこんで、ジョシーの家のところへ出てきた。ジョシーの家は、木造のぱっとしない四部屋の百姓家で、丘の崖っぷちの真下に、桃の木にかこまれてちょこんと立っていた。父親は物静かでかざり気のない人物で、学問はないけれども落ちついており、卑俗なところもなかった。それと反対に母親は、頑丈でせっせと働くエネルギッシュな女で、早口にのべつまくなしにしゃべりたてるのであった。そして彼女には「世間のひとなみに」生活がしたいという野心があった。子供はおおぜいいた。二人の少年は、もう家にはいなかった。あとに残っているのは二人の伸びざかりの女の子、八つになるはにかみやのちび、一八歳になる不恰好な大男のジョン、かれより年は若いが敏しょうで見てくれもよいジム、年令のはっきりせぬ二人の赤んぼであった。それからもう一人ジョシー自身。どうやら彼女が一家の中心らしくいつも雇われ仕事や家事、苺とりなどに追いまわされていた。少しばかり神経質で、ガミガミ言うところは、母親似であったが、他方誠実な父の気質も持ちあわせていた。彼女には、ある種の上品さがあり、自分と自分の家族の生活をさらに広く深く充実したものにするためには、よろこんで自分の全精力をつかい果すといった一種の無意識的な道徳的ヒロイズムのようなものも持ちあわせていた。わたしは、その後何回もこの家族をみているうちに、この家族が好きになってきた。かれらが上品で楽のできる身分になろうと誠実に努力しているためでもあったし、また自分たちの無知をよく認識しているためでもあった。かれらには何の気取りもなかった。母親はいつも父親が「お人好しすぎる」と言って叱言をいっていたし、ジョシーは少年たちが不注意だといって容赦なく叱りつけていた。そして、家族のものすべてが、岩だらけの山腹を耕して生計の資を得ることが、困難な仕事であることを知っていた。

わたしは、首尾よく学校にありつけた。わたしは白人の学校が欲しいと思っている快活な白人の若者と一緒に馬に乗って、視学官の家に出かけた日のことを今でも思い出す。道は、河床を下流に走っていた。太陽は笑い、水は陽気に鳴っていた。わたしたちは、馬で進んで行った。「おはいり。」視学官は言った。「おはいり。さあかけたまえ。うん、免許状はそれでよい。一緒に食事しよう。一月いくらほしいのかね。」「おお、こいつは、運がいい。」わたしはそう思った。だがその時でもあの恐ろしいヴェールがさっと影をさした。かれらがまず先に食べ、わたしは、それから食べなければならなかったのだ。しかも一人で……。

校舎は、ウィラー大佐が穀物を格納していた丸太小屋だった。それは柵とさんざしのしげみの背後の土地にたっていた。そのそばには、すばらしい味の泉が湧き出ていた。入口には、今はもう扉がなかった。内部には、今にもつぶれそうな大きな暖炉があった。丸太の間のすき間は、窓の役を果していた。備品はほとんどなかった。隅の方に、色あせた黒板が、うずくまるように置いてあった。わたしの机は、三枚の板で作ってあって、こわれかかった場所は、補強してあった。椅子は地主夫人からの借りもので、毎晩返さねばならなかった。子供たちの椅子ときたら全く途方にくれるような代物だった。わたしの目の前にはニュー・イングランドの学校のこぎれいな机や椅子の姿がちらついていた。

だが、悲しいかな、いま目の前にあるものは、背がなく、かんなもとおしてない板のベンチで、時には脚のないものもあった。これらの椅子の長所と言えば、居眠りを危険なものに――ことによると命取りにしかねないということであった。床が、いやはや信用ならぬ代物だったのだから。

開校日は、七月末のある暑い朝だった。小さな足がほこりっぽい道をばたばたいわせながら歩いてくる音をきき、黒い真面目な顔をして、何かを求めるように目を輝かせている子供たちの列が、数を増してわたしの目の前に現われてきた時、わたしの身体はふるえた。最初にやって来たのは、ジョシーやその弟妹たちだった。このあどけなさの残った「女」の頭上には、知的熱望、ナッシュビルの大きな学校(フィスク大学のこと――訳者)の学生になろうという欲望が、仕事と気苦労の合間に大空の星のようにつきまとっていた。だから彼女の勉強の仕方には、何くそといった強情さがあった。アレキサンドリアすじのはるか彼方の農園からは、ダウエル家のものたちがやってきた。すべすべした黒い顔と不思議そうなまなざしを持ったファニー、褐色でのろまのマーサ、かれらの兄嫁にあたるかわいらしい少女、それからもっと幼い子供たち。

バーク家のものたちもいた。黄色と褐色の肌をした二人の若者と小さな尊大な目付の女の子。「でぶ」のルーベンのまるまる肥った少女もやってきた。彼女の顔は黄金色に輝いていたが、髪の毛はつやのない古黄色をしていた。彼女は誠実で生真面目だった。セニーは、早くから出席していた、――陽気で、顔はまずいが、気立てのやさしい女の子で、何くわぬ顔をしてかぎ煙草を吸ったり、くる足の小さな弟の世話をやいたりしていた。ティルディーは母親が暇をくれる時にやって来た。「真夜中の美人」で、目はきらきら輝き、手足は先が細くなっていた。弟の方も姉に似て醜い顔をしていた。それから大きな少年たち、でかくて不恰好なローレンス家のものたち、怠け者のネイル家の子供たち。

かれらは、母と娘の生んだ父無児《ててなしご》たちであった、――背中がせむしのように曲ったヒックマン。その他。

かれらの人数は三十人程度で、薄クリーム色から濃褐色までの色とりどりの顔をして、教室の粗末なベンチにかけていた。小さなはだしの足をぶらぶらさせ、目は、期待にみちあふれ、そこここにいたずらっぽい輝きをみせ、手でウェブスターの青表紙の綴り字読本（ノア・ウェヴスターの綴り字読本。百年間に六千万部を売ったという――訳者）をじっと握りしめていた。わたしはこの学校を愛していた。子供たちの、教師の知恵に対して抱いている信頼は、真に驚嘆すべきものがあった。わたしたちはともに読み、字をつづり、ちょっと書いては、花をつみ、歌い、そして山のむこうの世界の話に耳を傾けた。学校は先細りになっては、またもとに戻るといった状態であった。わたしはひどく汚い二部屋に住んでいるマン・エディングズをよく訪問した。そして暗赤色のボサボサの髪のために、いつも燃えるように赤くみえる顔をした小さなルージンが、どうして先週いっぱい学校を休んだのかとか、これ以上のボロはないと思われるようなボロ服を着たマックとエドが、どうしてこうもよく休むのかといったような事を質問するのだった。するとウィラー大佐の農場で、小作人として働いている父親はきまって、どんなに取り入れに少年たちが必要かと言うことを説明するのだ。顔を洗えば美人に見えるやせた自堕落な母親は、ルージンは赤んぼの世話をしなければならぬのだといってわたしを納得させるのだった。「だけど来週になったら、また出させますよ。」ローレンス家のものたちが、出てこなくなった時、わたしは老人たちの書物学問に対する疑いが再び勝利をしめたのだということがわかったので、苦労して山を登り、できるだけ家の奥まで入っていってキケロの「詩人アルキアスの弁護《プロ・アルキア・ポエタ》*」を、この地方にあうような応用を加えて非常にやさしい英語になおして話してやった。するとかれらは、普通の場合それで納得するのだった。―

—だがそれも一週間かそこらなのだが。

水曜日の夜には、わたしはしばしば幾人かの子供たちと一緒にその家へ帰った。ドック・バークの農場へ行くこともあった。かれは、声の大きいやせた偉丈夫で、たえず働き、自分の住んでいる七五エーカーの丘と谷を買おうとしていた。かれはきっとうまくいかぬだろう、「白人がみんな手に入れてしまうんだから」と言っていた。しかし人々は、かれの妻は、サフラン色の顔と、輝くような髪をもった堂々たる女傑《アマゾン》であって、コルセットもはめてないし、靴もはいていなかった。そして子供たちは丈夫で美しかった。かれらは泉の近くの農場の窪地にある一部屋半の小屋に住んでいた。正面の部屋いっぱいに大きなふんわりした白いベッド数台がおいてあったが、部屋はすみずみまできちんと片付いていた。壁には、へたな石版画がかけてあり、くたびれたセンターテーブルが置いてあった。後の小さな台所でわたしはしばしば「とっておあがり」と鶏のフライ、小麦のビスケット、「肉」、とうもろこしパン、さやえんどう、苺などをすすめられた。最初わたしは、就寝時間が近くなると、たった一つしかないその部屋の中で、いくらか心配になってくるものだった。しかしわたしの当惑は、非常に手際よく避けられるのだった。先ず、すべての子供たちがこっくりやり出して寝てしまう。すると、大きながちょうの羽根のつまった寝床の中に詰め込まれてしまう。次に、母親と父親はわたしが床にはいる間、こっそりと台所の方に出て行き、それから、細いあかりを吹き消すと、暗がりの中にひっこむのである。朝になって、わたしが気がついて目がさめる頃には、すでにみんな起きて外に出てしまっているのであった。かれらは、先生が引きあげるまで「でぶ」のルーベンの住んでいる道のむかい側に出て行ってしまうのである。台所には、食べ物が、ふんだんにあるわけではなかったからである。

わたしは、ダウエルの家に泊るのが好きだった。部屋が四つあったし、それに、おいしい田舎料理がたんまりあったからである。バードおじさんは、大通りから何マイルも離れた山と森のただ中に、小さな起伏の多い農地をもっていた。けれどもかれは、話題の豊富な人物で、時には説教もするし、子供たちと苺と馬と小麦にかこまれて、万事うまく仕合せに暮していた。いざこざを起こさぬ為には、しばしばわたしはもっとまずしい生活をしている人たちのところへも行かなければならなかった。例えば、ティルディーの母親は救い難いほど汚れていたし、ルーベンの食料の貯えの少なさは深刻なものがあった。またエディングズの家のベッドではしまつにおえない虫の群が、ぞろぞろと這いまわっていた。わたしが一番愛していたのは、ジョシーの家へ行ってヴェランダに腰をおろし桃を食べることであった。傍では母親が、気忙しく動きまわり、しゃべりまくっていた。ジョシーは、どうやってミシンを買ったか。ジョシーは山のむこうの学校へ行きたいと思いこがれているが、「どうやら」自分たちには、少い。ジョシーは山のむこうの学校へ行きたいと思いこがれているが、「どうやら」自分たちには、彼女を行かせるほど暮しがよくなることはないらしい。作物は出来が悪いし、井戸はまだ完成していない。そして最後には、白人のなかには「さもしい」人間がいるということに話題が及ぶのであった。

二夏の間、わたしはこのちっぽけな世界で生活した。それは退屈で単調な生活であった。少女たちは、物欲しげに丘の方を眺めていた。そして少年たちは、いらだつような気分でアレキサンドリアに足しげく通った。アレキサンドリアはいわゆる町であった、――民家と教会と店が散在している活気のない村落で、トムやディックやキャプテンといったひとびとの構成する「貴族社会」であった。北の方の丘の上には、黒人の村落が、抱きあうようにかたまっていた。かれらの住んでいる家は、三部屋か四部屋のペンキの塗っていない小屋で、さっぱりと家庭的なものもあったし、汚ならしいものもあった。人家は、少々無秩序にちらばっていたが、この小村落の二つの寺院――メソジスト派*とハードシェル・バプティスト派*の教会——のまわりに集っていた。これらの建物は、それぞれ古ぼけてくすんだ校舎におっかなびっくりもたれかかっていた。日曜になると、わたしの小さな世界は、まがりくねってここへ進んで行き、別の世界と交わるのであった。そこには、ゴシップがあり驚きがあった。そしてわたしは一週間ごとに「昔ながらの宗教」の祭壇で、熱狂的な牧師とともに祈りを捧げるのであった。それから黒人の歌の柔いメロディーと力強い楽曲が、羽ばたき、轟きわたるのであった。

わたしは、今わたしの小さな共同体を世界と呼んだ。が、実際にその共同体は、外から隔絶されていたので、一つの世界を作りあげていた。しかし、わたしたちの間には、半分目覚めかけたばかりの共通の意識があった。それは共通の喜びや悲しみの中から生まれ、埋葬の時、出産の時、結婚の時にわき出てきた。それはまた、貧困とやせた土地、低い賃金という苦難を共にしているという感情からわきおこってきた。いやなかんずくヴェールがたれさがっているのを見た時、ほとばしり出るのであった。これらすべてのことが、わたしたちに同時に、同じ思想を抱かせることになる。しかしこれらの思想が、熟して言葉となった時には、さまざまの表現となってあらわれるのであった。二五年以上前に実際に「神の出現の栄光」(奴隷解放のこと—訳者)を目にした人たちは、今たちふさがっている障害にも、さしのべられる援助の手にも、神が真にあらわれたまう時に、必ずすべてのものは、あるべきところにもどるという、あの暗い宿命がひそんでいるのをみてとったのである。奴隷制が幼年時代のかすかな記憶となって彼方にかすんでしまった人々にとって、世界は戸迷いを感じさせるものであった。世界はかれらからほとんど何物をも要求せず、かれらのほうでもほとんど何の応答も示さなかった。それでももしかれらが何かしようと申し出たとしたら、世界はそれをあざ笑うのであった。そのような矛盾がかれらには理解出来なかった。それ故に、かれらは物憂げな無関心と、無気力と、無謀な空威張りにおち込んで行った。しかしながら、ジョシー、ジム、ベンと言ったような世代の人達がいる。かれらにとっては、戦争や地獄や奴隷制は、単に幼年時代に聞いた昔話に過ぎないし、その若い欲求は、学校や歴史や半ば目覚めかけた思想によって、とぎすまされている。生まれた時から「世間」から疎外されているかれらにとっては、現状は満足するに足りないものであった。そして、かれらの弱々しい翼は、その障害――身分制度の障害、青春の障害、人生の障害――にむかって叩きつけられるのであった。そして遂には、ほんのすこしでもじぶんに反対するなら、どんなものにでも叩きつけられるような瀬戸ぎわまで行くのである。

青春時代に続く一〇年間、人生がどこかへ通じているということを初めて認識するようになる年月。それが、わたしがあの小さな学校を去ってから過した年月であった。この年月が通りすぎて行ってしまった時、わたしは偶然にもまた、フィスク大学*の壁、美しい調べの流れてくるあの礼拝堂へ帰ってきた。わたしが昔の学友と会う歓喜と苦痛に包まれて、そこをたゆたっているとき、わたしの頭上をあの青色の丘をこえてむこうへ行ってみたいという突然の熱望がおそいかかってきた。あの時の家庭と学校を見たい。わたしの教え子たちは、どんな人生をすごしたのかを知りたい。わたしは出かけた。

ジョシーは死んでいた。銀髪の母親は無造作に言った。「先生が行ってしまってから、つらいことがどっさりありました。」わたしはジムのことが気がかりだった。教養のある両親と自分を支えてくれる社会的身分があったならば、ジムは大胆な商人かウェスト・ポイント士官学校の候補生になっていたかも知れない。しかしかれはこの村に残った。人生に怒り、向う見ずな人物になって。そして、農場主のダーラムが小麦を盗んだ罪をかれになすりつけたとき、老ダーラムは、おろかに猛り狂ったジムが自分に投げつける石を避けるために馬に乗って大急ぎで逃げなければならなかった。ジムは逃げろと言われたけれども、どうしても逃げようとしなかった。そしてその日の午後巡査がやってきた。この事件は、ジョシーをひどく悲しませた。大男でぶきっちょのジョンは、レバノン刑務所の鉄格子ごしに自分の弟に会いに、毎日九マイル歩いて行った。或る暗い夜、遂に二人は一緒に帰ってきた。母親は夕食をこしらえ、ジョシーは自分の財布を空にした。そして二人の若者は、こっそりと出て行った。ジョシーは、やせて無口になったが、それだけに、よけい働いた。物静かな父親には、丘の勾配が苦になってきた。そして男の子たちのいない谷間ではやる仕事もほとんどなかった。ジョシーの骨折りで家族はすみなれた農場を売り払い、もっと町に近い所へ移っていった。大工のデニス兄貴に、六部屋付きの新しい家を建ててもらった。ジョシーは、ナッシュビルで一年間骨身をけずって働いた。そして九〇ドルを持ち帰ってその家に家具類を入れ、それを人間の住める家にした。

春がやってきて、鳥がさえずり、川は水かさを増し、音をたてて流れた。そのとき大胆で向うみずな妹リジーが、青春の情熱にかられて、誘惑者に身をまかせ、私生児をこの家にもたらした。ジョシーは身を震わせた。そして、過ぎ去った学校時代を夢みながら、青ざめて疲れた顔で働きつづけた。だが、もう一人の妹の結婚式当日の或る夏の日、ジョシーは、傷ついた子供のようにはらばうようにして母のもとに帰ってきて眠ってしまった。そして、今もなお眠っているのである。

わたしは、谷にはいって行く時に立ちどまってそよ風の匂いをかいだ。ローレンス家の者はいなくなっていた。父と息子は、永遠に。そして残った息子が一人、大儀そうに土に穴を掘って生計をたてていた。かれらの小屋は最近夫を失った若い女が「でぶ」のルーベンに貸していた。いまではかれの小屋は部屋が三つになっているが、わたしはあい変らずかれは怠け者ではなかろうかという気がしている。当時子供だったエラははち切れるような女に成長して、かんかん日の照る山腹にとうもろこしを植えている。たくさんの赤ん坊と頭の足りない少女を一人かかえている。谷のむこうには、見覚えのない家が立っていて、そこにはかつて、わたしの教え子であったバード・ダウエルおじさんの娘がいた。彼女は、一人の赤ん坊をあやしていたが、もう一人みごもっていた。彼女は、自分の新しい仕事にいくらか疲れ気味に見えた。だがまもなく興奮した様子で、小ぎれいな自分たちの小屋のこと、働きのよい夫のこと、馬や牛、これから買おうと思っている農場のことなどを誇らしそうに話しはじめるのであった。

わたしの丸太小屋の学校はなくなっていた。そのあとには、「進歩」が立っていた。そしてわたしにはわかっているのだが、「進歩」というものは必然的に醜いものなのである。ぐらぐらした基礎の丸石は、その場所にかつてわたしの貧しい小さな小屋があったことをまだ示していた。そして、そこから程遠くないところに、六つのくたびれた丸石の上に、幅二〇フィート長さ三〇フィート程の当世風の軽い感じの板張りの家が不安定にのっていた。窓が三つあり、一つあるドアはカギがかかっていた。窓ガラスのあるものはこわれ、鉄の古ストーブの一部がのき下に悲しげに横たわっていた。わたしは、半ば畏敬の念をもって窓から中を覗いてみた。そこにわたしは、もっとなじみ深い物を見出した。黒板は二フィートほど大きくなっていたが、椅子にはまだ背がなかった。

わたしの聞いたところでは、この一画は今では、郡の所有物で毎年一学期だけ学校が開かれるということだった。泉の傍に腰をおろして古いものと新しいものを眺めていると、わたしは満足感を覚えた。非常に強い満足感だった。だが――。

ゆっくりと水を二口飲むとわたしは先へ進んで行った。かどに大きな割棟の丸太小屋があった。昔そこに住んでいた打ちひしがれ希望をくじかれた家族のことが、わたしの記憶に甦えってきた。その家の、きついがっしりした顔の母親が、髪をぼさぼさせている姿が、わたしの目の前に浮んできた。彼女は夫を追い出した。そしてわたしが教師をしている間、その家には、でっかくて陽気な他所の男が住んでいた。そしてまわりではそのことが、噂話の種になっていた。そんな家庭では、ベンとティルディがすっかり駄目になることは、わたしにはよくわかっていた。しかし、この世はまことにおかしなものである。人々の言うところによると、ベンは、スミス郡で農場主として忙しく「それに暮しもよい」そうだし、去年の春、ティルディが恋人と結婚するまでは、彼女の面倒をみていたということである。この若者の送った生活はきびしいものであった。食を得んがためにあくせくと働き、人には醜いかたわよと嘲笑されたのだから。サム・カーロンという厚かましい老人のけちんぼがいたが、かれは「黒んぼ」については、固定観念を抱いていた。かれはベンを一夏雇ったが、賃金を払おうとしなかった。そこで腹をすかせた少年は、麻袋をかきあつめて白昼公然とカーロンのとうもろこし畠にはいっていった。そして握り屋の農場主がかれに襲いかかって来た時、怒りにもえた少年は、野獣のようにかれにとびかかっていった。ドック・バークが中にはいったので、その日は殺人もリンチもなくて済んだ。

この話から再びわたしはバーク家の事を思い出した。そして私は、戦ではどっちが勝ったのか、ドックかそれとも七五エーカーかということを知りたくてせきたてられるような気持になった。何故なら、たとえ一五年かかったとしても、無一物から農場を生みだすことはなまやさしい仕事ではないからだ。それでわたしはバーク家の人たちのことを考えながら急いで先へ進んで行った。かれらには、前からわたしの好きな或種のすばらしい野性味があった。かれらは決して卑俗でもなければ非道徳でもなかったが、やや荒けずりな素朴さがあり、しかも、げらげら笑いたてて気分をおさめる自由さや、人の背中をぽんとたたいたり、片すみで一ねいりしたりする潤達さをもっていた。急いで行く途中、わたしは父無児のネイル家の息子達の住んでいる農家のそばを通った。家には誰もいなかった。そしてかれらは、肥った怠惰な作男になっていた。わたしは、ヒックマンの家を見た。しかし、背中のまがったアルバートは、すでにこの世にいなかった。やがてわたしはバーク家の門のところについた。そして中をのぞきこんだ。屋敷は荒れて手入れがしてないようだった。しかし、左側を別とすればもとの農場のまわりの塀は昔のままだった。そしてその左側にもうあと二五エーカーの土地があったのである。だが、おお！　窪地にあったあの小屋は、丘の上によじのぼって未完成の六部屋の農家にふくれあがっているではないか。

バーク家の所有面積は、一〇〇エーカーであったが、かれらはまだ借金していた。じっさい、昼も夜も骨身をけずって働いているあのやせこけた父親は、それになれてはいるというものの、借金から逃れてほっとする気持になることは、まだほとんどないのであろう。何時かかれは立ち止まらねばならない。その大きな骨格が、衰えを示しているのだから。母親は、靴を履いていたが、昔日のあのライオンのような体格はその面影を失っていた。子供たちは大きくなっていた。ロブは、父親に生写しで声高で耳ざわりな笑い声をたてた。バーディは学校に通っている頃はまだ六歳のあどけない少女であったが、今では背がすらりとして黄褐色で絵のように美しい生娘に成長していた。「エドガーは、行ってしまったんです」と母親は半ばぼうなだれるようにして言った。「ナッシュビルに働きに行ってるんです。あの子とお父さんは意見が合わないのでね。」

わたしが学校を去ってから生れたドックの息子が、次の朝わたしを馬の背中にのせて、小川を下流に下り農場主ダウエルの家の方へ連れて行ってくれた。道と流れは、その優越を争っていたが、流れの方が勝っていた。私たちは、水をざぶざぶ言わせながら川を渡って行った。そして陽気な少年は、わたしの後にちょこんと腰をかけて、ぺちゃぺちゃ喋っては笑っていた。かれは、わたしに、サイモン・トムソンが買った僅かばかりの土地と家を示してくれた。しかし、かれのまるまっちい褐色の肌をしたのろまの娘ラーナは、そこにはいなかった。彼女は二〇マイル向うの農場をもった男と結婚していた。わたしたちはうねうねとまがりくねった流れに沿って下流へおりて行った。そして或る門のところへやってきた。わたしにはそれが誰の家のものか覚えがなかったが、少年は、「バードおじさんのもの」だと主張した。農場には穀物が豊かに成長していた。わたしが小さな谷をのぼってゆくと、そこには、名状しがたい静寂が漂っていた。死と結婚が、青春を盗み去って、老年と幼年をそこに残しているためであった。わたしたちは、いろいろな仕事をやりおえてからその夜、腰をおろして話しこんだ。バードおじさんは、前より髪の灰色が目立ち目はよく見えなかったが、まだ陽気さを失なっていなかった。わたしたちの話題は、買い求めた一二五エーカーのことから、増築した新しい客間、マーサの結婚のことに及んだ。それからわたしたちは、死のことを話した。ファニーもフレッドももうこの世にいない。もう一人の娘の上には、死の影がのしかかっていた。その影が晴れあがった時彼女はナッシュビルの学校に行けるのだ。最後にわたしたちはその近所の人たちの事を話し合った。そして日がとっぷり暮れると、バードおじさんは、わたしにこんな夜、セニーが、夫の殴打から逃れてここからずっとむこうの方にある自分の家へさまよい戻って来た時の様子を話してくれた。彼女は、くる足の弟が働いて貯めたお金で後家の母親に買ってやった家で死んだのである。

わたしの旅は終った。わたしの背後には山と谷、生と死が横たわっていた。人は黒いジョシーが横たわっているあの場所の「進歩」をどうやってはかるのであろうか？　どれだけの胸をつまらせる悲しみが、一ブッシェルの小麦と釣りあうのであろうか？　下層階級にとって、一生はどんなに辛いものであることか！　それでも、どんなに人間らしく、またどんなに現実的で生々しいものであることか！　そして、すべてこれらの人生と愛と闘争と失敗は、夜のとばりがたれこめる時の薄暗がりであるのか、それともかすかに明けそめる朝ぼらけであるのだろうか？

わたしは悲しい物思いに沈んで、黒人専用車《ジム・クローカー》に乗ってナッシュビルへ向かっていった。

第五章　アタランタの翼

おお　アトランタの黒い少年よ！
　わずか半分しか真実が知らされていない。
奴隷のくさりも主人のくさりも
　同じようにこぼたれた。
人種と人種のひとつの呪いが
　両方を鎖でつなぎとめていた。
かれらは立ちあがっている――みんなが立ちあがっている――
　黒いものも白いものもいっしょに。
　　――ホイティアー＊

北部の南、いや南部の北に、「一〇〇の丘の町」（ジョージア州アトランタ市――訳者）が横たわり、過去の影から顔をのぞかせて未来の約束をみつめている。わたしは、夜明けの光でまどろみからさめようとしている彼女の姿を見たことがある。彼女は、ジョージアの深紅の土の上にじっと灰色にかすんで横たわっていた。すると青い煙が煙突からたちのぼり始める。鐘の音と号笛がとつぜん静寂をうち破る。いそがしい生活の雑音と号砲が、しだいにひろがり高まっていく。すると、しまいにこの眠ったような土地に逆巻く町のうずが何か異様なものに思えてくるのであった。

かつて、このアトランタ*でさえアレガニー山脈の山麓の丘でものうげにじっと眠っていた、という。しかし、戦争の無慈悲な洗礼が彼女をめざめさせ、その陰欝な水で身体を洗ってくれた。彼女は、目をさますと気狂いのようになり、海の音に耳をかたむけた。そして、海は丘にむかって咆え、丘は海の咆哮に相応じた。すると、この町は寡婦のように立ちあがり、喪服をかなぐり捨て、日々の糧を求めて働き続けた。たゆまず、巧妙にこつこつと働いた、——おそらく痛苦を伴っていたかも知れず、自家宣伝《レクラム》の気味もあったかもしれない、——だが、真摯に自らの汗水を流して働いたのだ。

いつわりの夢の亡霊にとりつかれて生きるのは、苦しいことである。すなわち、帝国の巨大な幻想がしぼんで、じっさいに灰や塵あくたと化してしまうのを見ることは。また、被支配者としての痛苦を感じるということは。そして、それでいて或る暗い日に崩れおちたあらゆる悪といっしょに生きるに値するものも消滅させられ、正義が維持されれば敢えて死ぬ必要のないものまで抹殺されてしまったのを知るということは。正義が勝ち誇っている傍で、何か邪悪なもの、何かいまわしく下劣なもの、およそ寛容とか善からほどとおいものが勝ち誇っているのを知るということは。こういうことは、みな、はげしい痛苦に満ちている。そして、多くのひとびと、多くの都市、多くの民衆は、このことに仏頂面をしたり、くよくよ考えこんだり、無気力に待ったりしていることへの口実をみいだしたのである。

もっとたくましい気質の持主たちは、そうはならない。アトランタのひとびとは、断乎として未来のほうを向いた。そして、その未来は、天高く紫色と金色の展望をかかげたのである、——アトランタ、棉花王国の女王。アトランタ、太陽の国への門口。アトランタ、新しい運命の神ラキシス*、織物と織布を世界のために織りあたえているもの。こうして、この町はその一〇〇の丘を工場で飾り、その店に精巧な細工物を供給し、忙しいマーキュリー神*を迎えるために長い鉄の道をひろげのばした。そして、国民は彼女の奮闘のことを物語ったのである。

おそらくアトランタは、頭の鈍いボイオチア人*のあの翼をもった少女にちなんで名前をつけられたものではなかろう。その話をみなさんは御存知であろう、――丈高く荒々しく日焼けしたアタランタ*が彼女においつける男とだけ結婚するつもりだったしだいを、そして、策略家のヒポミネスが走る途中で三個の金のリンゴを置いたしだいを。彼女は影のように飛んで、第一のリンゴのところでちょっと立ちどまり、はっとした。しかし、男が手をさしのばした瞬間、また飛ぶようにかけだした。第二のリンゴのところではしばらくためらった。だが、そのとき、男の握った燃えるような手をするりとかわして、川をこえ谷をこえ丘をこえて飛んでいった。しかし第三のリンゴのところでぐずぐずしているとき、男の腕がだきついた。そして、たがいに眺めあっていると、ふたりの愛の燃えあがる情熱が、「愛」の聖所をけがし、ふたりは呪いをうけたのであった。もしアトランタがアタランタにちなんで名づけられたのではないとしても、この町はそう名づけておくべきであったろう。

アタランタは、黄金への貪欲のために「愛」の神殿を汚すことになってしまった最初の処女でもなければ最後の処女でもない。人生の競争においては、少女たちだけでなく男たちも、青春の高潔な理想から株式市場の相場師のしきたりにまで零落してしまう。そして、わが国民のあらゆる奮闘において、「労働の福音」は「報酬の福音」によって汚されていないであろうか？　この一般的な風潮を、半数の人間が常態だと思っている。あまりにもあたりまえのことだとされているので、われわれは、競争の終点は金ではないのではないのか、人間の目的はまさに金持になることではないのではないか、と疑ってみることさえ恐れているほどである。そして、もしアメリカの欠陥がこの点にあるとすれば、新しい国土と新しい都市の前には何とおそろしい危険が横たわっていることだろう、——アトランタは、とるにたらぬ黄金をとろうとかがみこんで、その黄金のいまわしさを発見するようになるのではなかろうか。

このはげしい競争を始めたのは、少女のつまらぬ気まぐれなどではない。戦後この都市の足のまわりには恐ろしい荒廃の場所が横たわっていた、——封建制、貧困、第三階級の興隆、半農奴制、「法と秩序」の復活*、そして、なかんづく、それらのもの全部の間にはあまねく人種のヴェールがたれさがっていた。疲れた足にとっては何という重苦しい旅であろう！　谷をこえ丘をこえ陰気な森と不吉な水を通り、赤いひからびた粘土の荒野を身も軽々と飛んでいくのに、アタランタはどんな翼を必要とすることだろうか！　黄金の誘惑にまけて聖所を汚さぬようにするためには、アタランタはどんな速さをもたなければならぬことだろう！

われわれの祖先の聖所には、たしかに神々の数がすくなすぎる、或るものは、「まるでいないくらいだ」といって冷笑する。ニュー・イングランドには勤勉家のマーキュリー、北部にはプルトー*、西部にはセレス*がいる。そしてまた、南部には半分忘れられたアポロ*がいる。あの少女はこの神の被護の下に走ったのだが、——彼女は走りながらボイアチアの地で、ちょうどヴィーナスが忘れられたように、かれのことを忘れてしまった。彼女は新大陸における貴族と騎士と貴人との優雅さや上品さの継承者、あの南部紳士の古い理想を忘れてしまった。あの愛すべき欠点をもった自尊心と、ものにこだわらぬ親切心とを忘れ、黄金のリンゴをとろうとかがみこんだ、——活動的で抜目がなくしまり家で破廉恥な人間にむかって腰をかがめたのである。黄金のリンゴは美しい、——わたしは深紅色と黄金色に輝やく果樹園の誘惑にさそわれて垣をのりこえ畠を走りまわった気ままな少年時代のことを今でも覚えている、――そしてまた、大農場主の王座をうばった大商人たちも、決して軽蔑すべき成り《パルヴェ》上り《ニュー》ものなどではない。仕事と富とは、この古くて新しい土地をもちあげる力強い梃子なのである。勤勉と労役と貯蓄は、新しい希望と可能性への近道なのである。しかしやはり、狡猾なヒポミネスがアタランタを誘惑するぞ、と警告しなくてはならない。黄金のリンゴは途中にたまたまおいてあるのではなく、競争の最終目標であると信じさせようとしているのだ、と警告しておかなければならない。

　アトランタは、物質的繁栄こそがすべての成功の試金石だと、そういう夢をみるように南部を導いていくべきではない。すでにこの考えかたがどうすることもできない力をもって拡がり始めている。それは、昔の立派な南部人のタイプを、俗悪な金儲け主義者のタイプと置きかえつつある。それはまた、昔の心地よい南部生活の美しさを、虚偽と虚栄の下に埋めつつある。すべての社会悪に対する万能薬として「富」が主張されている、――奴隷封建性の遺物を顚覆させる富。第三階級たる貧之白人《クラッカー》を向上させる富。黒人農奴を雇用する富。かれらを労働させせつづける富の見こみ。政治の最終目標としての富。法と秩序の法的監督人としての富。そして、さいごには、真・善・美のかわりに、富が公立学校の理想となってきたのである。

　このことは、アトランタに代表される世界に当てはまるだけでなく、その世界のもっと下の向こう側の世界――ヴェールの向こう側の黒人の世界にも真理として迫ってきている。今日、アトランタにとって、また南部にとって、黒人が何を考えようと、何を夢みようと、さらに何を欲しようと、それは大した問題ではない。黒人は、この土地の精神生活では、今日ないがしろにされ、半ば忘れられているし、またとうぜん将来ともそのような状態が続くであろう。しかし、かれがじっさいにじぶんみずから考え欲し行動する時がやってくれば、――誰がそういう日がやって来ないと考えることができるだろうか、――かれの演ずる役割は一夜づけのものなどではなく、この人種の幼なくたどたどしい頃から口に教えこまれた言葉や思想の数々である。今日、黒人のなかにめざめてきている自我実現の闘いは、車輪のなかの車輪のように白人世界の闘いと複雑に照応している。ヴェールの向う側には、もっと小さくはあるが同類の諸理想に関する問題がある。指導者と被指導者の、農奴制の、貧困の、秩序と服従との問題が、そしてそのすべてに人種のヴェールが垂れさがっている。この問題に気がついているものは、ほとんどない。また、気がついているものでも、ほとんどそれに注意を払わない。だが、たしかにこれらの問題は存在していて、研究者や芸術家や予言者を待ちかまえているのである、――誰かがいつかは解き明かさなければならない分野として。ここにまでヒポミネスの誘惑がはいりこんできた。今は間接的にだがやがては良かれ悪しかれ直接的により大きな世界に影響を及ぼすにちがいないこの小さな世界には、世界をドルで解釈する習慣がすでに形造られてきている。黒人の社会意識がめざめてきている小グループの間では、黒人の見解を代表する古い指導者が、新しい指導者によってとってかわられつつある。黒人牧師も、黒人教師も、二〇年前に果したような指導者としての役割を果さなくなっている。かれらの果すべき役割りのところに、農場主や庭園師や、給料のよいかつぎ人夫や職人や、実業家たちが、わりこんで入ってきている、――みんな財産家で金持である。しかももう一つの世界(白人世界――訳者)の変化と奇妙なほど一致点をもったあらゆるこうした変化といっしょに、理想にも同じように避けられない変化が進行しているのである。南部は、今日、黒人のある種のタイプ、――すなわち清廉にして誠実で品位と謙譲をかねそなえた昔日の信頼できる礼儀正しい奴隷が徐徐に確実に消滅していきつつあるのを嘆き悲しんでいる。このようなタイプの人物は、古い南部の紳士タイプが失われていくのとちょうど同じ確実さで失われていこうとしている。しかもその原因は同じところにある、――美しいはるかかなたの自由の理想が、生計獲得のきびしい現実にふいに変容し、その結果、「パン」が神格化されてしまったのである。

黒人の世界では、牧師と教師が、かつてはこの民衆の諸理想――もう一つのよりいっそう正義にかなった世界へ向っての闘い、公正さについての定かではない夢、知識の秘密、――を体現していた。しかし、今日の危険は、単純な美と不可思議な霊感を吹きこむこれらの諸理想が、とつぜん現金の問題と黄金への欲望に落ちぶれてしまうだろうという点に存在する。ここに、黒く若いアタランタが、これから走らなければならないレースのための身仕度をして立っている。もし彼女の目が昔日のように今なお丘と空とに向かっているなら、われわれは正々堂々たる競争を期待できる。しかしもし、だれか無情な、いや狡猾な、いやまた無分別といってもいいヒポミネスが、彼女の前に黄金のリンゴを置いたとしたらどうなるであろうか？　もし、黒人人民が正義を求める闘いから、知識への愛から、ドルを人生の最終最高の目標とみなすような誘惑にかられたらどうなるであろうか？　もし、アメリカの拝金主義に復活した南部の高まる拝金主義が加えられ、そしてこの南部の拝金主義が半ば目覚めかけた南部の黒人大衆の芽ばえつつある拝金主義によって強化されたとしたらどうだろう？　それではいったい、新世界の真と善と美の探究は、どこへ明滅して消えてしまったのであろうか？　この真と善と美の探究、いやそれだけでなく昨今の青二才どもに冷笑されているわれわれの祖先の血から生まれでたあの美しい自由の花も、埃まみれの黄金の探究に、――ヒポミネスとの放埒な色欲に堕落してしまわなければならないであろうか？

アトランタの一〇〇の丘は、すべて工場で飾られているわけではない。西方の丘の一つには、三つの建物が、落日を受けて空にくっきりと浮き彫りになっている。この三つの建物の美しさは、その単純な統一性のなかにある、――バラと桃がまじりあってはえている赤土の街路から盛りあがるようにひろがっている広い緑の芝生。北と南にある二つの簡素で堂々たる会堂。その中央に、きわだって優美な、しかもひかえめに装飾をされた、低い尖塔をもった大きな建物。それは、静かに落ち着いた建物のあつまりである、――これ以上のものを望むべくもなく、すべてはここにあり、あいまいなところはどこにもない。わたしは、そこに住んでいる。そしてそこで、日々、静かな生活の低い活動の音を聞いている。冬の赤い太陽が照りはえるたそがれどきに、夜の鐘のしらべにあわせて、黒い影が二つの会堂のあいだを往来しているのが見える。太陽が黄金色に輝く朝になると、朝の鐘の鳴りひびく音が、会堂から、街路から、下のあわただしい街から、三〇〇人の若い心の持主たち――みんな色の黒い髪の毛の濃い子供たち――をせきたて、その笑いをあつめ、朝の祈りの音楽にかれらの澄みきった若い声を唱和させる。それから、六つの教室にかれらは集まる、――この部屋ではディドー*の愛の歌にあわせ、あの部屋では聖なるトロイ*の物語に耳をかたむけ、また別の部屋では星々のあいだをさまよい、もうひとつの部屋ではひとびとと諸国のあいだをさまよう、――そしてまた別の部屋では、この不思議な世界を知る昔ながらの方法が使われる。何も目新しいものがあるわけではなく、時間を節約する工夫がこらされているわけでもない、――ただ真理の探究と、人生のかくれた美の追求と、幸福な生活の修得とのための、いつのまにか歳月を経て輝きを放っている方法があるにすぎない。存在とは何かという謎、かつてファラオ*の前にもあったし、プラトーも森のなかで教えたし、三学《トリビアム》と四学《クアドリビアム》*とを形成したし、そして今日ではアトランタ大学が解放奴隷の息子たちにあたえているこの難問が、大学の教科課程なのである。そして、この研究コースは、これからも変らぬであろう。その研究方法は、もっと器用になり、もっと効果的なものになるだろう。その内容は、学者のたゆまぬ努力と予言者の眼力によってもっと豊かなものになるだろう。しかし、真の大学とは、常に一つの目標をもっているであろう、――すなわちそれは、肉を得るという目標でなく、肉が滋養をあたえてくれるこの人生の終局目標が何かを知ることである。

　この黒い目のひとびとの前にあらわれる人生の見かたには、何ひとつ卑しいものも、利己的なものも含まれてはいない。オックスフォード大学やライプチッヒ大学にも、エール大学やコロンビア大学にも、こんなに強い決意に満ち、また独立独歩の奮闘の気概にあふれた雰囲気はない。ここにあるのは、黒人のためにも白人のためにも、ともに人間としての最も広大な可能性を実現し、より良いもの最良のものを求めて、じぶんたちじしんの手で「犠牲の福音」をひろめようとする、断乎たる決意である、――かれらの言葉にも夢にも、すべてこの決意を遂行しようとする義務感がある。階級《カースト》制度と人権剝奪の巨大な砂漠のなか、根深い人種嫌悪に基づく心を痛めつける侮辱と衝突と気まぐれとにかこまれて、ここには緑のオアシスがある。ここでは、焼けつく怒りは冷却し、失意の苦痛はパルナサス*山の泉と微風によって医される。ここに横たわって耳を傾けると、ひとびとは過去よりもいっそう充実した未来のことを知り、「時」の声を聞くことができるであろう。

　　なしですませよ、なしですませよ。（ゲーテ「ファウスト第一部」でのファウストのメフィストフェレスにむかってのせりふ――訳者）

戦争の硝煙がまだ消え去らなかったとき、フィスク*、ハワード*、アトランタの諸大学を建設したひとびとは思いちがいをした。かれらはたしかに思いちがいをした。だが、その思いちがいは、われわれが最近になっていくらか騒々しく嘲笑したようなものではなかった。かれらが、大学の上に新しい教育制度をうちたてようとしたときには、かれらはまちがっていなかったのである。じっさい、もっとも広くもっとも深い知識いがいに、われわれが知識の基礎をかためるべきところがどこにあるであろうか？ 木の生命の源は、その根にあるのであって、葉にあるのではない。それ故にこそ、そもそも歴史の始めから、アカデマス*からケンブリッジ大学にいたる、大学のつちかった教養が広大な礎石となってきているのであり、そのうえに初歩の幼稚園教育もなりたっているのである。

しかし、これらの創設者たちは、目前の問題の重大性を過小評価することで、じっさい思いちがいをした。問題が数年か数十年で片がつくと考えたこと、そのために急いで学校をつくり、ぞんざいにその基礎固めをして、知識水準を低下させ、とうとう南部のあちこちに無計画に十余りの貧弱な設備の高等学校をばらまいて、それらを大学と誤って呼んだこと、そういう点でかれらは思いちがいをしたのである。かれらはまた、その後継者たちが今でも忘れているように、不均等の法則をも忘れてしまった、――すなわち、黒人青年大衆のうち、あるものは知識の修得に適し、他のものは耕作に適しているということ、大学人としての才能と能力に恵まれたものもあれば、鍛冶屋としての才能と能力に恵まれたものもいるということ、そして、真の教育とは、すべての人間が大学人となることでもなければ、また職人となることでもなくて、或るものを教育を受けない大衆への教養の伝達者として、そして他のものを農奴たちのあいだの自由な労働者として仕立て上げることを意味しているということ、そういうことを忘れてしまったのである。そして、鍛冶屋を学者に仕立てあげようとすることは、最近流行の学者を鍛冶屋に仕立てあげようとする計画（ブッカー・T・ワシントンの職業教育への批判と考えられる―訳者）と同様に馬鹿げきったことである。全くそうだというわけではないが、それに近いと言ってよい。

大学の機能は、ただ単に生計の道を教えることでも、公立学校に教師を供給することでも、上流社会の中心となることでもない。何といっても、その機能は、実生活と増大する人生の知識とのあいだのすばらしい調整、文明の秘密を形造るひとつの調整の機関となることである。今日の南部に差迫って必要なものは、そのような高等教育機関である。南部には熱心だが狭量な宗教、ヴェールの両側で(白人世界と黒人世界—訳者)しばしば十戒の第六、第七、第八戒*をおろそかにし、十余りの補助的な戒律を代用させている宗教がある。南部には、アトランタに見られるように、増大する倹約と勤労への愛がある。しかし、彼女には、人間生活とその行動について世界が過去および現在において修得してきたことについての幅広い知識が欠けている。じぶんの直面している数多くの実生活上の諸問題に適用しうる知識を、南部は欠いているのである。南部が必要としているものは、知識と教養、——戦前のようにお上品ぶったひとびとだけの限られた分量のではなく、労働している世界にひろくあふれるほど活用される知識と教養を必要としている。そして、彼女がこれを手にいれるまでは、たとえ金色に輝き宝石でちりばめられていようとも、——「ヘスペリデスのリンゴ*」とて彼女をボイアチアの恋人たちの呪いから救ってやれるわけがなかろう。

南部にこれから現われるさまざまな大学は、アタランタの翼である。それらの翼だけが、この処女を黄金の果実の誘惑から連れ去って行くことができるであろう。それらの翼は、彼女の飛ぶように速い足を、棉花と黄金から遠ざけるようなことはしないであろう。何故なら——おお、思慮深いヒポミネスよ!——リンゴは人生の道にこそ横たわっているのではないのか? それらの翼は、リンゴの上をのりこえて彼女を導いていく。そして、彼女を、処女のまま、汚されることもなく、真理と自由と寛大な人間性との聖壇にひざまづくがままにさせるのである。悲しいかな、旧南部は大衆教育を軽蔑し、大学教育を支持することにけちけちして、じっさい人間教育における過誤を犯してしまった。南部の古い大学の基礎は、奴隷制度の臭い息を吹きかけられて、日々に細り小さくなっていった。しかもそれらの基礎は、戦争の後でさえも社会的不安と利己的な商業主義の汚れた空気のなかで、必死に生きのびようと勝ち目のない戦いを挑んできた。そして致命的な批判をうけてその勢をそがれ、広い教養の持主たちが南部に育たぬために飢死しようとしているのである。そしてもし、こういうことが南部白人にとって困った危険な状態であるとしたら、解放奴隷の息子たちにとってはさらに困った危険な状態であるはずだ。この南部にとってのさしせまった緊急事とは、広い理想と真の教養、不潔な目的と下劣な情欲からの魂の救済ではないのか！　南部に、――ウィリアム・アンド・メアリー*、トリニティー*、ジョージア*、テキサス*、テュレーン*、ヴァンダービルト*などのような――存在する価値のある大学を建てようではないか。黒人大学も建てようではないか。――たとえば、今でも広大な基礎の上に建っているフィスク大学、この国の中心にあるハワード大学、学問の理想が数の誘惑を超越しているアトランタ市のアトランタ大学のような。ここに、いやおそらく他の場所にも、深く根をはり、あらゆる時代の学問と生活の中心となるような大学をつくろうではないか。毎年、広い教養と包容力のある寛大さと訓練された能力とをかねそなえた少数の白人と少数の黒人を南部社会に送り出すような大学、人種についてのこういうくだらぬ議論が、慎みと品位をもった平和に席を譲るように手に手をとりあって進む人物を送り出すような大学を作ろうではないか。

忍耐、謙譲、礼節、上品な趣味、公立学校と幼稚園、職業技術学校、文学、そして寛容、――すべてこれらは大学の子供である知識と教養とから生ずるのである。そのように、ひとびともさまざまな国民も、つくらなければならないのである、他の方法によることもなく、本末を顚倒することもなく。

労働者には働くことを教えよ、――何と賢明な言葉ではないか。ドイツの少年の場合にもアメリカの少女の場合にも、言いえて妙である。だが、黒人少年について言われたときには、いっそう言いえて妙である。かれらには、労働の知識がとぼしく、かれらに教えるひとが皆無なのだから。思想家には、思考することを教えよ、――散漫で不注意な論理の横行している時代には、これは必要な知識である。もっともきびしい運命を背負わされたひとびとには、正しくものを考える訓練をもっとも注意深くほどこす必要がある。もしそうだとしたら、一〇〇万、七〇〇万、いや六〇〇〇万の魂にとって、最良の教育とは何ぞやと問うのはじつに愚かなことであろう！　かれらに手仕事を教えるべきか、それとも教養学を教授すべきか？　そのいずれでもなく、そのいずれでもある。労働者には働くことを教えよ、思想家には思考することを教えよ。大工からは大工を、哲学者からは哲学者を、そして馬鹿者からは気どり屋をつくりだせ。いや、われわれはこれで満足して立ち停ってはいられない。われわれは、孤立した人間ではなくて生きた人間の集団を教育しているのである。――いや、集団の中の集団（才能ある一〇分の一といわれる指導者のこと――訳者）を教育しているのである。そして、われわれの教育の終局の生産物は、心理学者でも煉瓦工でもない。それは人間でなければならない。そして人間を作るためには、われわれは、理想を持たなければならない。広大で、純粋で、勇気を鼓舞する生活の目標を持たなければならない、――不潔な金儲けや、黄金のリンゴを求めてはならない。労働者は、単にその給料のために働くべきではなく、自らの仕事の成果の栄光のために働かなくてはならない。思想家は、名声のためにではなく、真理のために思考しなくてはならない。そして、このことはすべて、人間的な闘いと熱望によってのみ獲得できる。やむことのない訓練と教育によって、廉直の上に正義を、そして自由な真理探究の上に真理を築くことによって、大学の基礎の上に公立小学校を、そして公立小学校の基礎の上に職業学校を築くことによって、獲得できる。そして、このようにして始めて、われわれは、歪曲のかわりに制度を織り上げ、流産のかわりに出産をもたらすことができる。

夜のとばりが「一〇〇の丘の町」に落ちかかると、風が海から吹きよせはじめ、西に向かって呟きを放つ。すると風の招きに答えて、眠たげな工場の煙は、この巨大な町の上に音もなくひろがり、とばりのように垂れこめる。そうこうするうちに、彼方のアトランタ大学ではストーン・ホールの空高く星々がきらきらと輝く。と、そういうとき、あの灰色のもやの向うにはチュニカ姿のアタランタが黄金のリンゴの上にかがみこんで一息ついているのだ、と人はいう。飛べ、わたしの処女よ、飛び去っていけ、だって、それ、むこうからヒポミネスがやってくるではないか！

第六章　黒人の教育

さて、魂がなきがらを打ちすて
天の微風に乗って奔放にかけめぐれるとすれば
この土くれと化した屍体のなかにとどまるのは
魂の恥辱ではないのか、――そも恥辱ではないのか？
――オマール・カイヤム*（フィッツジェラルド訳）

はるか昔、ゆれる奴隷船が始めてジェイムズタウン*の方形の塔を見た、あの海原のゆらめく渦から、三つの思潮が現代まで流れ下ってきている。一つの思潮は、この国と海の向こうの大勢の世界からうねりあがってきたもので、それは、文明国での人間欲求の増大というのは、満足をかちとるために全世界的協力を必要としている、と主張する。ここから、地球の両端をいっそう近づけ、すべての人間、つまり黒人も黄色人も白人も引きよせようという人間融和の思想が発生する。その大勢のひとびとは、現に活動している国民といまだ眠りからさめぬ統一なき群との接触のうちに、世界の新しい生活の脈搏を感じとろうとしている。かれらは、こう叫ぶ。「生命と眠りが接触して死となるならば、そのような生命に恥らいあれ。」たしかに、この思想の背後にひそんでいるのは、力による支配――ガラス玉の首飾りと赤いサラサ布の誘惑がうんざりするほど出まわっているあいだに褐色人種を土掘り人に仕立てあげてしまうこと――をおえた後に考え出された思想である。

死の船と弯曲した河から流れてくる第二の思想は、古い南部の思想である。人間と動物の間のどこかに神が中間物《テルティアム・クイド》を造ってそれを黒人と名づけたという、あのまじめで情熱的な信念が、それである。黒人は、おどけた単純な人間であり、限界を越えなければ愛すべきところももってはいるが、しかしヴェールの内側で生きなければならぬように厳格に運命づけられているというのである。たしかにこの思想の背後には、後からの思いつきがひそんでいる。かれらの或る者は、運さえむけば人間になれるかもしれないが、真の自己防衛の為には、われわれはかれらに人間になることを許してはならず、かれらのまわりに非常に高い壁を造り、かれらに光をさえぎる非常に厚いヴェールをたれさげ、そのけっか、かれらがそれを引き裂いて出ようとさえ考えられないような状態にしておかなければならないというわけである。

そして最後の、第三のもっと陰欝な思想も、わずかながら流れをつくっている。それは事柄そのものの思想であり、黒人でありながら白人の血のまじったひとびとの、半ば目覚めかけた当惑げなつぶやきである。かれらは、声を張り上げて叫ぶ。「自由《リバーティ》、自由《フリードム》、機会《オポチューニティ》。高慢な世界よ、特にわれわれにだけは、人間として生きるチャンスを与えてくれ。」たしかにこの思想の背後にも、事実の反映としての考えがひそんでいる。結局、この世界が正しく、われわれが人間以下のものだとしたら？　身内に脈うつこの激しい衝動が、すべてまちがいで、偽りからみちびき出された幻影にすぎないとしたら？　という思いである。

さてわれわれは、今、征服と隷属に依ってでも人間の融和を計ろうとする思想と、ペテンによって強制してでも黒人を劣等人種の位置にとどめておくという思想と、まだ自由を要求する確信の持てぬ人々の自由を求める夜の叫びとの、間に立っている。これは、思想とその後から抱かれるようになる思想とが紛糾している状態であり、そのなかでわれわれは、生活に順応できる人間を訓練するという問題を解決しなければならないのである。

賢者の心も好事家《ディレッタント》の心をも、ひとしくはげしく魅きつけるこの奇妙な現象の背後には、漠然とした危険が横たわっており、怪奇でもあり厳粛でもある影を、われわれの上にさっと投げかけている。世界が砂漠と荒野をとおってさがしているもの、——すなわち亜熱帯地方に適した頑健な労働力を、われわれがその敷居の内側に持っているということは、われわれにとっていとも明白な事実である。もし時代精神《ツァイトガイスト》に耳を貸さず、われわれがこのひとびとを使い、その能力を開発する事を拒否したとするならば、われわれは貧困と損失を覚悟しなければならないであろう。他方、もしわれわれが獣的な後からの思想のとりことなって、このようにわれわれの爪にとらえられている人種を汚し、過去におけると同様に未来においてもその血も魂も貪欲に吸うとしたならば、何がわれわれを国民的堕落から救ってくれるであろうか？　教育によってひとびとが学ぶ、より健全な自己中心主義だけが、仕事の渦のなかですべての人間の権利というものを見つけだすことができるのである。

ふたたび云おう。われわれは南部の人種偏見を非難する事はできる。しかし、それは依然として重苦しい事実として残っている。そのような奇妙な人間精神のねじれをもたらす状況は、存在しているのであるし、また、冷静に考慮に入れなければならない。そのようなねじれは、笑いとばすわけにゆかないし、襲いかかっても必ずしも成功しない。そして、立法措置に依ってもたやすく排除されるものではない。しかもなお、こういう状態は、放っておいて増長させてはならないのである。それらは、事実として認識されねばならないが、しかし、あくまでも不快な事実、すなわち文明と宗教と公衆の人間らしさの前に立ちはだかっているものとして、認識されなければならない。それらに対抗できる手段は、たった一つしかない。すなわち、人間理性の広さと拡がりと、趣味と教養の包容性がそれである。それ故また、例え色が黒くておくれており、優美さを欠いたひとびとの場合でも、それらのひとびとに生まれつきそなわっている野心や向上心を軽々しく取扱ってはならない。弱い訓練をうけてない精神を荒々しく刺激するのは、大きな火遊びをするようなものである。すこしも手を貸さずにかれらの向上の努力を侮蔑するならば、それはまさしくわれわれの膝の上で野獣的な犯罪を生みだし、恥知らずのだらしなさを招くことになる。思想の指導と、行動の巧みな調整は、ただちに名誉と人間性へ通じる道である。

こうして三つの巨大な部分的には矛盾しあっている思潮を、互に調和させるという大問題では、「教育」という唯一の万能薬がすぐ人々の口にとびこんでくる。――奴隷化せず虐待もせず、すべての人間の労働をもっとも効果的に使えるようにする人間訓練。社会の防壁となっている偏見をいっそう助長する立場をとり、またそれでいてヴェールの内側に囚われて泣き叫ぶ魂の声にも、鎖につながれた人々のたかまる激怒の声にも、残忍しごくにもわれわれに耳をかさないようにさせている、そういったものは根絶してしまう立場をとるさいの、均衡のとれた落ち着きを与えてくれる訓練。

しかし、われわれがいま漠然と、教育がこのもつれた状態をまっすぐにするであろうと云ったとき、われわれは自明の理をのべたに過ぎないのではあるまいか？　生活のための訓練は、生きる途を教える。しかし、黒人にも白人にもともに役立つ生活の道のための訓練とは、いったい何であろうか？　一五〇年前には、われわれの仕事はもっとたやすいものに見えたかもしれない。そのころジョンソン博士*は、教育は人生の装飾としてのみ必要であり、ありふれたならずものにとっては無益であると、いともいんぎんにわれわれに保証した。今日、われわれは、少くともすべてのひとびとに知識の外庭だけでも解放し、多くのひとがその宝物を見られるような高みにまでのぼってきた。そこでは、真理の秘義を伝授される少数の人々が選ばれるのであるが、その選びかたは全く出生や株式市場の偶然によってでなく、少くとも部分的には器用さと目的、才能と性格にもとづいているのである。しかしながら、奴隷制という社会発展の阻害物がはげしく崩れ落ち、二種類のおくれた民衆を相手にしているこの国のその地域では、真理公開のこの計画を遂行する事にも、われわれは極端な戸惑いを感じているのである。いかなる時代いかなる場所においてもそうであるにちがいないが、人間教育において絶えず必要な永久普遍のものと偶発的なものと、——つまり現実に均衡を保てる状態での理想と実際と——を結合するということは、そこでは無限の実験と無数の過誤とをふくむ問題であったのである。

南北戦争以来、南部の教育の仕事には、それぞれに異る四つの一〇年間を、われわれは大ざっぱに指摘することができる。戦争終結から一八七六年に至る期間は、不安な模索と一時的救済の時期であった。この時期には、軍隊学校、布教団学校、自由民管理局《フリードマンズ・ビューロー》学校*が、混沌とした乱脈のなかで、制度の確立と協力を求めあっていた。次に続く一〇年間は、南部に完全な学校組織を作ろうとする明確で建設的な努力の一〇年であった。師範学校と単科大学が、解放奴隷たちのために創設された。そして、そこで教育された教員は、公立学校に配置された。この時期には、旧主人の偏見と奴隷の無知を過小評価するという戦争につきものの傾向が存在した。そして、なにもかも嵐の後の破滅状態の中から晴々と出帆してゆくかのように見えた。ついで、この一〇年のうちにはじまり、特に一八八五年から一八九五年までのあいだに発展を遂げたあの南部の産業革命がはじまった。南部は、新しい運命と新しい理想のはげしい動きをかいま見た。完成をめざす教育制度の前には、新しい障害が横たわり、より広くより深い仕事の分野がひらけていた。大急ぎで作られた黒人単科大学は、その設備陣容が不適当で、分布状態も不合理であり、教育効果や教育程度の差もさまざまであった。師範学校と高等学校は、小学校程度の事しかやらなかったし、小学校は入学すべき児童の三分の一しか教育せず、その教授内容も多くの場合ひどく貧弱なものであった。これと時を同じくして、南部白人は、奴隷制の理想からとつぜん転換させられたため、いやその為にこそかえってその人種的偏見を固め強化していき、それを苛酷な法律やさらに苛酷な慣習として具体化するようになった。一方、おどろくべき勢で貧乏白人《プア・ホワイト》が押しまくるので、重いハンディキャップを背負わされた解放奴隷の息子たちは、日々その口からあわやパンとバターさえ奪われようとしていた。だから、黒人教育という大きな問題をかかえこんでいるさなかに、職業を得るというさらに実際的な問題が発生した。それは、奴隷制から自由への過渡期にある民衆の直面したさけ難い経済的難局、とくに憎悪と偏見、無法と苛責ない競争の中になげこまれて、変貌を遂げなければならぬひとびとの前にたちはだかった難局であった。

この一〇年の間に発生して注目をひきはじめ、一八九五年からはじまる一〇年の間に充分にその存在を認められるようになった職業技術学校こそが、からみあって訪れた教育と経済との危機を解決する解答として立ち現われたのであった。それは、たぐいまれな叡知の生んだ、時宜にかなった解答であった。そもそもの初期の段階から、ほとんどすべての学校では、手仕事の訓練には或る程度の注意がそそがれていた。しかし今、この訓練が、はじめて南部の素晴らしい産業の発展と密着するという名誉ある地位にまで高められたのであった。そして、知識の神殿の前には労役のさまざまな門が揺れ動いているということを、黒人たちに思いおこせと強調されるようになった。

しかし、結局のところ門は要するに門にすぎない。もしわれわれが、黒人問題の一時的偶発的現象から目を転じて、アメリカの黒人をいかに永続的に向上させ開化させるかという大きな問題を考えるならば、物質的進歩にたいする熱狂が高潮に達している今、われわれは次のように問う権利をもっている。結局のところ職業技術学校というものは、黒人人種の訓練において最終的で充分な解決策となるであろうか？　われわれは、静かにしかし全く真摯な態度で、人間の全時代を通じてつねに繰返し発せられる次の質問を発する権利を保持しているのである。生命は肉以上のものでは、そして、身体は衣裳以上のものではないのか？　と。そして、今日ひとびとは、最近の教育運動のなかに不吉なきざしが見えるために、ますます熱心に上述のような質問を発するのである。奴隷制度から生まれ、今日の気狂いじみた帝国主義的風潮によって新しく生命の息吹きを吹きこまれた傾向が、この国にはある。つまり、人間を国土の物質的資源の同類とみなし、将来の配当だけに目をむけて人間を飼いならさなければならないと考える傾向がそれである。褐色人種と黒色人種を現在のかれらの「地位」にとどめておこうとする人種偏見は、闘っている人間の野望をどのようににぶらせ、その心をどのようにめいらせようとも、いま述べたような理論の有用な同盟者になっていると、われわれは考え始めている。特にわれわれは、向上心を刺激する教育、最高の理想を設け、パンを得ることよりもその究極の目的として教養と品性を身につけることに意義を求める教育、そういう教育が白人の特権であって、黒人には危険で道を誤らせるものであるという意見を、毎日耳にするようになっている。

黒人を援助しようという以前の教育上の努力には、特に最近では批判の矢がむけられている。わたしが先にあげた四つの時期には、次のような現象が見られた。第一に、際限もなく無計画な熱狂と犠牲的行動。第二に、巨大な公立学校組織に対応する教師の準備。第三に、増大する困難のさなかでの学校制度の推進と拡大。最後に、新産業の発展にみあう労働者たちの訓練。この発展段階は、論理の変則であり、自然理法の完全な逆立ちであるとして、痛烈な嘲笑の的となってきた。実際にわれわれがきかされてきたことは、第一に職業教育と手仕事の訓練で黒人に働くことを教え、次に簡単な学校で読み書きを教え、次に相当年数がたって知性と富を得たものが要求するようになったら、高等学校および師範学校制度を完成すべきであったという意見である。

論理的には非常に完全な制度でも、歴史的には不可能であったということを証明するには、ほんのわずかな思考を働かせれば足りるだろう。人間に関する事柄で進歩とは、しばしば推進力というよりもむしろ牽引力である場合が多く、すぐれた才能をもった人物が先へ進んでいって、鈍い兄弟たちをゆっくりと苦しみながらじぶんの高みまで引き上げることなのである。だからして、小学校よりも何世紀か先に大学を誕生させたことも、また、すばらしいハーバード大学*をわれわれの荒野の最初の花としたことも、けっして偶然ではない。そこで南部においてはどうか。戦争末期の解放奴隷大衆は、現代の労働者に必要な知性を欠いていた。かれらが先ず必要とするのは、読み書き算術を教える小学校である。次いでかれらは、小学校で教鞭をとる教師のための上級学校を必要とする。南部にむらがり集った白人教師は、このような小学校制度確立のために出かけたのであった。単科大学をつくるという考えをもったものは、ほとんどいなかった。かれらの大部分は、最初はそんな考えを笑いとばしたかもしれない。しかしかれらは、後のひとびとがみな直面したように、南部の主要な矛盾、――つまり、両人種の社会的分離という事実に直面した。当時、この分離は、仕事と政治と家庭生活におけるほとんどすべての黒人と白人の関係に、急激な裂け目を生じさせた。その時いらい、経済的政治的諸問題における関係を新しく調整しようとする動きが生まれてきた、――微妙で把握しにくく、しかもそれでいて非常に巧妙な調整がおこなわれた。そして、そのけっか、皮膚の色による境界線《カラー・ライン》には今なおあの恐ろしい裂け目が残り、そこをひとびとが越えるには危険を覚悟しなければならないのである。

このようにして、当時も現在も、南部には二つの分離した世界が存在している。そしてこの分離は、社会的交渉という高次元の世界だけでなく、教会や学校、汽車や電車、ホテルや劇場、街路や市街地、書物や新聞、保護施設や刑務所、病院や墓地など、すべての場所で行われている。しかしまだ、大きな経済的集団的協力のための接触は充分に存在している。だが、この分離は、非常に徹底して深刻なものだったので、当面、両人種のあいだの、共感をもった効果的な集団訓練だとか、片方によるもう一方の指導とかいったものを、絶対的に排除するのである。しかも、まさにそういったものこそ、アメリカ黒人や、あらゆるおくれた民衆が、効果的な進歩のためにもたなければならないものなのである。

以上のことに、一八六八年の伝道教師たちは、まもなく気づいた。そして、もし工業および商業学校が小学校制定の確立以前に実際的効果をあげることがないとすれば、ちょうどそれとどうように、小学校を教える教師たちの現われるまでは、充分な教育効果をあげうる小学校をつくりだすこともありえない。南部の白人は黒人の小学校で教鞭をとろうとしないだろうし、北部の白人を十分な数だけそろえることは不可能であろう。黒人が学ぶ必要のある時は、かれは独学しなければならない。だから、黒人にあたえうる最も効果的な援助は、黒人教師を教育するための学校をつくることである。状況を研究するものは、すべて徐々にではあるが、確実にこの結論に達した。そして、広大なばらばらの地域に、協議や組織だった計画もなしに、一斉に文盲を教育する教師を供給する目的をもった一連の高等教育機関が誕生したのであった。この事態の進行のなかにふくまれている明瞭な欠陥を、批判者たちがどのように冷笑しようとも、それを押しつぶすに足る一つの解答が存在する筈である。すなわち、わずか三〇年間にこれらの高等教育機関は、南部に三万人の黒人教師を供給し、この国土の黒人大衆の文盲を撲滅し、タスキーギ専門学校*を生みだす素地を作ったのであった。

このような高等教育諸学校は、当然のことながらその規模と程度をだんだんに広め高める傾向をもっていた。最初はそれらの学校は、小学校や初等中学校程度のものであったが、しだいに高等学校に変って行った。そして、ついに一九〇〇年までには、およそ三四ほどの学校が一年かそれ以上の大学教育課程をもつに至った。この発展段階は、それぞれの高等教育機関で、ちがった速度で達成された。フィスク大学*が一八七一年に、スペルマン学院*が一八九六年頃に、大学課程の授業を開始したのに対して、ハンプトン*はまだ高等学校段階である。だが、すべての場合に目的は一致していた、――すなわち、教師や指導者に最良の実際教育を施して下級学校の教育水準を維持出来るようにすること、なかんずく、黒人世界に人間教養の適切な水準と人生の崇高な諸理想をあたえることがそれであった。教師を教育する教師を、普通の専門的教育法だけで養成しても充分ではなかった。かれらは、できうるかぎり寛容で教養のある男女でもなければならないのだが、それは、単に読み書きに無知であるだけでなく、人生そのものについても無知な民衆の間に、かれらが文明というものをまきひろげなければならないからである。

このように見てくると、南部の教育事業は高等教育機関とともに始まり、それをおおう葉として小学校を、次いで職業学校をまきちらし、同時に単科大学や総合大学教育にむかって更に深く根をおろしてゆく努力を重ねてきたことがわかる。おそかれ早かれ、これが避けがたい必然的な発展であったことは論をまたない。しかし、多くの人たちの心のなかに、この自然な成長が無理強いの産物でなかったか、高等教育にやりすぎはなかったか、あるいはそれは安っぽい不健全な方法でなされたのではないか、という疑問が過去にも存在したし、現在も存在している。南部白人の間では、この感情は一般的であり、強い力をもっている。ある南部の有力新聞は、最近の社説で次のように主張している。

「黒人学生に古典教育を施すためになされた実験は、満足すべき結果をもたらさなかった。多くの者が、この課程をおさめる能力をもっているにしても、かれらの大部分はオウムがえしに教わったことをおぼえるだけで、その受けている教育の真理と意義をうまく適用する様子とてみえず、はっきりした目的も将来の価値ある職業もなしに卒業しているのである。この全計画は、時間と労力と州の予算の浪費に他ならぬことを証明した。」

公平な考えかたをするひとなら、たいていのひとはこのような表現が極端に誇張されたものであることを認めるであろうが、それでいてなお多くのひとびとが、たしかにやはり次のような疑問を発しているのである。この事業の保証となる大学教育をすぐ受けられるような黒人が十分な数だけそろっているだろうか？　あまりに多くの学生が、無理にこの仕事に参加したのは時期尚早というべきではなかろうか？　それは、若い黒人に環境への不満をつのらせる結果をもたらしたのではなかろうか？　そしてこれらの卒業生たちは、実際生活で成功することがあるだろうか？　このような当然の問から身をそらすことはできない。また他方、黒人の能力に懐疑的にならざるをえないとしても、国民は、慎重な検討もせず、道理に辛抱強く服する努力もせずに、都合の悪い答えを当然のこととしてはならない。われわれは、たいていのアメリカ人が、黒人に関するすべての問に推測《ア・プリオリ》でもって答えるということ、さらに、人間がなしうる最低限の礼儀は、信ずべき根拠があればそれに従うことであるということを、忘れてはならない。

黒人の高等教育の主張者は、現在の制度の不完全さと明白な欠陥を決して否定しようとはしないだろう。あまりに多くの教育機関が大学教育を施こそうとしたが、ある場合にはそれが完全に遂行されなかったし、ある場合には質よりも量が求められた。しかしこうしたことはみな、黒人教育の場合だけでなくこの国全体の高等教育について言えることである。これは、教育の発展過程ではほとんど必然的に発生する問題であり、しかも黒人の高等教育にたいする正当な要求をもっと深く考えるという問題のほうは、手放しのままに放置しているのである。そして、この正当な要求という後の問題を解決する道はたった一つしかない、――すなわち、事実に直接にあたって研究することである。たとえ大学という名があたえられていても、じっさいにはニュー・イングランドの高等学校以上の課程の卒業生を出していないような教育機関は論外としても、残りの三四の教育機関をとりあげてみると、われわれは事柄を吟味しようとして次のような問を発することによって多くの誤解をとくことができるであろう。これらの教育機関はどういう種類の学校であるか？ 何を教えているのか？ その卒業生はどういうひとびとか？

先ず第一にわれわれが言えることは、アトランタ*、フィスク、ハワード*、ウィルバーフォース*、クラフリン*、ビドル*、ショウ*その他の大学をふくむこの種の大学が、特異で、独特といってもよい性格をもっていることであろう。これを書きながら、風にそよいで光り輝く木の間がくれに、アトランタ大学の卒業生たちがたてたニュー・イングランド産の丸い御影石《みかげいし》の墓石が、わたしの目にとまる。

『我等ノ教師ニシテ友ナルヒト、自己犠牲モテ貫キトオセシソノ生涯、崇高ナルソノ事業ニ感謝スルシルシトシテ。我等ト我等ガ子ト、ソノ子ノ子等ニ祝福ノアランコトヲ願イテ。』

これは解放された黒人へのニュー・イングランドの贈物であった。施しものでなく、友として。現金でなく、人格として。この沸きたぎっている数百万人の欲しているものは、金ではなくて、愛と同情であり、赤い血で脈うっている心臓の鼓動である、――それは、今日ではかれらの血のつながった同胞だけが大衆にあたえることのできるものであるが、かつてアメリカ史の最もすばらしい出来事であるあの六〇年代の改革運動の時には、気高い精神の持主たちが運のよい子供たちにあたえたものであり、浅ましい貪慾とか安っぽい虚栄とかによって汚されることのない数少いものの一つである。これらの学校の教師たちは、黒人たちをそれまでの身分におしとどめるためではなく、奴隷制の泥の中でころげまわったあの汚辱の身分から、かれらをひきあげるためにやって来たのである。かれらが基礎をかためた大学は、社会事業団体《ソシアル・セツツルメント》であった、つまりいわば解放奴隷の最良の息子たちがニュー・イングランドの最良の伝統と親しく共感をもって接触する家庭であった。かれらは、寝食をともにし、夜明けの光のなかで、研究し、労働し、希望し、耳を傾けたのである。その教科課程は、実際の形式面だけの内容からみれば、疑いもなく時代おくれのものであった。しかし、その教育の影響力ははかり知れないものがあった。なぜなら、それは生きている魂と魂との接触であったからである。

このような学校から、約二〇〇〇人の黒人が学士の称号をもらって社会へ出た。この数字だけから見れば、高等教育を受けている黒人の比率が、あまりに大きすぎるという議論の根拠は、吹きとばされてしまうだろう。しかしもし、この国全体で大学および中等教育をうけている全黒人学生の人口にたいする比率を考慮に入れるならば、合衆国教育長官ハリス*の言うとおり、この国の平均と等しくするためには「現在の平均の五倍にする必要がある」ことがわかるであろう。

五〇年前には、現代の大学課程を修了するに足るだけの能力をもった黒人学生が相当数いることを証明するのは困難であった。今日では四〇〇の学生がハーバード、エール*、オーバーリン*、その他七〇の一流大学から学士号をもらい、その多くの者がすぐれた才能を発揮していると報告されている事実を見れば、このことは証明ずみである。さて、そこで、今わが国の黒人の大学卒業者は二四〇〇に近いが、次のような難問を発してみる必要がある。いったい、かれらの教育はどの程度まで実生活に適したものであったろうか？　もちろん、このような点について満足すべき資料を得ることは、非常に困難である、――連絡が困難であるし、信頼のおける証言を得ることが困難である。そしてまた、一般に受容されるような成功の規準で、その証言を評価することも困難である。一九〇〇年に、アトランタ大学で開催された会議で、これらの卒業生の実態を調査する仕事が企てられ、その結果が公表された。まず第一に、卒業生の職業が何であるかを明らかにしようとした。そして、現存者のほぼ三分の二の人から返事を受けとることに成功した。直接になされた証言は、すべてかれらの卒業した大学の学籍簿によって確認されたから、この報告は、大体において信用できるものと思われる。これらの卒業生の五三パーセントは、教師であった、――高等教育機関の長、師範学校の校長、都市学校組織の長、その他である。一七パーセントは、聖職者であり、他の一七パーセントは、医者を中心とする専門職についていた。六パーセント以上が、商人、農場主、職人であり、四パーセントは、政府の行政機関に勤務していた。消息不明の三分の一のひとびとのかなりの部分が不成功者だとしても、この記録は有益である。わたしは、個人的にこれらの卒業生を数百人知っている。そして、一〇〇〇人以上のひとびとと文通してきた。それから、他の人たちの協力を得て、その何十人かのひとびとの生涯《ライ》かけた仕事《フワーク》を慎重にたどってみた。そのなかには、わたしの教え子もふくまれており、その教え子たちが教えた生徒のなかには、じぶんで建てた家に住み、人生をじぶんの目でみるものたちがいた。これらのひとびとを、全体としてニュー・イングランドやヨーロッパの大学でのわたしの同輩学生たちに比較してみて、わたしは、ためらわず次のように言うことができる。大学で育成された黒人たちほど有用で寛大な精神を持ち、その仕事に生涯をかけて深くうちこみ、苦しい困難に直面しても成功をめざして毅然と献身している男女を、他のどこにおいてもわたしは見かけたことがない、と。かれらの一部に、能なしや、衒学者や、教養ある馬鹿者のいることは、事実である。しかし、その全体で占める割合は、驚くほど小さい。かれらには、われわれが大学人といえば本能的に連想する、あの洗練された態度というものがない。しかし、こう連想するものは、洗練された態度というのがじつは教養ある家庭の遺産であって、よしんば最良の教育をうけたとしても、三〇年前に奴隷制度から解放されたひとびとには、或る種の不愉快な粗野な感じや不器用《ゴーシェリー》さが避けられないものであるという事実を、忘れてしまっているのである。

かれらは、なみなみならぬ大きな構想と深い感受性をもっているにもかかわらず、通常、穏健で慎重な指導者である。かれらは、煽動家となることはあまりなかったし、暴徒《モッブ》の先頭に立つという誘惑にもまけなかったし、南部の何千という地域社会でたゆまず誠実に仕事を続けてきた。教師として、かれらは、南部に賞讃すべき都市の学校制度と数多くの私立の師範学校および専門学校をつくりあげた。ハンプトンでは、黒人の大学卒業者が白人の卒業者と協力して仕事をしてきた。ほとんどその初期から、タスキーギ専門学校の教師団の中核は、フィスク大学やアトランタ大学の卒業生によって構成されていた。そして今日この大学は、校長の精力的な妻から農業の教師にいたるまで、大学を終えたひとびとでいっぱいであり、理事会のほとんど半数と学部長の過半数をしめている。専門職の領域で言えば、大学卒業生は、徐々にであるが確実に黒人教会を感化しており、病気の治療とその惨害の予防にあたっており、労働大衆に自由と財産の法的保護を与え始めている。こういうことはすべて、有用な仕事である。もし黒人がそれをしなかったとしたら、いったい誰がそれをやってくれるだろうか？　もし黒人がそういう教育を入念に受けてなかったとしたら、どのようにしてかれらにそれが可能であろうか？　白人が教師と牧師と弁護士と医師を供給する大学を必要としていても、黒人にはそのようなものは何ら必要ではないのだろうか？

この国に、その資質と才能において、教養を目的とした高等教育を受けるに足りる黒人青年が相当数いるということは、事実である。もしそれが事実であるなら、そしてもし過去において何がしかの高等教育を受けた二五〇〇のひとびとが大体においてかれらの人種と同時代のひとびとにとって有益な存在であることがわかったとすれば、次のような問が生ずる。南部の将来の発展の過程で、黒人大学と黒人の大学卒業者は、どのような地位をしめるべきなのであろうか？　南部が文明化されるにつれて、現在の社会的隔離と鋭い人種感覚とは、結局のところ文化の感化というものに従わなければならないことは明白である。しかし、そのような変容をとげるためには、並々ならぬ知恵と忍耐が必要である。もし、この大きな傷の治療がすすんでいる一方で、両人種が長年のあいだ併存して経済上の努力で協力しあい、共通の政府にしたがい、相互の思想と感情に気をくばって生活していながらも、それでいてなおかつ人間的な親密さを必要とする多くの問題の深部では暗黙のうちに、微妙な分離をしなければならないとすれば、――この異常で危険な事態が、平穏と秩序のさなか、相互の敬愛と理解のたかまりのさなかに進行しなければならないとしたら、現代史で最も微妙で厄介な社会的外科手術が必要になるであろう。それには、白人及び黒人の偏見のない高潔な人間が必要とされる。そして、それが最終的になしとげられたら、アメリカ文明は勝利をおさめるだろう。白人に関して言えば、この事実は、今日南部で認識されつつある。そして、大学教育のすばらしいルネッサンスが、緊急事となっているように見える。ところが、このすばらしい仕事に歓呼の声をあげているその声が、奇妙なことには、黒人高等教育の場合にはたいてい沈黙するか敵意を示すのである。

まったく奇妙なことではないか！　なぜなら、黒人が無知で狂暴な無産階級のままでは、南部には、決して安定した文明が建設されないという事実は、確かなのだから。われわれが、かれらの救済手段として、かれらを労働させるだけで、それ以上何もしないといった方法をとるとしたら、いったいどうなるであろう。かれらは、馬鹿ではない。かれらは、生命の木の味を知っている。だから、かれらは、考えることをやめないであろうし、世界の謎を読み解こうとする努力をやめないであろう。かれらから最上の学識をそなえた教師たちや指導者たちをうばいとり、かれらのひときわ大胆で賢明な精神の面前で機会の扉をぴしゃりとしめておきながら、みなさんはかれらにさあ運命に満足しなさいというつもりなのか？　それともみなさんは、いっそかれらの指導を教育をうけた思考能力のあるひとびとの手から、教育のない煽動家の手にゆだねようとしているのではないだろうか？　われわれは、貧困の圧迫があろうとも、失意がはげしく、あまつさえ友人たちの嘲笑があろうとも、高等教育を要求する黒人青年の声が、日一日と増大していることをけっして忘れてはならない。一八七五年から一八八〇年までに北部大学を卒業した黒人は二二人、一八八五年から一八九〇年までには四三人、一八九五年から一九〇〇年までには約一〇〇人がいた。南部大学の卒業生は、同時期にそれぞれ、一四三人、四一三人、五〇〇人以上であった。明らかに、ここには教育を飢え求めている姿がある。この「才能ある十分の一《タレンテッド・テンス》」に知識の鍵をあたえるのを拒否すれば、かれらが、易々とその熱望を捨て、喜んで木挽きや水汲みになると、いったいまともな人間がそんな想像をすることができるだろうか？

否。富が増大して社会組織がもっと複雑になり、南部が、現在おおよそそうなっているように黒人を脅す全くの兵営であることができなくなったら、その時には、黒人の立場のどぎりとするほど明白な論理は、しだいにはげしく自己主張するようになるだろう。もし南部が文明に追いつくべきだとすれば、エネルギーのそのように多大な浪費はゆるされない。そして、この国土の第三の人種たる黒人が、たくましく成長ししだいに技倆をもつようになってきている時に、もしより大きな哲学で巧みに指導されないとしたら、黒人は、だんだんと血ぬられた過去とのろのろした歪んだ現在に憂欝な思いを感じるにちがいない。そして遂には、反逆と復讐から福音をつかみとって、新しく発見されたエネルギーを前進する流れになげこんでそれを阻止することになるであろう。今日でさえ黒人大衆は、自らの地位が変則であり、みなさんの道徳が奇形であることを実にはっきりと知っている。みなさんは、黒人に対して強烈な告発状をとりそろえることができるであろう。しかし、その告発に反対する叫び声は、たとえ形式論理を欠いていても、その内部に燃えるような真理を秘めているから、みなさんにも完全には無視できないものであろう。おお、南部の紳士がたよ！　たとえみなさんがこの国土に黒人の存在することを悔いたとしても、かれらは反問するだろう。「誰がわれわれをここへつれて来たのか？」と。みなさんが、「われわれを黒白交婚の幻影から救ってくれ、」と叫んだら、かれらは答えるであろう。「合法的な結婚は計画的な野合や売春よりはるかにまさっている、」と。そして、もしみなさんが、黒人浮浪者の婦女暴行を激怒をもって糾弾するのが正しいとすれば、かれらもまた、全く正当に激怒をもって次のように答えることができるのである。「みなさんがたの紳士たちがみなさんの作った法律に挑戦して無力な黒人婦人に行った強姦のあとは、二〇〇万の混血児の額のうえに、そしてそれも消し去ることのできない血液で、書きしるされているではないか」と。そして最後にみなさんが犯罪をこの種族に特有な性質であるとしてなすりつけるなら、かれらは、奴隷制こそが最大の犯罪であり、私刑と無法はそのかたわの双生児である、と答えるであろう。いや、皮膚の色や人種は犯罪ではない、にもかかわらず、この国土の北部でも東部でも南部でも西部でも、もっとも絶えまのない有罪宣告を引きつづき受けているのは他ならぬこの皮膚の色と人種なのである、と答えるであろう。

わたしは、このような議論が全面的に正しいものだと言うつもりはない、――わたしは、楯にはもう一方の面はないなどと言い張るつもりはない。しかし、わたしは、この国の九〇〇万黒人のなかで、ゆりかごの時代からこうした議論が恐るべき真実の装いをもって毎日のようにせまってこない人間はほとんど一人もいないということを、敢えて言っておこう。わたしは、未来の問題は、この数百万黒人が過去の罪悪と現在の困難の前でふさぎこまぬようにする最上の方法を求めることである、と主張する。そうすることによって、かれらの全精力は、より大きなより公平なより充ちたりた未来をめざして、その白人の隣人たちとともに朗らかに努力し、協力する方向へとむけられるであろう。これをなしとげる賢明な方法の一つが、南部産業の大きな可能性と黒人とをしっかりと結びつける仕事であるというのは、偉大な真実である。そして、これをやりとげる仕事を、公立小学校や技能訓練学校は実際に行っている。しかし、このような仕事だけでは、充分ではない。もしわれわれが堅固で永久的な構築物を造ろうとするならば、他の人種の場合とどうように、この人種の場合でも知識の基礎を、深く単科大学や綜合大学のなかに沈めこまなければならない。社会の進歩には、労働と賃金、家族と家庭、道徳と人生の諸事物に対する真の価値評価、といった内在的な諸問題が必然的に伴う筈である。これらのすべての問題や、文明にとって避け得ないその他の問題に、黒人は、じぶんたちが隔離させられているために、主として独力で立ちむかって解決しなければならない。そして、研究や思索や過去の豊かな経験へ助力をもとめるいがいに、いったいどのような解決法が可能であろうか？　このような集団の場合、そしてこのような危機の時代には、教育や教養が多すぎることから生ずる危険よりも、不完全な教育をうけた精神や底の浅い思考から生ずる危険のほうが、はるかに懸念されてしかるべきではないだろうか？　たしかにわれわれには、好事家《ディレッタント》と馬鹿者のあいだをうまく進んでいけるだけの陣容も設備もととのった黒人大学をりっぱにつくりだせるに足る分別が備わっている。われわれは、胃袋が満ち足りているときは頭脳のことはほとんど問題にならない、などと黒人を説きふせて信じさせるようなまねはしないだろう。かれらは、すでに漠然と、誠実な労苦と人間の尊厳性のあいだをうねりまがって通っている平和な道には、次のものが必要であることを理解している。すなわち、熟達した思想家の指導、それに、教育や教養によって解放された黒人と黒人下層民との間の情愛のあふれる敬虔な同志愛である。

だからして、黒人大学のはたすべき機能は、明瞭である。それは、普通教育の諸水準を維持し、黒人の社会的再建を追求しなければならない。そしてそれは、人種間の接触と協力の諸問題の解決に手を貸さなければならない。いや、これらすべてのこと以上に、最終的には人間を発展させなくてはならない。現代の社会主義にもまして、そして大衆の崇拝のなかからも、あの文化の中核が守っている高次の個人主義というのは、維持され、発展させられなければならない。自己と自己のまわりの世界とを知ろうとする、至高の人間精神への崇高な尊敬が、もたらされなければならない。拡大と自己開発をめざして自由を求める魂、古いものにも新しいものにも同じく拘束されず、独自の道を歩いて、愛し、憎み、努力する魂が、もたらされなければならない。そのような魂が、かつての世界を鼓吹し、指導してきた。そして、もしわれわれが「ライン・ゴールド*」にすっかりまよわされないとしたら、これらの魂をふたたびよみがえらせなくてはならない。黒人の渇望は、次の点をじゅうぶん考慮にいれなくてはならない。すなわち、かれらの経験が豊富で苦痛にみちた深みをもっていること、かれらの精神生活にはまだ知られない宝があること、そしてかれらが自然の奇妙な引き裂きに遭遇したこと、そういったことが世界に新しいいくつもの観点を与え、しかもかれらの愛と生活と行為とを全人類の心にとって貴重なものにするかもしれないということである。この時かれらじしんにとって魂の試練の日々があるということ、雲の上にかすんだ青空に舞い上る機会があるということは、かれらのすばらしい精神にとっては、黒人であることによってこの地上から失われたものにかわる、恩恵であり、贈物である。

わたしが、シェークスピヤと一緒に坐っても、かれはひるんだりしない。わたしは、バルザックやデューマと腕を組んで皮膚の色の境界線《カラー・ライン》を越える、そこでは微笑した男たちや愛想のよい女たちが黄金色のホールのなかをゆるやかに動いている。強健な手足をもった大地と星々の網目細工のあいだに揺れうごく夕の洞穴から、わたしは、アリストテレスでもアウレリウスでも、わたしの望むどんな霊魂でも呼びもどすことができる。かれらは、みんな愛想よくあらわれ、嘲笑することもなければ、恩きせがましく振舞うこともない。だから真理と結婚しているわたしは、ヴェールを超えたところに住んでいる。おお、騎士の国アメリカよ、おまえはこういう生活をわれわれに与えるのを惜しむのか？　おまえはこういう生活をジョージアの沈滞した血ぬられた忌わしさにかえてしまおうというのか？　おまえは、われわれがピズガ山*の高みから瞳をこらしてペリシテ人*とアマレキ人*のあいだに約束の土地カナーンがあるのを見るのが、そんなにも恐ろしいのか？

第七章　黒人地帯《ブラック・ベルト》

わたしは黒くとも美しい、エルサレムの娘たちよ、
ケダルの天幕のように、ソロモンのとばりのように。
わたしの色が黒いからとて、
太陽がわたしを見つめたからとて、わたしを見つめるな。
わたしの母の子供たちはわたしに腹を立て、
わたしをぶどう園の守り手にした。
だが、わたしはじぶんのぶどう園を守りはしなかった。

――ソロモンの歌*

列車は、北部から轟音をとどろかせて走っていった。目がさめると、ジョージアの剝《む》き出しの赤土が単調に左右に広がっていた。あちこちにむさくるしい村がまばらにちらばり、貧相な男たちが停車場でのらりくらりとひまをつぶしている。するとふたたび見渡すかぎりの松林と粘土があらわれる。しかし、わたしたちは、居眠りもしなかったし、景色に見あきることもなかった。ここが歴史的な土地だからである。三六〇年前、エルナンド・デ・ソート*の騎馬隊が黄金と「偉大なる海」とを求めて放浪し、まさしくこの線路を横切っていったのだ。かれと足をいためたその捕虜たちは、はるか西方の不気味な森のなかに消えていった。アトランタはここにある。この活気のあふれた丘の多い町には、

どこか西部風な、またどこか南部風な、またどこかにはまぎれもなくこの町独特のたたずまいがある。アトランタの丁度こちら側にチェロキー族*の住む土地があり、西南に向かって行けばサム・ホーズ*がはりつけにあった場所からほど遠くないあたりに、黒人問題のいまや中心となっている地点、——奴隷制度ならびに奴隷貿易から受けついだアメリカの暗い世襲財産ともいうべきあの九〇〇万の人間たちの中心地点に立つことができる。

ジョージア州は、このようにわれわれ黒人人口が地理的に集中しているだけでなく、多くの点で昔も今も、黒人問題がこの州に集約されてきた観がある。合衆国のどの州をとっても、その住民人口の中に黒人が一〇〇万もある州は他にはない、——この一〇〇万という数字は、一八〇〇年の合衆国全土の奴隷人口に相当する。どのような州も、これほど長期間、営々辛苦して多数のアフリカ人を集めることはしなかった。オウグルソープ*は奴隷制度が法と福音に反するものと考えた。しかし、ジョージア州にその最初の住民が住むようになった事情から考えれば、ラム酒や奴隷について潔癖すぎる考えをもった市民たちが住むということは、思いもよらぬことであった。統治者の禁令などにおかまいなしに、これらジョージア人たちは、かれらの子孫のある者たちと同じく、法律をすすんでじぶんの手中におさめる仕事にとりかかった。判事はかれらの言いなりになるし、密輸は大っぴら、さらにホワイトフィールド*の祈りは熱烈を極めるという状況のもとに、一八世紀の中葉にはあらゆる制限がきれいに取りのぞかれ、奴隷貿易は五〇年以上にわたって陽気に続けられてきた。

南に下ってデリアンは、数年前の夏デリーガルに暴動が起ったところだが、かつてそこではスコットランド高地人から奴隷制度に反対して強い抗議が送られてきたところである。またエベニーザのモラヴィア人もこの制度を好まなかった。しかし、トゥーサンのひきいたハイチ革命*の恐怖以前には、人身売買が抑制されたことさえなかったし、一八〇八年の国法*もそれを阻止する力がなかった。何とおびただしいアフリカ人が流れ込んできたことか！――一七九〇年から一八一〇年に五万人、次いで、あるいはヴァージニアから、あるいは密輸入者の手で、年間二万人がその後何年にもわたってなだれこんだ。こうして、一七九〇年にジョージア州で三万人だった黒人は、一〇年で二倍になった、――一八一〇年には一〇万をこえ、一八二〇年に二〇万に達し、南北戦争当時は五〇万にふくれ上っていた。このようにして、黒人の人口は、蛇が身をくねらせて立ち上るように増えて行った。

だが、わたしたちは、旅を急がねばならぬ。アトランタめざして列車が進んでゆくこのあたりは、むかしチェロキー族が住んでいた土地で、――長いあいだ自らの父祖の地のためにたたかってきたあの勇敢なインディアンの国家のあったところである。ついにかれらも運命と合衆国政府の手でミシシッピー河の彼方に追いやられてしまった。もしみなさんがわたしと一緒に旅をしたければ「黒人専用《ジム・クロウ》車《カー》」に乗らなければならない。これに異議をとなえるものもなかろう、――現に白人四人と乳母に連れられた白人の女の子がこの車に乗っている。ここでは、通常いろいろの人種が混じっているのだが、白人専用車はまったく白一色だ。もちろんこの車は、白人専用車にくらべていくらか劣ってはいるが、かなり清潔で乗心地もよい。不快さがあるとすれば、それは主として向うにすわっている四人の黒人の、そしてわたしの、心のなかにあるのだ。

汽車は、まったく事務的に南へごうごうと音を立てて走る。北ジョージアの剝き出しの赤土と松が消えはじめ、かわりに豊かな緑したたる土地が起伏しだして、手入れのいきとどいた畑があちらこちらに姿をみせる。ここはクリーク・インディアン*の土地で、ジョージア人たちはここを奪取するのにひどい苦労をした。町の数がしだいに増え、ますます興味ふかいものになってくる。真新しい紡績工場が、両側にそびえている。メイコンを下ると、あたりは一層黒ずんでくる。その筈である、汽車はブラック・ベルト*にさしかかったのだ、――かつては奴隷の皮膚でさえ色あせてみえたあの不思議な暗い影の土地、そして今では、そこからは、かすかな聞きとりにくいつぶやきしか、外の世界には聞えてこないのである。「黒人専用車」の乗客の数はふえ、わずかに気分がくつろぐ。ごつい農業労働者が三人、それに白人の浮浪者風のが二、三人乗りあわせ、新聞売りの少年はあいかわらず片隅で売物の新聞をひろげている。太陽はいましも沈んでゆくところだが、わたしたちには大いなる綿花の国に入って来たことがわかる、――土はいま黒々と肥えているかと思うと、次にはやせて灰色のところとなり、果樹や廃屋がちらばっている、――といった調子でずっとオールバニィまで続く。

ブラック・ベルトの心臓部にあるオールバニィで、列車はとまる。アトランタから南へ二〇〇マイル、大西洋から西へ二〇〇マイル、そしてメキシコ湾から北一〇〇マイルの地点に、ドーアティ郡は位し、黒人一万人、白人二〇〇〇人が住んでいる。フリント川は、アンダソンヴィルからうねり流れて、郡役所所在地オールバニィでとつぜん向きを変え、勢いを増してチャタフーチェ川に合流し海に注ぐ。アンドリュー・ジャクソン*はフリント川の事情に精通していた。かれは、かつてこの川を横断して進撃し、インディアンによるフォート・ミムズ大虐殺*に報復を加えたのであった。一八一四年のことで、その後間もなくニュー・オーリーンズの戦いが行われた。そして、この戦役の結果クリーク条約*が締結されて、ドーアティ郡全土とその他多くの肥沃な土地がジョージアに譲渡された。だが、依然として、この土地を移住者たちはいみきらった。インディアンたちがかれらのまわりをとりまいて住んでおり、かれらはそのころ気持のよい隣人ではなかったからだ。ジャクソンがヴァン・ビューレン*に置土産として残していった一八三七年の恐慌*のさい、ヴァージニア、南北カロライナ、東部ジョージアの農場主たちは、不毛の土地を捨てて西部に移動した。インディアンはインディアン地域《テリトリイ》に移住させられ、移住者は大挙してこれらの垂涎の地に流れ込み、失った富の恢復をはかった。オールバニィ周辺半径一〇〇マイルにわたって広大な沃土がひろがり、松、樫、とねりこ、ヒッコリー、ポプラなどの森林が鬱蒼と茂っている。太陽がはげしく照りつけ、豊かな黒い湿土はしめっぽくうるおっている。そして、ここに、綿花王国の礎石が置かれたのである。

オールバニィは、今日では巾の広い街路と落着いた雰囲気のある南部の町で、商店や娯楽機関が蜒蜒と連なり、——たいていその北には白人の、南には黒人の住宅が、ひさしをならべている。週に六日は、町がひどく小っぽけに見え、何度も長々とうたたねをする。しかし、土曜がくると郡じゅうの住民が一挙にこの町に吐き出され、黒い農民の洪水が一滴もあまさず街路になだれこみ、商店を満たし、歩道をふさぎ、往来をせきとめ、町を完全に没し去る。かれらは、黒くて、頑丈で、無骨な田舎者だが、お人好しで単純であり、或る程度まではお喋り好きである。だが、ラインファルツやナポリやクラコウのひとびととくらべればはるかに無口でむっつりとしている。相当ウィスキイを飲んでもあまり酔いつぶれることはない。時には大声で喋ったり笑ったりもするが、喧嘩や暴力沙汰はめったにない。通りを往ったり来たりしては、行き会う友人と噂話をしたり、店のウインドウを見つめたり、コーヒーや駄菓子や衣類を買ったりする。そして、日が暮れると車にのって家路をたどる、——楽しそうに？　とおっしゃるのですか？　いや、そりゃ、ひどく楽しそうというわけではないが、来なかった場合のことをおもえば、ずっと楽しそうに、とはいえよう。

こういうわけで、オールバニィは一つの本当の首都である、——典型的な南部の郡の町、一万の住民の生活の中心地なのである。そこは、外部世界との接点であり、ニュースやゴシップの中心であり、売買や貸借のための市場であり、正義と法律の源泉である。ひと昔まえは、わたしたちは田舎の生活のことはすみずみまで知っていたが、都会生活の知識にひどく乏しかった。そのため、都会生活を田舎町に人間がびっしりつまっているようなものだと言っていた。今では田舎がどんなものであるか世間のひとびとはほとんど忘れてしまっており、われわれは、三〇〇平方マイル以上におよぶ淋しい土地に黒人たちがあちらこちらばらまかれた小さな町というのは、汽車も電車もなく、綿ととうもろこしに埋もれ、広々とした砂原や陰気くさい土にかこまれたその情景を、想像してみなければならなくなっている。

南ジョージアの七月は相当に暑さがきびしい。一種のだるい有無を言わさぬ暑さであり、それは全く太陽のためではなさそうである。だからわたしたちは、何日かたってやっと、勇気をふるい起し、玄関を出て長い田舎道に乗り出して行った。この未知の世界を見学するためである。遂に出発。午前一〇時頃だった。晴れわたって、かすかに微風が吹いていた。わたしたちは、フリント川の谷あいを南にのろのろと進んで行った。煉瓦工場の職工たちの住むまるで箱のような小屋が散在している場所を通りすぎて、冗談めかして「箱舟」と呼ばれている長い棟割長屋を後にすると、間もなく広々とした田舎が開け、わたしたちは、往時の大農場《プランテーション》の境界線にたどりついた。「ジョー・フィールド邸」がそこにある。むごい老人で、羽振りのよいころには、「黒んぼ《ニガー》」をずいぶん殺した。当時かれの農場は一二マイルにも及んでいて、——正真正銘の一王国だった。だが今ではほとんど影も形もなくなってしまって、一家のものとしては、わずかばかりの土地が散在しているだけで、あとはすべてユダヤ人や黒人の手にわたってしまっていた。その残ったわずかばかりの土地でさえ、抵当の重みにあえぎ、他の土地と同様に小作人がそれを耕作している。ここに今その小作人の一人がいる、——背の高い褐色の男で、仕事もよくするが、飲みっぷりもよく、文盲だが古くから伝わっている農事についての知識には実に明るく、そのことは、作物が深々と穂をたれていることでもよくわかる。この新しいだけにかえってみじめな感じのする板がこいの家は、かれのもので、ここへかれは、四角い部屋が一間しかない苔の生えた向うの小屋から引越してきたばかりである。

道路を下ったところにあるベントンの家のカーテンのかげから、器量のよい黒い顔が一つ、わたしたちよそ者を見つめている。というのも、この辺りでは馬車が通るのも毎日は見られないからだ。ベントンは、黄色い肌をした男で、頭がよく、大世帯をかかえている。そして、南北戦争で荒された大農場の切り盛りをしているのだが、今では、農場主未亡人のいわば折れた支えとなっている。その気さえあれば、あいつは何不足なくやってゆけるのに、と人は惜しむが、とにかくかれはオールバニィでの飲み方がすぎる。そして半ば荒涼としたなげやりの精神が、まさにこの土壌から生まれてこの場所に根をおろしてしまったかのようである。ここには、かつて綿繰機などの機械があったのだが、今ではそれらは朽ちはててしまった。

どちらを見渡しても見捨てられたようにわびしい。ここにはシェルドン家の、ペロット家の、そしてレンソン家の、広大な農場の残骸がある。しかし、それらの農場の魂は、もう抜けてしまっている。屋敷は半ば朽ち果て、あるいは完全に姿を消してしまっている。垣根は吹き飛ばされ、その家族たちは、どこかをさまよっている。これらかつての主人たちが遭遇した数奇な運命の数々。ビルダッド・リーザーの広い農地が向うにひろがっている。かれは戦争中に死んだが、そこの成上り者の奴隷監督は、未亡人と大急ぎで結婚してしまった。それからかれは立ち去り、近所の者もまたいなくなった。今では、黒人の小作人が残っているだけである。しかし主人のいとこだとか、はとこだとか、債権者だとかが、灰色にかすんだ遠方から黒い手を差しのべて、情容赦なく法外な小作料をまきあげる。そのため、農地は、打ち捨てられたまま、やせおとろえる。そんなやりくちに耐えられるのは、黒人の小作人だけである。かれらとて、そうするより他に、どうしようもないからである。わたしたちは、今日一〇マイル車に乗ってまわったが、白い顔には一回もお目にかからなかった。

燦々と照り輝く太陽の光りと緑の綿畑のなかにいるのに、抗し難い憂鬱が、徐々にわたしたちに襲いかかってくる。それでは、ここが「綿花王国」なのだな、――ひとつの信じられぬ夢の残影だ。それにしても「王」は何処にいるのか？　やせた二頭のラバを使って八八〇エーカーの土地を耕し、借金に追い立てられて汗水たらしているあの農夫、おそらくかれが「王」なのかもしれない。そんなことを考えながら、わたしたちは車に坐っている。と、砂地の道路のとある角を曲ったところ、ふいに気持のよい光景が目にはいってきた、――一軒の小じんまりした家が心地よさそうに道からかくれるように立っていて、そのかたわらに小さな店がある。赤銅色に日焼けした背の高い男が、わたしたちの呼び声に応じて立ち上がり、玄関から出てきて、馬車の方に近づいた。かれは、背丈が六フィートもあり、真面目くさった顔つきをしており、笑いにも威厳がある。胸を張った歩きかたを見ても小作人ではない、――そう、かれは二五〇エーカーの所有者なのだ。「一八五〇年の好景気からあとは土地も下《くだ》り坂でな、」と、かれは説明する。それに綿の値段も安い。かれの農場には黒人の小作人が三人住んでいる。そしてかれの小さな店には、近所の人たち相手に煙草やかぎ煙草や石けんやソーダなどが、すこしばかり置いてある。新しい機械を据えつけたばかりの綿繰工場もある。去年は三百梱の綿がそこから出ていった。二人の子供は学校に送っている。ええ、そりゃ何とかやってはいますが、とかれは悲しげに言う。でも綿も四セントまで下ってってね。借金の鬼がかれをにらみつけている様子が、わたしにはわかる。

「王」がたとえどこにいようと、「綿花王国」の庭園や宮殿などがまだすっかり消え去ったというわけではない。今でもわたしたちが森にはいりこむと、樫やそびえ立つ松の木の下にギンバイカやその他の灌木類がおい茂っている。ここにあるのはトムプソン家の「お屋敷」だったところ、――華やかなりし昔、四頭立ての馬車をのりまわした奴隷貴族たち。今はあたりいったい静まりかえり、廃墟には、雑草がからみあって伸びている。五〇年代の綿花産業勃興期に全財産を投じ込んだ主人は、八〇年代の暴落とともに家をたたんで夜逃げしたのであった。あそこにもまた木立が見える。芝はのび放題、大きなもくれんが茂り、小道には草が生えている。その「大屋敷《ビッグ・ハウス》」は半ば崩れかかったままで、大きな玄関の扉は通りに向かってうつろな眼をひらき、屋敷の裏側は一人の黒人小作人が住めるように不格恰に補修がしてある。その黒人小作人は、ぼろをまとい、体はがっしりしているのだが、優柔不断で、めぐりあわせの悪い人物である。かれは、残った土地の所有者である白人の娘に地代を払うため、せっせと土地を耕している。その女は、警官と結婚してサヴァナで暮している。

ときどき、わたしたちは教会に出くわす。ここにあるのは、――「牧羊者の教会」と呼ばれているが、――大きな水しっくいを塗った納屋か何かで、まるで竹馬みたいに土台石の上にのっかっている。そして、どうみてもここでちょっと一服でもしているような格恰であり、いつ何時でも、よちよちと道へ歩き出しかねない風情である。しかし、これは、一〇〇に及ぶ小屋住いの家庭の中心である。そして、ときおり、日曜などに、五〇〇人もの人々が遠近から集まって来て、喋り、食い、そして歌う。その近所に学校がある、――といっても吹けば飛ぶようながらんどうの掘立小屋だが、これですら一つの進歩といえる、何故かというと、学校は教会で開かれるのが、普通なのだ。教会も、丸太小屋からさきほどの「牧羊者教会」程度のものまで様々だが、学校も、ピンからキリまで、郡道に殊勝げに立っているこの寺小屋など上等の部類である。小っぽけな板張りの小屋で、巾一〇フィートに長さ二〇フィートもあろうか。中にぶっつけ細工の粗末なベンチが二列並べてあって、それにはさすがに脚がついているが、時には箱の上にのせただけのものもある。入口の反対側に、手製の四角い机が一つ置いてある。片隅にストーブのこわれたのが、もう一方の隅にはげた黒板が一つ。町を別とすれば、わたしがドーアティ郡で見た校舎では、これが一番まともなものであった。学校の裏手に、二階建の、まだすっかり完成してない集会所がある。各種の団体――「病人の世話と死者の埋葬のため」の団体*――がここに集まる。そしてこういう団体は、ますます大きくなり増えていく。

わたしたちがドーアティの郡境までやってきて、郡道を西に折れようとしていた時だった。白髪の黒人で七〇歳位の親切そうな老人が、わたしたちに次のような光景をみせてくれた。かれは、ここに住みはじめて四五年になり、今では向うにつながれている去勢牛の助けをかりて、さらにまた近所の黒人たちの恩恵をうけて、じぶんと年老いた妻の生活をまかなっているのだった。かれの案内で、わたしたちは、郡境をこしたばかりのところにあるベイカーに住むヒル一家の農場を見せてもらった。その家族は未亡人と背の高いたくましい息子が二人で、それだけで去年は一〇梱（このあたりでは梱と云えば綿のことだ）生産したのだ。柵があり、豚や牛が飼ってあった。そして優しい声をしたビロード肌のメムノン青年が、よそから来たわたしたちのところへ、なんとなく恥ずかしそうにゆっくりと近づいて来て挨拶をした。かれは、じぶんの家のことを誇りに思っているのであった。さて、わたしたちは、西に折れて郡道を進んでいった。幹のはげおちた巨大な松が、緑の綿畑にそそり立ち、その葉のないごつごつの枝は、ひび割れてむこうの生きている森のへりにむかって叩きつけるように空を指している。この地帯には美しいものはほとんどなく、ただ力を暗示する一種の粗野な奔放さ、——いわばむきだしの壮大さといったものがあるだけである。家も飾り気がなく直線的で、ハンモックや、安楽椅子もなく、花もほとんど見あたらない。だから、このロウドンの家の場合のように、ぶどうのつるが小さなヴェランダに巻きついていたり、家庭的な雰囲気を感じさせる窓が垣根の上から覗いていたりすると、人はホッと救われたような気持になる。わたしは、これまで文明のなかで「垣根」が占める位置を、よく認識していなかったようである。ここは「垣根のない土地」、どちらを見ても一部屋だけのみにくい掘立小屋がうずくまるように建ち並び、陰気によごれている。ここでは、黒人問題がその不潔さと貧しさをむきだしにしている。そして、ここには垣根というものがないのだ。しかし、ときおり十字垣や、とがり杭の柵が、急に目の前にあらわれる。そんな時には、文明の気配が忍びよってきたのが分るのである。ハリソン・ゴーハーゲンは、肌の黄色い若くて人ざわりのよい勤勉で物静かな男なのだが、もちろん、かれは数百エーカーの地主で、かれのところなら手入れの行届いた部屋とフンワリしたベッドとよく笑う子供たちをみることもできよう。何故なら、かれの家には立派な垣根があるからだ。ところが向うに見えるあの家々はどうだ。かれらが高い地代をしぼり取られる土地の上に、いったい垣根をめぐらす必要などどこにあろうか？　そんなことをすれば、地代がもっと上るだけのことだ。

わたしたちは、砂地を通り、松林を抜け、昔の大農場をかいま見ながら曲りくねって進んでいった。すると、建物の群が視野の一角にはいりこんできた、——木造もあれば煉瓦造りもあり、工場や住宅もあり、小屋もあちこちにちらばっている。村であることにまちがいはなさそうだった。ところが、だんだん近づくにつれて、様子が変ってきた。建物は朽ち、煉瓦は崩れ落ち、工場には音もなく、店は閉っている。ただ、ときおり小屋のなかで生活らしいものが、ものうげに営まれているのがうかがわれるだけであった。わたしには、この土地が何か不思議な魔法にかけられたのだろうと想像することはできたが、主人公の王女を探しあてる気持にはあまりなれなかった。正直で単純だが先を見る目のないぼろ服の老黒人が、その話をしてくれた。「北部の魔法使い」――資本家――が、七〇年代にこのうぶな黒土に求愛しようとなだれこんできた。かれは、一平方マイル以上の土地を買い求めた。そして、しばらくは、農業労働者の歌がきこえ、綿繰機がうなり、工場が騒音を立てた。ところが、一つの異変が起こった。代理人の息子が、資金を着服し、持ち逃げしたのである。次いで、当の代理人も、姿を消してしまった。あげくの果て、新しい代理人が会計簿まで盗んだので、怒った会社側は、操業をやめ、家屋をたたみ、しかも売りにも出さず、家屋も調度も機械類もさび朽ちるにまかせた。かくしてウォーターズ＝ローリング農場は、不正という魔法にかかって眠らされ、みにくい傷あとをさらした土地をなじるようにいくらか不気味な様子になっているのである。

とにかくこの農場で、わたしたちは、その日の旅をうちきった。あの静まりかえった光景が、わたしの脳裏にこびりついて、払いのけられないのであった。まっすぐにひょろひょろのびた松林を過ぎ、甘い香りの空気が身動きできないくらいに淀んでいる樹木のまばらな暗い池を通って、わたしたちは滑るように町へ戻ってきた。脚のほっそりしたダイシャクシギが傍をかすめ飛び、深紅色の綿の花が茎の緑や紫に映えて明るかった。白い布を頭に巻き、黒い手足をしたひとりの百姓の女の子が、畑を耕していた。しかし、何を見てもまだ、あの魔法がわたしたちをはなさないのであった。

ここは何と不思議な土地だろう、――悲劇や哄笑をさそう教えきれない物語、いわば人生の豊かな遺産をいっぱい秘めている土地なのだ。過去の悲劇の影がさし、未来の約束でふくらんでいる土地！

これがジョージアの「黒人地帯《ブラック・ベルト》」なのだ。ドーアティ郡は、「黒人地帯」の西端にあり、ひとびとはかつてここを南部連盟《コンフェデラシイ》*のエジプトと呼んだ。ここは歴史的な興味に満ちあふれている。まず西の方に「沼沢地《スワンプ》」があり、チカソワッチ川が陰うつに南に流れている。そのほとりに、古い農場が、打ち捨てられたまま暗い蔭を落している。ついで瀞《とろ》が現われる。灰色の苔が垂れ下り、水は塩分を帯び、森は野鳥の巣だ。森が火事になっている場所がある。赤い怒りの煙がどんよりとくすぶっているが、だれも気にするものはいない。やがて沼沢地が美しくなる。鎖につながれた黒い囚人たちの手でつくられた高くなった道路が沼の中に沈みこもうとするあたり、道は生き生きした緑にかこまれほとんど埋もれてしまう。枝を張った樹木は、伸び放題に繁った下生えから伸びている。暗緑色の大きな樹木が黒い背景の中にとけこんだあたりは、からみあった亜熱帯植物の巨大な繁みだけとなり、その原始的な美しいながめは、不気味で壮大で驚くばかりである。一度わたしたちは、黒い静まりかえった流れを渡ったが、そこでは悲しげな樹木と身もだえするつる草がパッと火がついたように黄と緑に燃え、まるで巨大な寺院でも見るようであった、——自然林でつくられた緑のミラノといった感じであろうか。渡りながらわたしは七〇年前のあの残忍な悲劇を再び見る思いがした。インディアン・ニグロの酋長オシオーラ*は、フロリダの沼沢で決起して、復讐を誓ったのであった。かれの鬨《とき》の声はドーアティのクリーク同盟*のインディアンたちのところまで達し、かれらの鬨の声はチャタフーチェ川から海まで鳴り響いた。男も女も子供たちも、かれらがドーアティになだれこむと、逃げてかれらの前にひれふした。向うの暗闇の中を、気味悪く彩色した黒い戦士が忍び足に動くので、——一人また一人と、ついに三〇〇人がこの裏切りの沼に忍びこんだのであった。続いてかれらを取り囲むこの不実の泥沼は、東から白人を呼びよせた。腰までつかりながら両軍は高い樹木の下で戦ったが、とどのつまり関の声はしずめられ、インディアンたちは再び西にひそかに逃亡した。この森が赤いのもそれほど驚くにはあたらないのである。

それから黒い奴隷たちがやってきた。来る日も来る日も、ヴァージニアやカロライナからジョージアに行進してくる足鎖りの音が、これらの豊かな沼沢地に響いた。来る日も来る日も、感覚を失ったものたちの歌が、母をなくしたものたちの泣き声が、そして不幸にあえぐものたちの呪いのつぶやきが、フリント川からチカソーハッチェ川までこだました。そして、一八六〇年までには西ドーアティに、近代社会がまだ見たこともないほどの豊かさの奴隷王国が出現していたのである。一五〇人の豪族が、ほぼ六〇〇〇人の黒人労働者を意のままに動かし、九万エーカーの耕作地をもつ農場をその支配下においた。地価の安かった当時においてさえ、それは三〇〇万ドルの値打ちがあった。二万梱の繰綿が毎年ニュー・イングランドと英国本国とに送られ、破産してここにやって来たものたちは、儲けて財をなした。たった一〇年間に綿の生産高は四倍に伸び、地価は三倍になった。それは成金《ヌーヴォ・リッシュ》の全盛時代であり、農場主たちは、向う見ずな浪費生活をおくっていた。四頭立や六頭立の四輪馬車を、切り尾のサラブレッドが町へひいて行った。気前のよい歓待と陽気な宴会が慣例であった。庭園や森をしつらえて花々やつる草でみたし、その真中に、大広間のある屋根の低い「お屋敷」があり、そこには玄関や円柱、大きな暖炉がそなえつけられていた。

しかしそれにもかかわらず、どこかしらあさましいところと無理な不自然さが目についた。いってみれば熱病におかされたように落着きがなく、思慮にも欠けていたのである。それというのもすべてこういった安っぽい見せものが、ひとつの呻き声の上に成り立っていたからではなかろうか？　ボロをまとい、褐色の皮膚をした男が、真面目な顔つきで、「ここはちょっとした地獄でした、」とわたしに言った。わたしたちは、路傍の鍛冶屋の近くに腰をおろしていた。背後には、或る農場主の家の廃墟が風雨にさらされていた。「あっしは黒んぼたちが、あぜで倒れて死ぬのを見た。ならんだ死体はわきに蹴とばされるだけで、畠仕事がそれで中断されるってことはなかったね。向うに見張り場があるけど、あそこでは血が流されたのさ。」

このような土台に成立っている王国は、やがてゆらいで崩壊する運命にあった。農場主たちは、メイコンやオーガスタに移り、この土地にはただ責任のとれない監督が残っただけであった。その結果このような廃墟がうまれた。例えばロイドの「お屋敷あと」だ、——風にゆれる巨大な樫の木、広々とくりひろげられる芝やギンバイカや栗の木立、いずれも伸び放題に荒れ果てている。かつては城の入口であったところに門柱がポツンと立っている。古びて錆びた金床が、朽ちかけたふいごや薪と一緒に鍛冶屋のがらくたにまじってころがっている。褐色に黒ずんだだだっ広い古屋敷には、かつて食卓で給仕した奴隷の孫たちが住んでいる。いっぽう主人の家族は数が減って、今では二人の女がメイコンに住み、大金持だった頃の残りものをひもじそうに食いつぶしながら暮している。こうしてわたしたちは、幻の門や崩れゆく家をいくつも通りすぎ、——かつて栄えたスミス家やガンディ家やラゴア家の農場を通りすぎて、——どれもこれもが荒れはててその面影をなかば失いかけているのを見いだしたのである。それは、白人の女がひとりで、ありし日の遺物さながら、どこまで行っても黒人ばかりのなかで端然と孤立した生活を営みながら、毎日のように古風な馬車に乗って町へ出かける、といった場所でもやはり同じことであった。

ここはまさしく南部連盟のエジプト、——一八六一年よりはるか以前にもうその存在価値を失っていた大義名分のため、南部連盟軍が空腹をこらえボロをまとって戦っていたとき、じゃがいもや、とうもろこしや綿をその軍隊にふんだんに送りこんだ穀倉であった。世間の目からかくされて安全な地域であったので、ここは家族や財産や奴隷を守る絶好の場所となった。しかし、その当時でさえ、非情な土地の略奪の影響が現われ始めていた。赤粘土の下層土が、肥土の上にまで顔を出し始めた。奴隷たちが酷使されればされるほど、その耕作ぶりは乱暴になり、致命的な影響をもつようになった。次いで戦争と「奴隷解放」の革命、そして「再建期」*へと混乱が続いた、——そして今ではどこが南部連盟のエジプトだろうか？　また、それは国の安否にどのような意味を持つのだろうか？

ここは、急速な変化による対照が見られる土地であり、希望と苦痛が奇妙に入り混った土地である。眼前に素足をかくすようにして青い目の美しいクワドルーン（黒人の血が四分の一混った混血児—訳者）が坐っている。彼女は先週まだ結婚したばかりだ。そして向うの畠では、彼女の若い黒人の夫が、食事なしの日給三〇セントで彼女を養うためにくわをふるっている。道の向う側にいるゲイツビイは褐色の皮膚をした背の高い男だが、抜け目なく手に入れて握っている二〇〇〇エーカーの土地の地主だ。かれの肌の黒い息子が経営する店と、鍛冶屋と綿繰工場がある。ここから五マイル下ったところに、白人のニュー・イングランド人が一人で所有し支配している町がある。かれは、ほぼロード・アイランド一郡に匹敵する地域を所有し、数千エーカーの畠と数百人の黒人労働者をかかえている。かれらの小屋は他のたいていの家より上等に見えるし、その農場は機械類や各種の肥料をもっていて、その地方のどの農場よりはるかに能率的である。ただその経営者は、賃金をひどく値切る。今度は向きを変えて五マイル上ったあたりを見てみると、町のはずれに売春婦の家が五軒ある、——黒人のが二軒に白人のが三軒である。二年前その白人のほうの一軒に、とるにたらぬ黒人の若いものがあまり大っぴらに泊ったために、強姦のかどで絞殺された。この地方では刑務所の事を「囲い《ストッケイド》」と呼ぶが、ここには、またその水しっくいを塗った「囲い」の白い高い塀がある。白人の言によれば、そこはいつも黒人の罪人たちでいっぱいだそうだが、——黒人に言わせれば、刑務所に送られるのは黒人ばかりで、それもかれらに罪があるからではなく、州がかれらの強制労働によってその財政の不足を補うために囚人を必要とするからだということである。

ドーアティ郡では、奴隷貴族の後継者たちは、よそからの移住者である。わたしたちが果てしもなくひろがるとうもろこし畠や、桃や梨の切株だらけの果樹園のそばを通って西下してゆくと、どちらを見てもこんもり茂った森にかこまれている「約束の土地カナーン」がある。あの急速な「再建期」に生まれた金もうけのためのいろいろな事業が、あちらこちらで語り草になっている、——「土地改良工事」会社とか、ぶどう酒会社とか、各種の製造所や工場などなど。大部分は失敗に終り、外国人がそのあとをついだ。フリント川の西にある、このドーアティ郡は美しい。森が素晴らしく、いかめしい松林が消えて、例えばここにある「オーキイ林」だが、それはヒッコリイやぶなや樫やパルメトーの宝庫である。しかし、借金のとばりがその美しい土地にたれこめている。商人は卸し売り業者に借りがあり、農場主は商人に借金があり、小作人は農場主に負債を負い、労働者はそれらすべての重荷を背負ってあえいでいる。この陽気な困難をまぬがれて頭をもちあげたものもあちらこちらにいる。わたしたちは、柵をめぐらした牧畜場で牛の群が草をたべているところを過ぎたが、それは、はてしなく続くとうもろこし畠や綿畠を見たあとでは、ひどく家庭的な感じをいだかせた。黒人の自由土地所有者たちもあちこちにいる。やせてうす黒い皮膚をしたジャクソンは、一〇〇エーカーの耕作地の所有者だが、哲学者の口ぶりよろしくこんなことを言った。「『上を向くんだ！　上を向かなきゃ立ちあがれんじゃないか。』とわたしは言っとるんです。」現にかれは立ち上ったのである。黒人カーターの手入れのとどいた家畜小屋は、ニュー・イングランドにもっていっても恥ずかしくないだろう。かれの主人はかれが身を立てるときに手をかしてくれたのだが、去年の秋にその黒人が死ぬと、主人の息子たちはただちにかれの所有地をじぶんたちのものだと主張した。「白人のやつらがいずれそいつを手に入れるだろうさ」と、ねたましそうな陰口をわたしは聞いた。

わたしは黒人が身をおこしつつあるという心地よい感慨にふけりながら、これらの手入れの行き届いた畠から立ち去る。しかしそういう感慨にふけっている時でも、わたしたちが進むにつれて、田畑が赤味を増し、樹木は姿を消す。古びた小屋が幾列も並び、中は小作人や労働者でいっぱい、――たいてい元気がなく、はだかでうす汚い。もちろん、古びて朽ちかけているために、かえって絵のように美しい景色になっているところもあちこちにある。一人の若い黒人がわたしたちに挨拶する。かれは、二二歳で、結婚したばかりである。去年までは、かれは土地を借りてうまくやっていたが、綿が暴落したため、持ちもの一切を保安官に差押えられ、売りとばされてしまった。そこで、かれはこの土地に移って来たのだが、ここの小作料は前より高いし、地味はやせているし、地主は頑固でどうしようもない。四〇ドルのラバを一頭借りるのに年間二〇ドル支払っているのだ。あわれな若者！――二二歳で奴隷の身とは。この農園は、今ではよそから人がはいってきて所有しているが、有名なボルトン領地の一部である。南北戦争の後、長年のあいだ、ここに黒人の囚人たちが団体をつくって耕作していた、――当時の黒人の囚人は今よりも多かったのである。それは黒人を働かせる一つの手段であって、罪の有無などほとんど問題にならなかった。鎖りにつながれた自由民に対する残虐行為や虐待が悲しい物語となって伝えられているが、郡当局は、自由労働者の市場が大がかりな移住によって破壊されるまで、そういうことに耳をふさいでいた。で、その時になって当局は、囚人たちを農場から引き上げさせたのだが、それも「オーキイ林」のもっとも素晴らしい地帯の一つが荒廃して赤土をさらけだすようになってからであった。北部人《ヤンキー》や移住者は、借金に呪われた小作人からのほうが、前よりもっと多く血を絞りとることができたのである。

ぐずでのろまで元気のないルーク・ブラックが、わたしたちの馬車まで足を引きずって来て、あきらめたような口ぶりで話すのも不思議はない。汗水流す理由がどこにあるかね？　一年ごとに借金の深みにはまりこんでいく、貧しい債務者の避難所だと世間にふれこまれてるジョージアが、むかしのイギリスのようにその住民を無慈悲にも怠惰と不幸にしばりつけておくとは、何と奇妙なことだろう！　その貧しい土地は陣痛の苦しみに呻吟しながら、なおかつ一エーカー当り一〇〇ポンドの綿も生み出せないほどだ。五〇年前ならその八倍もの収穫があったのに。小作人はこの乏しい収穫の中からその三分の一ないし四分の一を地代に支払い、残りの大部分も前借で買った食糧品や生活必需品の利子に費してしまう。あそこのやせこけた顔の年老いた黒人はこんなふうにして二〇年も働いてきた。そして現在は日雇い労務者となり、一年のうちほんの限られた期間だけ週給一ドル半の賃金をもらって、妻を養い、じぶんの口すぎをしている。

ボルトンの囚人農場には、かつては近接の農場が含まれていた。今なお残っている丸太の大きな刑務所のなかで、寝起きさせられている囚人たちがいるのは、まさにここなのであった。あいかわらずそこは陰気くさくて、幾列にも並んだみにくい小屋には、ぶっきらぼうな文盲の小作人たちがあふれている。「ここで、あなたたちどれくらいの地代を払っているのだね？」と、わたしは尋ねた。「さあ、おれにはわからん、――サム、どれくらいだ？」「おれたちが稼いだだけ全部だ、」と、サムが答えた。そこは気もめいるようなところ、――木蔭ひとつない殺風景な場所で、楽しい過去の連想もなく、ただ人間の強いられた労働を思い起こさせるだけである、——それは、今も、その時も、戦前も、変りはない。このあたり一帯にかけて、わたしたちが出会う黒人たちは、みんな幸福そうな顔つきをしていない。大農場の黒人といえばいつも連想されるあの快活な奔放さも陽気さもあまりないのだ。せいぜい持って生まれた善良さが、不平不満でとげとげとなってしまっているか、むっつりした性質や、ゆううつな顔付きに変ってしまっているかである。そして時々それは、顔には出ないが、熱い怒りとなって燃え上る。わたしは、道端で出会った一人の目のふちの赤い大きな黒人のことを想い出す。たしかにかれは、四五年間この農場で働いてきたが、無一文で始めて今もまだ無一文のままである。かれは、四人の子供を公立小学校に通わせることはやった。そして、もし、新しい農地保護法によって西ドーアティにどっと作物が流れこむということがなかったとしたら、かれはおそらくすこしは貯えをつくって、ましな生活をしていたかもしれない。しかし現状は借金で首もまわらぬほどで、失意と落胆のとりことなっている。かれは、わたしたちを引き止めてオールバニィの例の黒人の少年のことを尋ねた。その少年は、歩道で大声をあげて話していたために、巡査に射殺されたといわれていた。かれは、ゆっくりと、こう言った。「白人が指一本おれの身体にふれてみろ。必ず殺してやる。ホラを吹いていているんじゃねえ、——こんなことは、大声で言いふらしもしなけりゃ、子供にも聞かせたくはないが——、これは本気なんだ。おれは、綿畑のなかで、おれのおやじやおふくろがあいつらに血が吹き出るまで鞭でぶたれるのを見てきたんだ。畜生!」それから、わたしたちは、そこを立ち去った。

さて、わたしたちが次に会ったシアズは、まったく違った性格の持主であった。太い樫の木の下でのらりくらりしていた。幸福かって?——うん、まあね。かれは、笑って石ころをポンとはじいた。かれは、世の中というものはなるようにしかならぬと考えていた。かれは、一二年間この土地で働いてきたが、抵当にはいったラバ一頭だけが財産だった。子供はって？──うん、七人いるがね、今年は学校には行けなかったんだよ、──本や着物を買う余裕がなかったし、仕事にはどうしても子供たちが必要なのでね。その子供たちのうちの何人かが、いま畑に行くところだ、──三人の大きな少年がラバたちにまたがり、大柄な褐色の脚の少女が一人、はだしでついて行く。そこにはなげやりな無知と怠惰があり、あちらにははげしい憎悪と復讐心があった、──この二つがその日わたしたちが直面した黒人問題の両極であった。どちらが好ましいかは、わたしたちにもあまりよくわからなかった。

あちらこちらで、わたしたちは、普通の人とは全くかけはなれたひとびとに出会う。一人の男が蛇どもを恐がって遠くまわり道をしながら、新しく開墾された土地の一画から出て来た。かれは頬のこけた老人で、褐色の顔はひきしまって風格があった。かれには、何とも表現のしようのない一種のむっつりしたような風変りな面と、荒けずりの滑稽味とでもいったところがあった。ひとを当惑させるような或る種の皮肉さと真面目さがまじっている。かれは言った。「あっちの黒んぼたちはわたしのことをねたんでいたんでね。わたしと女房はこの辺の森を貫いさげて、わたしは、じぶんでここを切り開いたんですよ。二年間は、からきし、駄目だったが、どうやら今じゃ、作物もできるようになってましてね。」綿はのびてよく実っているようだった。わたしたちはそれをほめた。かれは女がやるように腰をかがめて会釈し、それから地面に頭がつかんばかりにおじぎをしたが、その態度はおやと思われるほどにくそ真面目で落ちつきはらっていた。それから、かれは話をつづけた。「わたしのラバは先週死んだんです、」──ここでは町の大火事ぐらいの災難だ、──「でも、ある白人がまた一頭貸してくれましたね。」それから、かれはわたしたちをじろじろ眺めながらつけ加えた。「そりゃ、まあ、わたしは白人たちとうまくやっていますがね。」わたしたちは話題をかえた。「熊はって？　鹿ですかな？」と、かれは答えた、「ええそう、以前はいたんでしょうな。」それからかれは、威勢よく神の名を連発しながら、沼地の狩猟の話をしてくれた。わたしたちがそこを立ち去るとき、かれは道中にじっと立ったままわたしたちを見送っていたが、あきらかにわたしたちのほうに注意を向けてなどいなかった。

現在かれのわずかな土地もそこに含まれているホイッスル荘は、戦争直後イギリスのシンジケートである「ディキシイ・コトン・アンド・コーン会社」に買いとられた。そこの代理人は、驚くほどの上流風を吹かせ、召使の他に六頭立の馬車までもっていた。それほどだったものだから、その会社はまもなくぬきさしならぬ破産状態におちいった。その古い家には現在だれも住んでいない。しかし、毎年、冬になると北部から一人の男がやって来て、高い地代を徴収してゆく。こういう古い空家と、地主の息子たちの家と、どちらがいっそう痛ましいのか、――わたしにはわからない。あの白いドアの背後には悲しい苦しみに満ちた物語がひそんでいる、――貧困と苦闘と失望の物語の数々が。一八六三年の場合のような革命は、恐ろしいものだ。朝は裕福だったものも、夕べは貧民の床に眠ることがしばしばだった。乞食たちや下品な山師たちが、出世してかれらを支配し、かれらの子供たちは、路頭に迷ってしまった。向うの憂色にとざされた家を見よ。そこには、小屋があり、柵があり、実った作物がある！　しかし、その内部には喜びというものがないのだ。先月、町に住む放蕩息子が、故郷で必死に働いている父親に手紙を寄こして、金を無心してきた。金だって！　そんなものはどこをたたけば出てくるというんだ？　そこでその息子は、夜中に起きて、じぶんの赤んぼを殺し、妻を殺し、そして自らも銃弾でたおれた。そして、時は過ぎていったのである。

美しくこんもりと茂った森があり、小川がせせらぎを立てているそばを、道路がぐるっと曲っていたが、そこを馬車でさしかかった時のことを、わたしは今でもおぼえている。屋根の低い細長い家が、一軒、目の前に見えてきた。ヴェランダと浮き柱と大きな樫の木のドアがあり、広々とした芝生は夕日に輝いていた。しかし、窓ガラスはなくなり、柱は虫に食われ、苔の生えた屋根は落ちこんでいた。なかば好奇心から、わたしは、蝶つがいのはずれたドアから覗いてみた。玄関のつきあたりの壁には、かつてはきらびやかであったかもしれないが、今は色あせた文字で「いらっしゃいませ」と書かれてあった。

ドーアティ郡の北西部は、南西部とまったく対照的である。樫や松の木が生えていても、南西部のあの亜熱帯性の豊かさがなく、きわめて地味な感じである。それにロマンチックな過去をしのばせるものもおよそ皆無にちかく、当世風の組織的土地強奪と金儲けが逆に多いのである。ここでは白人が目立って多い。そして、或る程度まで、農場経営者と雇用労働者が、不在地主と不当な地代に苦しむ小作人にとってかわっている。作物はもっと肥えた土地でできるのと比べれば、それほど豊かでもないが、しばしば見られるように放ったらかしてあるようにも思われなかった。あちらこちらに、囲いや、牧場があった。ここの土地の大部分はやせていたせいか、戦前は奴隷貴族の目にとまらなかった。戦争以来、奴隷貴族の貧しい親類とか、外からの移住者が、土地を占有してきた。農場経営者たちの収益がひどく少いので賃金を沢山支払う余裕はないのだが、それでもかれらは、わずかな農場を手離そうとはしない。サンフォードという黒人がいて、かれはラッドソン荘の監督として一四年間にわたって働いてきた。かれに言わせれば、「肥料代として農場がひとつ買えるほどたくさん金を支払ったのだ」そうだが、地主は数エーカーといえども手離そうとはしないのである。

コーリスが働いている農場の畑で、二人の子供が——一人は男の子で一人は女の子だが——けなげに鍬をふるっている。コーリスの顔にはひげがなく褐色の皮膚をしている。かれはいま豚を囲いに入れている。かれは、以前には綿繰機を動かしてうまくやっていたのだが、「綿実油トラスト」の圧力によって綿繰り賃がひどく下がり、そのため割に合わなくなったと言っている。かれは、道の向うの堂々たる古い家を指して、あれが「パ・ウィリス」の家だと云った。わたしたちはわき目もふらず車を走らせて近づいて行った。というのは、「パ・ウィリス」とはおよそ三〇年間も黒人の指導に当り、しかもうまく指導してくれた偉大なる黒人モーゼであったからだ。かれはバプティスト派の伝道師であった。かれが死んだときは、二〇〇〇人もの黒人がかれのなきがらに従って墓地まで行った。そして今でもかれらは、毎年かれの弔いの祈りの言葉を捧げるのである。かれの未亡人はここに住んでいる、——しわくちゃ顔に角張った目鼻立ちをした小柄な人だったが、わたしたちが挨拶すると変な恰好で会釈をかえした。さらに向うに、ジャック・デルソンという郡いちばんの黒人豪農が住んでいる。かれに会うのは一つの喜びである、——肩巾の広い偉丈夫で、好男子なうえ、知性もあり陽気な性格だ。かれは、六五〇エーカーを所有し、一一人の黒人の小作人を使っている。小ざっぱりした家が花壇にかこまれて立っており、そのそばには小さな店が一軒あった。

わたしたちは、ムンソン荘を通る。そこでは、元気のよい白人の未亡人が、土地を貸してやりくり算段に忙しい。黒人が監督をしているセネット農場の一一〇〇エーカーの土地のそばも通りすぎる。そこから、農場の性格が変り始める。土地という土地は、ほとんど残らずロシヤ系ユダヤ人のものだ。監督は白人で、あちらこちらに散在する小屋は粗末な板張りだ。地代は高く、日雇い労働者や「契約」労働者は余るほどいる。ここでは、生計の資を得るには、はげしい仕事に耐えなければならぬ。喋る暇もないものが多い。長いあいだ車にゆられて、疲れたわたしたちはギロンスヴィルにいそいそと入って行く。そこは、十字路にまたがって農家が集落をなしている、ひっそりした村である。一軒の店は閉っているが、もうひとつの店は黒人の牧師が経営している。鉄道がオールバニィに集中しないころは、ギロンスヴィルはなかなかにぎやかだったともっぱらの噂である。今ではそれも、想い出にすぎない。通りを下って、わたしたちは、その牧師の店のところで車を止め、ドアの前に腰をおろす。それはすぐには忘れることの出来ない光景の一つであった、——間口が広くて低い小さな家で、その母のようになだらかな屋根がずっと下まで伸びてきて、小さなヴェランダを気持よくおおっていた。そこに、わたしたちは坐り、暑い中を長いあいだ車に乗ってきた後なので、冷い水を飲んでいた。毎日でもわたしの話相手になるお喋りずきで小柄な店の主人。ももひきにつぎをあてているむっつりした黒人の老婆は一言も喋らない。救いようのないみじめさを絵にかいてボロを着せたような男が、ちょうどそのとき牧師に会いに来ていた。で、最後にあらわれたのが、きちんとした落ち着きのある牧師の奥さんで、太って皮膚が黄色くて頭のよさそうな感じ。「じぶんの土地をもってますかですって?」と彼女は言った。「そう、この家だけですよ。」それから、彼女は、静かにつけくわえた。「わたしたちは向うのほうの土地を七〇〇エーカー買って、じっさいお金もはらったんです。しかし、わたしたちはだまされて、それをとられてしまいました。その地主はセルズっていうんですがね」「セルズだって!」と、手すりによりかかって話を聞いていた例のボロを着た不幸の見本のような男が、おうむ返しに言った。「あいつは詐欺の常習犯だよ。おれは、この春あいつのために三七日間も働いたんだ。するていと、あいつめ、おれに厚紙に書いた小切手で給料をくれた。月末になれば現金になることになってたんだがね。だが、あいつは現金にしてくれようとしないのだ、——約束を先へ先へとのばしやがって。そのうち保安官がやって来て、おれのラバやとうもろこしや家具を持って行っちまったぜ、――」「家具を？　でも法律では家具は取り上げられないことになってますよ。」「いや、とにかく取っていっちまったんだよ、」と、その男は顔をこわばらせて言った。

第八章　金羊毛の探索

だが、野獣めはその胸のなかでこう言ったのだ、「俺の挽く臼のすりきれるまで、富を塵埃《あくた》の塵埃《あくた》にし、乾いた灰をば饗宴《うたげ》にしてやる！

強くて狡猾な少数のものたちに
俺は、かれらの皮肉な愛顧を撒き散らしてやろう、
俺は、かれらの胃袋をその精神の滅びるまで余りもので詰めてやろう。
忍耐づよいものや身分の賤しいものからは
かれらがよく御存知の歓びを取りあげてやる、
かれらに虚栄をもとめて飢えさせて、飢えたものとして過ごさせてやる。
民衆には狂気をくれてやり、ぞっとする嫉妬を起こさせてやる。
兄弟の血には死んだ空虚な空たかく兄弟の名を呼ばせてやるんだ。」

——ウィリアム・ヴォーン・ムーディ*

収穫時の真白な綿花畑を、今までに見たことがありますか、——黒い大地のうえを漂う、深い緑にふちどられた銀白の雲のような、あの黄金の羊毛を？　カロライナ州からテキサス州にいたるまで、あの黒い人間の海をこえて、泡立つ大波のようにたゆたっている、あの派手な純白のシグナルを？

ときおり、わたしはなかば訝ったものだ、今を去る三〇〇〇年の昔ヤーソン*とかれに従うアルゴー船の勇士たち*が、首尾の定かならぬままにあの茫漠とした東方をめざして、探索の長途に旅立っていたあの金羊毛、翼ある羊のクリソマラス*があの金羊毛を残していったのはこの場所ではなかったか、と。黒海における古代と現代の金羊毛の探索ということのあいだに、ひとは、魔術と竜の歯牙*、流血と強盗といった類推をたてるだろうが、それはかなり的を射た無理からぬ類推といえよう。

そして、いま、その金羊毛は発見されている。いや、単に捜しあてられたというだけでなしに、もともとそれが生まれた場所で織られているのだ。というのは、綿織工場から流れる活気のある雑音は、今日のニュー・サウスでは、最新のものだし、またすこぶる意義ぶかいものだからである。南北カロライナ州とジョージア州の全域をつうじて、遠くはメキシコにいたるまで、これらのひょろ高い、赤い建物は立っている。なんの飾りっ気もなく素朴なものだが、それでいて、ひじょうに急《せわ》しげで、また、騒々しいので、このような建物が、緩慢で眠そうなこの土地に立っているということが、ほとんど場外れなものに思えてくるほどである。おそらく、こういう建物は竜の歯から生れでたのだ。そんなわけで、綿花王国《コットン・キングドム》は、現在まだ生きている。世界は、その王笏のもとにいまなお頭をさげる。かつては、この「成り上がり者」をものともしなかった市場でさえ、つぎからつぎへと、海の彼方からにじりよってきて、はじめはゆっくりと、気のりのしないふうだったが、だが着実に、この黒人地帯をめざしてやってきたのである。

知ったかぶりをして頭をふりながら、われわれにむかって、今では綿花王国の首府は、黒人地帯から白人地帯に移ったのだ、――今日の黒人が産出する綿花は、全収穫高の半分以上にのぼることはない、と告げるひとたちのいることは確かである。このようなひとたちは、奴隷制度の時代以降、綿花生産高が二倍に、いな、それ以上に増大したということ、また、こうしたひとたちの主張を認めてさえ、黒人はなお現在、南部連盟諸州がその希望を打ち建てた王国よりさらに大きな綿花王国で最重要な役割りを占めているということ、を忘れている。このように、黒人はこんにち、ひとつの巨大な世界的産業における主要人物たちの一員となっている。このことは、それだけでも、さらにまた、歴史的興味というものに照らしてみても、この綿花国の作男たちを、研究に値するものにしているのである。

　こんにち、黒人の状態についてなされる研究が、誠実で、周倒であるということは滅多にない。そんなことは何もかもわかっているのだ、とすましこんでいるほうがずっと気楽な話である。でなければ、おそらく、めいめい心のなかでは、すでに到達した結論をもっているので、そうした結論が事実によってかき乱されるのが嫌なのである。それにもかかわらず、これらの何百万にのぼる人間について、じっさいにわれわれの知っていることのなんと少いことか、――かれらの日々の生活や憧れについて、素朴な喜びや悲しみについて、かれらのもつ本当の欠点や、またかれらの犯罪の意味について！　これらのすべてについて、われわれは、ただ、かれらの集団との親密な接触をとおして知りうるだけである。時間と空間を別にしていて、また訓練と文化の点で大きな距たりのある何百万という人間を、十把ひとからげにひっくるめて論ずるような大ざっぱな議論なんかによって、知りうるのではない。それでは、わが読者よ、これから、われわれの顔をジョージア州の黒人地帯《ブラック・ベルト》に向けてみることにしようではないか。しかも、ただその州の、あるひとつの郡における黒人農場労働者たちの状態についてだけ見ることにしようではないか。

　一八九〇年には、このドーアティ郡には一万人の黒人と二〇〇〇人の白人が住んでいた。土地は肥えている。だが、それでいて、住んでいるひとびとは貧しい。黒人地帯の眼目は、借金である。商業上の掛けというものではなく、住民の大衆が、支出をまかなうに足りる収入をいつも得ることができない状態がつづいている、という意味での借金である。このような状態は、奴隷制度の浪費的な経済から南部が直接に受けついだものである。だが、この状態は、奴隷解放によって強化され、そして危機にまで高められた。一八六〇年、ドーアティ郡には、値段にしてすくなくとも二五〇万ドルにのぼる六〇〇〇人の奴隷がいた。農場は三〇〇万ドルと見つもられていた、――しめて、五五〇万ドルの財産なのであるが、その価格はというと、主として奴隷制度に依存し、またさらに、かつては非常に肥沃であったのだが、不注意な略奪的な農業によって部分的に活力を失っている土地にたいして投機的な需要があるのに依存しているのであった。つぎにやってきた戦争は、財政の崩壊を意味するものであった。一八六〇年における五五〇万ドルにかわって、一八七〇年には評価二〇〇万ドルに満たない農場が残っただけだった。これと同時に、テキサス州の豊かな土地との、綿花栽培上の競争がますます増してきた。ついで、綿花の平均価格は下落をつづけ、一八六〇年度におけるポンド当り約一四セントから、ついには、一八九八年度には四セントにまで落ちていった。このような財政上の革命をひきおこした下落は、綿花地帯の所有者たちを首の廻らぬほどの負債に陥しいれる結果となった。事態が地主にとってこのようにひどいものであったとすれば、小作人にとっては、いったいどうなったであろうか?

奴隷制度時代におけるドーアティ郡の農園は、ヴァージニア州のそれほどは大きくはなく、また、貴族的なものではなかった。「旦那の家」はヴァージニア州のそれよりも小さく、普通は一階建てで、奴隷小屋のごく近くに位置していた。ときには、これらの小屋は、旦那の家の両側に置かれて、翼のように伸びていた。また、ときには、一方の側だけに、二重の列をなしてつづいているか、あるいは、大通りから農園へと折れてつづいている道路の両側に、並んで伸びていることもあった。黒人地帯の全域にわたって、労働者たちの小屋の形状と配置は、こんにちといえども奴隷制度時代と変りはない。あるものは、昔のままの小屋に住んでおり、そうでなければ、もとの地所に建て直された小屋に住んでいる。黒人たちは例外なく、いくつもの小さなグループにわかれて、小作人頭かあるいは代理人の住んでいる荒廃した「旦那の家」のまわりをとりまくようにして、大地の表面に散らばっている。これらの住まいの一般的な特徴や配置は、おおむね、昔とかわっていない。一八九八年、この郡には、オールバニィ自治都市のほかに、およそ五〇〇の黒人世帯があった。これらのうち、部屋数が七つの家に住んでいたのは、たったの一世帯しかなく、五つか、あるいは、六つの部屋数となると、たった一四世帯だけであった。大部分は一つ、または二つの部屋しかない家に住んでいたのである。

ある国民の家庭の規模と設備というものは、かれらの状態を伝えるかなり公正な指標であると云える。さらに綿密にこれらの黒人家庭を調べてみれば、多くの不満足な点のあることに気づくだろう。大地の表面のいたるところに、ひとつの部屋からなる小屋がある、——あるときは、「旦那の家」の蔭にかくれて立っていたり、あるいはまた、埃っぽい道路をじっと見つめていたり、また、あるときは、緑に包まれた綿花畑のなかに、暗く憂欝に立ち現われるのである。漆喰《しっくい》も塗られていなければ、天井もはいっていない粗末な板ぎれで建てられているこれらの小屋は、ほとんどきまって、古くむきだしのままである。明りと風通しのためには、たったひとつしかないドアと、壁をくり抜いてつくった木製の雨戸のついた四角い穴があるだけである。ガラス窓とか、玄関とかいうものはなく、あるいはまた、外部の飾りつけなんてものもない。小屋の内部には、黒い、煤けた暖爐がひとつあるが、長年つかっているために、たいていは不安定である。調度といえるものは、寝床がひとつかふたつ、食卓がひとつと、木箱がひとつ、それに、数脚の椅子があるだけだ。一方、何処からか舞いこんできた催しものの広告ビラや、新聞紙などが、壁の装飾となっている。このような小屋でも、なかには、几帳面に手いれがゆきとどいて、こざっぱりしたものもある。そこでは、暖爐がポッポッと快活な湯気を立てていたり、戸口がいかにも愛想のよさそうな面持ちをしている。だが、大部分は、不潔で、荒れ果てており、食べものや寝具のにおいが漂い、風通しも悪く、およそ、家庭というものを感じさせるものではない。

なかんずく、これらの小屋には溢れんばかりの人間が住んでいる。溢れんばかりという言葉を聞くと、われわれはほとんどきまって、あの、都会のぎっしりと家屋の錯綜しているさまを思い出すようになっている。このことはなによりも、田舎の生活というものについて、われわれのもっている知識があまりにも正確でないからである。ここドーアティ郡では、八人家族、または一〇人家族が、一部屋、あるいは二部屋に住んでいることがある。そして、黒人宿泊用としてあてがわれた家屋の部屋数が仮に一〇であるとすれば、これら一〇の部屋には二五人の人間が起臥しているのである。ニュー・ヨークにある最下等のぞっと嫌気がするアパートですら、一〇部屋につき、二二人以上を泊めているところはない。部屋ひとつだけとってみれば、庭のない都会の小さくて窮屈な部屋というものは、ひとつだけにしてもそれよりは広い田舎の部屋に、多くの点で劣ることはいうまでもない。それ以外の点では、都会のほうが優っている。都会の部屋には、ガラス窓がある。煙突だって、それほど粗末でないし、床もまあ危な気がない。たったひとつ、黒人農民にとってたいした利点があるとすれば、それは、一日の大部分をあばら屋のそとで、広々とした畑で送るということだ。

このような無惨な家に住んでいるのは、つぎにあげる四つの主要な理由からである。第一に、奴隷制度の生んだ長い年月にわたる習慣が、黒人たちにこのような家屋をあてがってきたということ。これが白人労働者ならば、もっとよい宿所が提供されるだろうし、それならそれで、あるいはまたそれと同様な理由で、もっとうまく仕事をやれるかもしれない。第二に、黒人は、このような住居に慣れているので、一般に、もっとよい住居を要求することがない。かれらには、もっとよい住居なるものが、どういうことなのかわからないのだ。第三に、階級としての地主たちが、徐々に、しかも悧口なやりかたで、労働者たちの生活水準を高めるということが手堅い事業上の投資だということを悟るにはいたっていないことだ。すなわち、全家族がひとつの部屋に押しこめられ、一日三〇セントもらうために働かねばならない失意の苦役人よりは、どちらかといえば、三つの部屋と五〇セントを要求する黒人労働者のほうが、まだしもその仕事において、よりいっそう能率をあげ、より多くの利益をもたらすだろうということを、地主たちが悟るにいたっていないのである。最後に、このような生活条件のもとにおかれていたのでは、労働者がもっと立派な百姓になろうという気持にさそわれる刺戟となるものはほとんどない。もしも、かれが野心のある人間ならば、都会に移るか、もしくは別の労働を試みる。小作農としては、かれの前途にはほとんど望みがない。そして、その場凌ぎの方便として小作農をやっているのだから、かれは、どんな家を与えられるにせよ、不服など申し立てずに受けとるのである。

こういうわけで、このような家に、これらの黒人農民たちは住んでいる。家族数は少い場合もあれば、多い場合もある。独身の小作人も多い、——後家たちとか、未婚の男たち、それに、離散したあとに残った家族のものたち。労働の制度と家屋の大きさとは、ともに、家族という集団を破壊しがちである。子供たちは、成長すると契約労働者として家を出てゆくか、あるいは、街へ出てゆく。女の子たちは、家事労働に行く。だから、家族とはいっても、たくさんの赤ん坊たちを抱えている家族がいっぱいいたり、たくさんの新婚夫婦だけといった家族で、年頃の、または一人前の息子や娘たちの残っている家族というのは、比較的すくない。戦争このかた、何といってもまず経済上の圧迫のために、黒人家族の大きさが平均して縮小してきたことは、確かである。ロシヤにおいては、年齢の点でいうと、新郎の三分の一以上と新婦の半分以上が、二〇歳未満である。このことは、戦前の黒人についても同様であった。だがしかし、こんにちでは、二〇歳未満で結婚する黒人少年はしごく稀であり、黒人少女の二〇歳未満の結婚は、五分の一にも満たない。結婚する青年たちの年齢は、二五歳から三五歳のあいだであり、女性の場合だと、二〇歳から三〇歳のあいだである。このように、年齢的に遅れるようになったのは、家族を養うに充分な稼ぎを得ることが困難になったためである。そして、このことが、田舎では、性的不道徳へと導いてゆくのは明白である。このような不道徳は、しかしながら、売春という形となるのはひじょうに稀であり、さらにまた、法に抵触するような形をとることも、想像されるほどにはしばしば起こるものでない。むしろそれは、家族という集団が形成された後において、別居するとか、遺棄するとかいう形をとる。別居するひとびとの数は、一〇〇〇人にたいし三五人という――ひじょうに大きな数である。もちろん、この数を離婚の統計と比較するのは順当ではない。というのは、別居とはいっても、もし、真相が判明すれば、これらの女性たちの多くは実際上は後家になっているものたちであり、そうでない場合には、別居といっても永続的ではないからである。にもかかわらず、この点に最大の道徳的危険の巣がある。これらの黒人たちのあいだでは、売春というものはほとんど行われないか、または、まったく存在しない。戸別調査によって明らかになったところによれば、四分の三以上の家族が、女性の貞操というものをかなり大事にし、重んじている慎しみぶかいひとたちだと分類されて然るべきものである。確かに、黒人大衆の抱いているさまざまな観念は、ニュー・イングランドには似つかわしくない。そこでは、多くの放縦な習慣や、考えかたのあるのは事実だが、それでもなお明らかに、オーストリアやイタリーに比べるなら、私生児出生の率は低いのであり、階層としてみた場合、女性たちは慎しみぶかい。性的関係においては、結婚や別居が容易くできるということが悪弊の根源となっている。とは云っても、これは急にそうなったのでもなければ、奴隷解放のもたらしたものでもない。奴隷制度から明らかに受けついだものなのである。昔は、主人の許可があれば、サムはメアリと〃一緒になれた。〃儀式など要らなかったし、黒人地帯の大農園での多忙な生活というものが、通常、そんな手数のかかることは省いてくれた。ところで、もしも主人が、サムにどこか別の農園か、または同じ農園の他の場所で働いてもらいたいとか、あるいは、この奴隷サムをば売ろうと考えることになったとすると、サムのメアリとの結婚生活は、ふつう、遠慮なく壊されることになったし、そんなときには、この別れわかれになる御両人に新たな連れあいを見つけてもらうことが主人にとっては明らかに利益となったのである。二世紀にわたって広くゆきわたったこのような習慣は、その後、こんにちまで三〇年のあいだに根絶されることはなかった。こんにち、やはり、サムの孫は女と〃一緒になる〃のになんの許可も、あるいは儀式も要らないのである。かれらは一緒になって、ひとなみに真面目に暮し、どの点からみても夫婦である。ときには、このような結びつきが、死ぬまで破れない場合もある。が、夫婦喧嘩とか、浮浪性とか、または恋敵の出現などのために、別居という事態にいたる場合が、ひじょうに多い。あるいは恐らく、いくら努力しても家族を維持できる望みがないから別れてしまうという場合のほうが、もっと多いだろう。そして、至りつくところは、家族の離散ということになる。黒人教会は、このような慣行を止めさせるために多くの努力をしてきた。そして現在では、たいていの婚礼の儀式は司祭によってとりおこなわれている。にもかかわらず、根をおろした悪というものは、なかなか抜きがたい。このような悪を最終的に治すためには、全般的に生活水準を高めるということ以外にないであろう。

ところで、郡の黒人人口を全体としてながめてみると、かれらを特徴づけるものは貧困と無知である、と言ってさしつかえなかろう。おそらく、一〇パーセントのものが裕福で、もっとも優れた農村労働者であり、他方、すくなくとも九パーセントは、徹頭徹尾、だらしがなく、身持ちがわるい。八〇パーセント以上を占める残りのものは、貧しく、蒙昧で、かなりに誠実で、善意をもっており、まめに働き、また、ひどいというほどではないが、すこしばかり性的にはだらしのないところがあり、まあいくぶん甲斐性のないひとたちである。このような分類線は、しかしながら、決して固定したものではない。それらはほとんど、綿の値段しだいで変るんだと言ってもいいだろう。無知文盲の程度なるものを言いあらわすのは容易でない。例えば、かれらのほとんど三分の二は、読み書きができないと言えるだろう。が、こう言ってみても、事実を部分的に言いあらわしたに過ぎないのである。かれらは、じぶんたちをとりまいている世界について無知であり、近代の経済組織だとか、政府の機能とか、個人の価値や可能性といったものについて、——奴隷制度が、自己防禦のために、黒人たちにはけっして学ばせまいとした事柄のほとんどあらゆるものについて、無知である。白人の少年ならば、とっくにその幼年時代の最初にじぶんの社会的環境から吸収して身につけてしまうものでも、黒人の少年にとっては、成人してからもずうっと解決する方法がみつからずに頭を悩ませる問題であることが多い。アメリカは、そのすべての息子たちにさしだされた「機会」の別名とはなっていない。

ある人間の集団について、その真の状態を把握し、理解しようとするにあたって、われわれは、得てして微細な事柄に気をとられやすいものだ。われわれは、しばしば、その集団における個々の単位が、脈搏を打つ人間の魂であることを忘れる。この魂は、無知文盲であったり、貧乏にひしがれていたり、または、皮膚が黒く、その行動や、習慣や、考えかたが奇妙ではあっても、なお、この魂は愛したり、憎んだりするし、骨の折れる仕事もすれば、疲れもする、笑ったり、苦い涙も流すし、さらには、漠とした畏怖をたたえておのれの人生の冷酷な地平の果てに憧れの視線を投げかけたりもする、――すべてこのようなことは、みなさんやわたしの場合とまさしく変りはない。これら何千という黒人たちは、じっさい、怠け者ではないのだ。かれらは先のことは考えず、無頓着なのである。苦役の単調さをなんとかして破るために、土曜日になると大都会の世界を見にゆく。なかには、怠けものや、ならずものもいる。だがしかし、大部分のものは報酬をもとめて、絶えず忠実に働いている。しかも、どんな近代の労働者階級も、もしもこれら黒人たちとおなじ状況のもとで働くとしたら、かれらほどの自発的な努力を発揮することなどないだろうような、いわば黒人ならではの状況下で働いているのである。かれらの八八パーセント以上――男、女、それに子供たち――が農夫である。じっさい、農業がただひとつの仕事なのである。たいていの子供たちは、「穫り入れが済んだ」あとになって、学校に出る。そして、春季の作業がはじまってからもなお、学校に留まるものはほとんどいない。ここでは幼年労働が、一番つらい仕事の分野においてさえも見出される。そしてそれが、無知を助長したり、肉体上の成長を阻んでいるのだ。この郡における大人について言えば、かれらの仕事の種類はほとんど決っている。一三〇〇人が農夫であり、二〇〇人が労働者、馭者その他である。これらのうちには、二四人の職人と、一〇人の商人、二一人の伝道者、四人の学校教師がふくまれている。このような生活範囲の狭さは、女性の場合、その極に達する。すなわち、六五人の家政婦と、八人の学校教師、それに六人の裁縫婦をのぞいては、女性たちのうち、一三五〇人が農場労働者であり、一〇〇人が召使かまたは洗濯女である。

以上に述べたひとたちのあいだには有閑階級といったものはない。われわれは、しばしば、合衆国では、半数以上の青壮年が収入を得ようとして働く世界にいるのではなくて、世の中のことについて学んだり、あるいは、激しかった人生の戦いのあとの休息をとったり、また家庭生活を営んだりしているということを忘れている。しかし、この土地では、九六パーセントが骨の折れる仕事にしたがっている。寒々とした、何の楽しみもない小屋を、家庭というものに変えるためのひまのある人間はひとりもいない。爐辺に坐って、昔ながらの物語をしている老人たちもいない。呑気で幸福な幼年時代とか、夢みるような青春の時期も、ほとんどない。日々の苦役の退屈な単調さを破るものといっては、ただ、ものを考えない連中の陽気なはしゃぎと、土曜日になって街へ出かけることだけだ。すべての、農場における仕事とおなじく、労役は単調である。そしてここには、苦しい骨折り仕事を軽減してくれる機械とか道具類はほとんどない。だが、すべてこうしたことにもかかわらず、労役は、澄みきった大気のなかでの仕事である。そしてこのことは、新鮮な空気の乏しい当節には、捨てたものではない。

土地は、長いあいだの酷使にもかかわらず、おおむね、いまなお肥沃である。もし求めるならば、九ケ月、あるいは、一〇ケ月のあいだ引き続き、作物は穫《と》れる。四月には、栽培野菜が、五月には穀物が、六月と七月にはメロンが、八月には乾草が、九月にはさつまいもが、それから後、クリスマスまでのあいだは、綿が。しかも、土地の三分の二には、たったひとつの作物しか穫れない。苦役人たちが借金を背負いこむのはこのためである。どうしてこうなのだろうか？

側面に大きなオーク樹の森が立ち並んでいる広大な平坦な畠のあるベイザン道路を降ってゆくと、ひとつの農園がある。あちらこちらに、そしてはるか大きな森のかなたに、この農園は、かつては何千エーカーにも拡がっていたものである。ここでは一万三〇〇〇人の人間が、ひとりの人間の声にしたがっていた、――かれらの肉体《からだ》はこの人間のものであったし、さらに、まずたいていは、その魂も同じであった。かれらのうちのひとりが、いまでもそこに住んでいる、――丈の低い、ずんぐりした男で、冴えない褐色をした、皺のあるその顔は、しょげており、固い縮れ毛は灰白色である。作物は？　まあ、やっと間に合う程度でさ、とかれは言った。やっと間に合う程度。何とかやっていってるのかい？　いや、とんでもない、かれは何とかやっていっているといったようなものではなかった。オールバニィのスミスが、かれの「地主」だ。そして、かれの支払う小作料は綿花八〇〇ポンドだ。これじゃ、とても儲けるどころの騒ぎではない。なぜ、土地を買わなかったのかって？　ふん！　金がなくちゃ土地は買えやしないじゃないか。かれはそっぽを向くのである。自由だとさ！　戦時におけるあらゆる酷《むご》い荒廃のうちで、もっとも哀れな事柄は、つまり主人たちの破産とか、打ち挫かれた母親たちや処女たちの希望とか、一帝国の崩壊とかのうちで――これらすべてのうちでもっとも哀れな事柄といえば、世間がかれを自由だよと呼んだために、もっていた鍬《くわ》を投げすてた黒人解放奴隷たちであった。自由にたいするこのような嘲弄の意味したものは何であったか？　一セントの金もなく、一寸の土地もなく、一口の食物もなく、――仰向けに横たわる襤褸《ぼろ》さえもたないで。自由だって！　戦前は、土曜日になると、月に一度か二度、昔の主人がかれの所有する黒人たちに、ベーコンやとうもろこし粉を施してくれたものだ。そして、自由の最初の閃光がしだいに薄れてゆき、解放奴隷にとって、真実、自分はどうにもならないということがわかりはじめた後では、かれは、一度は投げ棄てた鍬を拾いあげるために立ち戻ってきたのであり、そして、昔の主人はやはり、ベーコンとうもろこし粉を施してやったのである。奉仕に関しての法的な形態は、理論的には昔とはるかに異なったものとなった。じっさいには、割り当て仕事、あるいは、「穫り入れ仕事」が、集団によってなされる毎日の苦役にとって代ることとなった。そして奴隷は、しだいに名目上は分益農夫《メティエ》、すなわち、収穫を等分する小作人となった。だがしかし、その実は、賃金の不定な労働者となったのである。

依然として、綿花の値段は下落した。しだいに、地主たちはかれらの農園を手放していった。そして、商人の支配する時代がはじまった。黒人地帯における商人というのは、奇妙な存在である、——つまり銀行家であり、地主であり、請負師であり、また、独裁者であるのだ。その店は、たいていの場合、交叉道路に立っており、毎週一度、村の中心となったものだが、現在では、街に移った。そしてそこへ、黒人小作人は、かれを追ってゆくのである。商人は、あらゆるものを備えている、——衣類とか靴、コーヒーに砂糖、豚肉や牛肉、罐詰とか乾物、荷馬車に鋤、それに、種子だとか肥料を。——さらに、かれの手許に蓄えのないものは、向いの店に註文してくれるのである。そういうわけで、いまここに、ある不在地主の代理人と四〇エーカーの土地を賃借する契約を済ませた小作人のサムがやってきたとする。かれは、その商人がサンダーズ大佐と朝のお饒舌りをすませ、「やあ、サム、何が要り用だね?」と、家のなかから声をかけてくれるまで神経質に帽子をもてあそんでいるしだいである。サムはかれに、「資材の前渡し」をしてもらいたいのである、——つまり、作物が穫れて、売れるまで、その年一年分の食べ物と衣類、そしておそらくは、種子や道具を前貸ししてもらいたいと思っているのである。もしサムが、この男ならと思われれば、かれと商人とは、弁護士の許に出かける。そして、種子と一週間分の糧食を与えられ、その代りとして、かれの騾馬と荷馬車とを抵当に入れてしまうのである。畑に緑の綿の葉が見えるやいなや、「作物」はまた別な抵当に入れられる。毎週の土曜日に、あるいは、もうすこし間をおいて、サムは、当の商人を訪ねていって、「糧食」を受けとるのである。通常、五人家族で、月につき、およそ三〇ポンドの脂肪の多い豚のわき肉と、二ブッシェル（一ブッシェルは八ガロン、約三六リットルの穀物の量である。――訳者）のひきわりとうもろこしを受けとる。このほかに、衣類と靴とが提供されるにちがいない。もし、サムか、または、その家族のものが病気であるならば、薬屋と医者に注文がゆく。もし、騾馬に蹄鉄を打とうとおもえば、鍛冶屋に注文が出される、などといったぐあいである。もし、サムが熱心な働き手であり、また作物のできぐあいがよさそうだと、かれは、しばしば、もっと多くのもの――砂糖だとか、余分な衣類だとか、おそらくは、一頭立ての軽装馬車――を買おうという気持ちにさせられる。しかし、かれが貯えをしておこうといった気持ちにさせられることは、滅多にない。昨年の秋、綿の値が一〇セントに騰ったときには、ドーアティ郡の抜けめのない商人たちは、一シーズンのうちに、一〇〇〇台もの馬車を、それも大部分は黒人たちに、売ったのである。

　このような取引きを行うにあたって、提供される担保物件――作物だとか、動産抵当――は、最初は僅かなものであると見えるかもしれない。じっさいまた、商人たちは、甲斐性がなかったとか、まんまと一杯喰わされたとか、あるいは、夜のうちに綿が摘み取られたとか、騾馬が見えなくなったとか、小作人が雲隠れしたとかいった多くの実話を話す。だが、全体的に見るならば、黒人地帯の商人たちは、その地域にあっては、もっとも繁栄している人間なのである。いたって巧妙に、そして、しごく綿密に、商人は小作人の周りに法網を張っているので、しばしば、黒人は、ただもう、貧窮か犯罪のいずれかを選ぶ他はなくなるのである。かれは、契約するさいに、家屋敷は差押えから免除されるという自己の当然の権利を「故意に放棄する。」かれは、じぶんじしんの抵当に入っている作物に手を触れることはできない。法律は、その作物をほとんど地主と商人による完全な管理の下に置くのである。作物が伸びてゆくあいだ、商人は鷹のようにそれを見張っている。売物になるとみるやいなや、かれはそれを手に入れ、売却し、地主に小作人の地代を払ってやり、じぶんの売りつけた品物のつけの分を差し引く、そして、時々あることだが、もしそうやってもなお残りがあれば、それをクリスマスのお祝いとして黒人農奴にくれてやるのである。

　このシステムから生まれる直接の結果は、綿花単作農業制度であり、絶えまのない小作人の破産である。黒人地帯における通貨は、綿花である。綿花は、直ぐにでも金になる、いつでも売却しうる作物である。しかも、その年の物価に大きな変動が起こっても、まず普通なら影響を蒙むることはないし、黒人たちが栽培方法を知っている作物なのである。それゆえに、地主たちは地代を綿花で支払ってもらうことを要求するのであり、商人たちは、綿花以外の作物を抵当として受けつけようとはしないのである。だから、黒人小作人にむかって、綿花以外の作物をつくってみるよう求めても、無駄だ。——この制度の下ではそれは出来ない相談である。おまけに、この制度は、小作人を破産させるようになっている。わたしは、かつて、ミシシッピー河沿いの道路上で、一頭の騾馬の牽《ひ》く小さな荷馬車に出会ったのを憶えている。荷馬車には、ひとりの黒人の若者が坐っており、膝のうえに両肘をおいて、物憂げに車を駆っていた。かれの側には、黒い顔をしたかれの妻が坐っていた。ぼんやりと、黙ったまま。

「やあ！」と、わたしの馭者は叫んだ、——かれは、このあたりのひとたちに向かって呼びかける場合、いたって無遠慮なやりかたをする、もっとも、かれらはそれに慣れているように見えるが——、

「何を手に入れてきたかね？」

「肉とあら粉だよ。」立ち止まりながら、その男は答えた。肉は荷馬車の奥のほうに、覆いもされないで置かれていた、――塩のいっぱい振りかけられた、脂肪の多い豚肉の大きな薄いわき肉であった。あら粉は、白いブッシェル風袋に入っていた。

「肉にいくら払ったかね?」

「一ポンドで一〇セントだ。」現金六、七セントで買ってこれる代物であった。

「で、あら粉は?」

「二ドルだよ。」街で、現金値段一ドル一〇セントのものである。そんなわけで、この男は、現金三ドルで買うことができ、したがって、一ドルか、あるいは一ドル半をうかすことのできたであろうものに、五ドルも支払っているのである。

しかも、このことは完全にかれの落度だとはいえない。黒人農夫は、出発からして立ち遅れていた、――借金を背負って出発したのである。このことは、みずから選んだわけではなく、再建《リコンストラクション》期のさまざまな悲劇や、スペイン戦争の幕間*とか、フィリピンのマチネー*なんかを、ちょうどまるで神に見放されでもしたかのように、間違いをしでかしながらもたもたやってきているこの呑気な国民の罪なのである。ある人種全体にとって、ひとたび借金を背負いこむとなると、それから脱け出るというのは容易なことではない。

綿花価格の低かった一八九八年には、三〇〇の小作家族のうち、一七五家族は一年の仕事を終ったとき、一万四〇〇〇ドルにのぼる借金を背負っていた。五〇家族は、清算してみると何も残らなかったし、残りの七五家族は、総額一六〇〇〇ドルの利益をあげていた。この郡全体の黒人小作家族が背負った純負債額は、すくなくとも六万ドルであったにちがいない。これより順調な年だと、状態はずっとましである。だが、平均して、大多数の小作人は、年の終りになって、ちょうど借金がなくなるか、さもなければ、借金を背負いこんでいるのである。ということは、かれらが、食うためと着るために働いていることを意味する。このような経済組織は根本的に正しくない。誰の責任なのか？

このような状態をもたらすうえで底流となっている諸原因は、複雑なものではあるが、しかし識別しうるものである。奴隷たちをその出発にあたってもつものが何ひとつない状態に放置しておいたこの国民の無頓着さは別にして、主要な理由のひとつは、借金の奴隷とすることによってのみ黒人を仕事につけておくことができるという、黒人地帯の商人たちと雇用主たちのあいだに広くゆきわたっている意見である。自由労働制度が始まった当初にあっては、気乗りのしないものや怠けものを仕事につけておくためには、疑いもなく、何らかの圧力を加えることが必要だったのである。そして、今日といえども、大多数の黒人労働者たちには、大部分の北部の労働者たちより以上に厳しい管理が必要なのである。この、率直な、広くゆきわたった意見のかげには、無知な労働者たちにたいする不正とかごまかしが、隠れこむことのできる充分な機会がある。さらに、こうしたことすべてに付け加えなければならないことは、家系が奴隷であるといったことや、報いのない苦役の制度といったものは、黒人労働者大衆の作業能率を高めることもしなかったし、かれらの気質を改善することもなかったという明白な事実である。また、このことは、なにもサンボ（黒人をさす——訳者）だけに限られたことではない。それは歴史的にみて、ジョーン（英国人——訳者）やハンス（ドイツ人、オランダ人——訳者）ジャック（フランス人——訳者）パット、（アイルランド人——訳者）さらに、すべての押しつぶされた農民たちについても、まったく同様に云いうることなのである。こんにち、黒人地帯における黒人大衆の状態というのは、このようなものである。かれらは、このことについて考えつつある。このような思案から必然的に生まれる結果は、犯罪と、安っぽくて危険な社会主義である。いま、わたしは、あの、襤褸を身にまとった黒人が、丸太に腰をおろし、当てもなく杖を削っていた姿が浮んでくるのを思いだす。かれは、何年もの長い年月、呟いてきた不平を、わたしに向ってぶつぶつとつぎのように云った。「白人は年中、坐っておりますだ。黒んぼは、夜も昼も働いて穫りいれをやりますだ、黒んぼは、やっとのことでパンや肉を手に入れますだ。白人は、坐ったままで何でも手に入りますだ。コリア間違ッタコトデサ。」かれらの状態を改善するために、もっとましな層の黒人たちはどういうことをするのか？　ふたつのうち、ひとつは、もし何とかなるならば、かれらは土地を買う。何ともならなければ、街へ移住するのだ。農奴にとって、都会生活の自由へと逃避することが容易なことでなかった何世紀かの昔とまったくどうように、こんにちでもやはり、いろいろな障害が、郡の労働者たちの前には横たわっている。メキシコ湾に臨むすべての諸州のうち、かなりの部分において、とくにミシシッピー州、ルイジアナ州、アーカンソー州において奥地地域にある農園で働いている黒人たちは、いまなお実際上、賃金なしに強制労働に従事させられている。とりわけ、このことは、農夫たちが、黒人よりはいっそう無知な貧乏白人《プア・ホワイト》階級より成っており、黒人たちが学校教育を望むには遠すぎるところにいたり、また、前進しているじぶんたちの仲間のものと交渉をもつことのできない地域において、そうである。いま仮に、このような借金返しに奴隷として働くものが逃亡しようものなら、まずたいていは、白人だけの投票によって選ばれた保安官が、当の逃亡者を捕え、身柄を引渡してくれて、それ以上何もいちいち詮索はしないものと、安心して任せられているのである。もし、かれが他の郡に逃げるような場合、かれを連れもどすためには、取るに足りぬほどのことでも、――よくあることだが――窃盗を働いたとすればよいのである。たとえ、仮に、必要以上にお節介なひとがいて、裁判を主張するとしても、隣人間の連帯意識がおそらくかれの有罪を確実なものにするだろう。その場合には、郡に帰すべき労役は、容易に主人が買いとることができる。こういう制度は、よりいっそう文明化した南部の諸地方や、または大きな街や都市においては不可能である。だが、電報と新聞の届かないあの広大な土地においては、憲法修正第一三条*の精神は、悲しいかな、破られている。このことは、アメリカの黒人農民が、経済上どんな低劣ないわばどん底の状態にあるかを物語っている。そして、黒人自作農農民の発生と状態を研究するにあたって、われわれは、かれの経済上の進歩をたどっていくために、この現代の農奴状態をまず出発点にしなければならない。

南部のもっと秩序のある田舎の諸地域においてさえ、農業労働者たちが自由に移動することは、移住民取扱法*によって妨げられている。AP通信は最近、「大西洋海軍補給会社」を代表する南部ジョージア州在住の一白人青年が逮捕されたことを世間に報じた。この青年は、「ジョーン・グリア氏のテレピン油農場から、働き手を不法勧誘しようとした現場を押えられた」ものである。逮捕された青年の罪は、五〇〇ドルの罰金であるが、それは、当の雇用周旋人が、じぶんの住んでいる州いがいの場所で、仕事のための労働者を集めようと計画したそれぞれの郡につき、五〇〇ドルずつ課税されるのである。こういうふうにして、労働市場のことについてじぶんの住んでいる近隣をのぞいては何も知らない黒人たちの無知は、ほとんどあらゆる南部の州の諸法律によって、だんだん無くなっていくかというと、じつはむしろ増大されているのである。

このような対策に類似したものに、南部の辺鄙な地域や小さな町々で行われているつぎのような不文律がある。すなわち、その性格が当該共同体の大多数の人間にとって未知なものである場合、すべての黒人たちは白人の誰かによって保証人になってもらわなければならないという不文律である。まったくのところ、これは、新しく解放された自由人をその保護の下に置いた、古代ローマ人が持っていたパトロン（旧主人）の観念*の復活である。多くの場合、この制度は、黒人たちにとって大いに役立ってきたし、以前の主人の家族とか、あるいはその他の白人の友人たちの保護と指導のもとにあって、解放奴隷が富を増し、道義においても向上を示したこともしばしばである。だがしかし、このおなじ制度が別の場合には、黒人がその住居を変えたり、自分自身の財産のあるじとなる権利を認めることを社会全体が拒否する結果となって終ったのである。例えば、ジョージア州のベイカー郡においては、他所からやってきた黒人は公道のどんな場所であろうと、止まれと云われれば、立止まって、白人の訊問者にかれの気のすむまで自分の用向きを述べなければならないことになっている。もし、適当な返答ができないか、あるいは、自尊心の強い奴だとか、「生意気」だとか思われれば、逮捕されるか、さもなければただちに追い払われてしまうだろう。

　こうして、南部の田舎では、成文律によってか、あるいは不文律によって、借金奴隷制度とか、労働力の移住にたいする障害とか、また白人旧主人による保護制度とかが、広い地域にわたって存在するということになる。なお、このほかに、無法な抑圧とか、不法な強要行為の機会は、都市におけるよりも田舎において、はるかに多いのである。ほとんどすべての過去一〇年間の比較的重大な騒擾は、田舎における地主と小作人のあいだの争いから起こったものである――例えばサム・ホーズ事件*のような。このような状態の結果として、最初に、黒人地帯《ブラック・ベルト》が生まれた。そして、つぎには、都市への移住が起こったのである。黒人地帯というのは、多くのひとびとが仮定するような、より温和な気候的条件のもとでできる労働の分野へとめざした運動ではなかった。それは、もともと、自己防禦のための、ひとびとの集合、――経済的進歩に必要な平和と静穏を確保するために、相互の防衛を目的として、黒人たちが寄り集まったものである。この運動は、奴隷解放から一八八〇年にかけて起こった。そして、ただ部分的にしか、その所期の成果を果さなかった。一八八〇年いらいの都市への集中というのは、黒人地帯における経済上のさまざまな機会に失望したひとびとの対抗運動なのである。

ジョージア州のドーアティ郡において、ひとは、この防衛のための集中という実験の結果がどんなものであるかを容易に見ることができる。成年人口の全体のなかで、ほんの一〇パーセントがこの郡で生まれた。しかも、黒人の数は、白人のそれよりも多く、白人一人に四人または五人の割合いである。数そのものからいうと、疑いもなく、黒人たちのほうに安全性があるといえる、——すなわち、好き勝手な仕打ちをうけない身体の自由がある。そして、この自由が、低賃金と経済的困窮にもかかわらず、何百という労働者をドーアティ郡に縋りつかせているのである。だが、変化はおこりつつある。そして、徐々にではあるが、確実に、ここドーアティ郡においてさえ、農業労働者たちは、広大な土地を棄てて、街へと流れていっているのである。これは何故なのか？　何故、黒人が、土地所有者となり、一世代いやもっと長いあいだ博愛主義者や政治家の夢となっている、土地を所有した黒人農民階級というものを築きあげることができないのか？

視野の狭い社会学者にたいしては、あるいは、休日になって何時間かの余暇をこの何世紀にもわたる紛糾を解きほぐすための旅に費やすことによって、南部というものを理解し、知ろうと求めるひとにたいしては、——このようなひとびとにたいしては、非常にしばしば、黒人農民にとっての悩みなどというのは、何もかもオフィーリア叔母さんの云った「だらしない！」という一語に要約されてしまうだろう。かれらは、これまでに再三再四、わたしが過ぐる夏、見たような場面に気づいたはずだ。われわれは、長かった暑い一日の終りに、街のほうへと本街道ぞいに車を駆っていた。二人の黒人の若ものが、騾馬のひく荷馬車にのって、われわれの側を通りすぎていった。荷馬車には、何ブッシェルかの、よく縛ってない、穂のままのとうもろこしが積まれていた。ひとりは、両肘を膝に垂れて、物憂げに前かがみの姿勢で、馬車を馭していた、――呑気で、不注意な、無責任そのものの光景であった。いまひとりは、荷馬車の奥で、ぐっすりと眠っていた。通りすがりに、われわれは、穂つきのとうもろこしが一本、荷馬車から落ちるのを認めた。かれらは、それに気づくことはなかった、――ちっとも、かれらは。ひと鞭打った先には、また別なのがひとつ落ちていた。こうして、よたよたと、騾馬に乗って街にまで着くあいだには、二六本の穂のままのとうもろこしが落ちていた。だらしない？そのとおり、だらしなさの体現だ。けれども、後についていってみるがいい、かれらは怠けものではないのだ。翌日の朝は、太陽とともに起きるだろう。働くときは、熱心に働くのである。しかも、いそいそと働くのである。かれらには、どんな汚ない、利己的な、金儲けの方法もない。むしろ、どことなく現金なんていうものにたいするみごとな軽蔑がある。見ているまえでは、のらくらしているが、見ていないところでは、気立てよく真面目に働くのである。かれらは、西瓜を盗むだろうが、また、拾った財布に手をつけないで返すのである。労働者として、かれらがもっている最大の欠点は、かれらには仕事が肉体上の運動という単なる楽しみのためでしかなく、それ以上の刺戟となるものがないことである。かれらは呑気である。呑気でないほうが得だと、これまでにかれらが思ったことがないからである。かれらには、先の考えというものがない。なぜなら、かれらの知りあいで、先の考えのない人間だって、まずはけっこう、先のことを考えているものと同じくらいよく暮しているからである。とりわけ、かれらには、何故じぶんたちが白人の土地を今より立派なものにし、かれの騾馬を肥やしてやり、あるいはまた、かれのとうもろこしを貯えてやるために、並みはずれた苦痛をなめねばならないのか、分らないのである。他方、白人の土地所有者はこう主張する。責任感を高めたり、賃金を引き上げてやったり、もっと立派な家をあてがってやったり、あるいは、かれらじしんのものとして土地を与えてやったりしても、これらの労働者の状態を改善しようとする試みは、すべて失敗に終るにきまっている、と。かれは、北部からの訪問者に、傷だらけのような惨めな土地とか、荒れ果てた邸宅だとか、疲弊した土壌とか、抵当に入っている畑地とかを見せながらこう云うのだ、こいつが黒人の自由なんですよ!

さて、地主と小作人のいずれの側にも、まったく充分な言い分があるのであって、そうした言い分が、相互間の理解を困難なものにしているという事態が起こる。黒人は、じぶんたちの嘗めている苦難や不幸を、ぼんやりと、白人のなかに擬人化する。かれが貧乏であるのは、白人がかれの苦役の成果を奪うからであり、無知であるのは、白人がかれに学ぶための時間も施設もあたえないからである。じっさい、もしかれに何らかの不幸が起こるならば、それは、「白人たち」によるなにか隠された陰謀のせいなのである。一方、地主たちと、地主の息子たちは、どうして黒人たちが、パンと着物を得るために定住して日雇労働者となろうとはせず、出世しようという愚かな望みにかぶれているのか、またどうして、かれらの父親たちが幸福で、無口で、実直であったのにひきかえ、かれらはむっつりと、不満で、呑気であるのか、さっぱり知り得ることがなかったのである。「なあに、おまえたち黒んぼは、このわしより気楽にやってるじゃないか、」と、途方に暮れたオールバニィのある商人は黒人の顧客《とくい》に向かっていった。「そうでさ、」と、かれは答えた、「それに、ほら、あなたの豚たちもね。」

ではつぎに、われわれは、不満な、だらしのない小作人を出発点として、ドーアティの何千という黒人が、どのようにしてこのような状態から、かれらの理想に達するために闘ってきたか、さらに、その理想とは何であるかを調べてみようではないか。すべての社会闘争は、第一には、均一な全住民のあいだにおいて、経済的な諸階級が勃興することによって、第二には、社会的な諸階級が勃興することによって立証される。こんにちでは、つぎのような経済的諸階級がこれらの黒人たちのあいだではっきりと分れている。

少数の貧民を交えた「一〇分の一の落ちぶれた」小作人《クロッパーズ》。＊四〇パーセントの分益農民《メティイエ》＊と、三九パーセントの半分益農民《セミ・メティイエ》ならびに賃金労働者たち。残りの五パーセントは金貸し人であり、六パーセントは黒人自作農農民で、かれらはその土地のいわゆる「上層の一〇人」ということになる。小作人《ロッパーズ》たちには、まったく資本というもの——種蒔期から収穫期までのあいだ食っていくだけの食物とか金とかいう限定された意味においてさえ——がない。かれらの提供しうるものと云えば、労働がすべてである。土地所有者は、土地、家畜、道具類、種子ならびに家屋を提供する。そして、その年の終りに、労働者たちは、作物の三分の一から半分を受けとる。しかしながら、この分けまえの中から、その年のあいだかれが前借りした食物と衣服にたいする代金と利息が差し引かれる。このようにして、資本をもたない、賃金の貰えない労働者と、主として被雇用者たちの賃金を資本にしている雇用主とがいることになる。このことは、雇う側にとっても雇われる側にとっても、満足できない取り決めであり、ふつうは、こういうことは貧窮した所有主たちのいる貧しい土地によく見うけられる。

つぎに、小作人《クロッパーズ》たちより優るものとして、黒人人口の大多数はじぶんじしんの責任で土地を耕しており、地代を綿花で支払い、その生活は、作物抵当制度によって、維持されている。戦争後、この制度は、その以前より大きな自由と、余剰を生み出すことができる可能性のために、解放奴隷にとっては魅惑的なものであった。だが、穀物先取権制度の遂行、土地の素質低下、および、借金による隷属状態とともに、分益農民《メテイエ》の地位は、事実上、報酬を受けない苦役というまったく高低のない水準にまで落ちぶれてしまったのである。以前には、小作人《テナント》*はすべて若干の資本《もとで》を有しており、しばしば、かなりの額にのぼることもあった。だが、不在地主制度、昂騰する法外な地代、下落する綿花は、かれらからほとんどすべてのものを奪ってしまった。おそらく、こんにち、かれらの半数以上のものは、じぶんたちの騾馬を持っていないのである。クロッパーからテナントへのこの変化は、地代を決めることによって完成された。さて、この場合、もし決定された地代が合理的なものであったとすれば、これは小作人《テナント》たちにとって努力しようという励ましになったものである。他方、もし地代が高すぎたり、あるいは土地の質が悪かったりすれば、結果は、黒人農民のさまざまな努力を挫き、阻むことになった。真実は、後者の場合であることに疑いはない。ドーアティ郡においては、市場における綿花価格と、小作人《テナント》の努力から生まれるあらゆる利益が、地主たちと商人たちに利用されてきたし、また地代と利息とに呑まれてきたということは明らかである。綿花価格が騰った場合には、地代はさらに高く引きあげられたのである。もし、下落したとなると、地代は据え置かれるか、さもなければ、やむなくその下落に追随したのである。もし小作人が熱心に働いて、多くの収穫をあげれば、翌年にはかれの地代は引きあげられたのである。仮に、その年の作物のできが悪ければ、かれの作物は没収され、さらに、かれの騾馬は借金の代りとして売られたのである。もちろん、これには例外がなかったわけではない、——個人的な親切とか、猶予とかいう場合である。が、しかし、大多数の場合、黒人農場労働者大衆からぎりぎり最後の一文まで搾りとるというのが、規定《きまり》だったのである。

　分益農民の支払う地代は、平均二〇パーセントから三〇パーセントにのぼる穀物であった。このような法外な地代のもたらす結果は、悪いものでしかない、——土地の濫用と放置、労働者たちの性格上の堕落、それに、ひろく普及した不正の観念である。「土地が貧しいところではどこでも」アーサー・ヤング*は叫んだ、「それは分益農民たちの手中にある。」そして、「かれらの状態は、日雇労働者たちよりも、なおいっそう悲惨である。」かれは、一世紀まえのイタリーについて語っていたのである。が、こんにちのドーアティ郡について語っていたといってもふしぎでない。そして、かれが大革命まえのフランスについて云えると言明したところのもの、つまり「分益農民たちの状態は、召使たちと較べて、ほとんど変るところのないものと見做されている。かれらは、随時にお払い箱にされるのであり、また、あらゆる事柄において地主たちの意思通りにやることを余儀なくされている、」という言明は、とくに、こんにち真実である。このような低い水準で、ドーアティ郡の黒人人口の半分が——おそらく、この国の何百万という黒人の半数以上が、——こんにち苦闘しているのである。

これらのひとびとよりすこしは優るものとして、その仕事にたいし賃金を受けとる労働者たちがいる。かれらのうち、あるものは、おそらくは庭園のつもりというようなちっぽけな場所つきの家を受けとる。つぎに、前貸しで、食物と衣服が支給される。そして一年の終りに、決められた額の賃金を受けとるが、それは三〇ドルから六〇ドルのあいだであり、そのなかから、被支給物にたいする代金を、利息づきで支払わなければならない。全住民のおよそ一八パーセントがこの半分益農民の階級に属するが、二二パーセントは、月ぎめかまたは年ぎめで支払われる労働者たちであり、かれらは、じぶんじしんの貯蓄によって地主から「現物支給を受ける」か、でなければ、このほうがもっと普通な場合であるが、かれの支払能力に賭ける商人によって「現物支給される」のである。このような労働者たちは、労働期間《シーズン》中、一日につき三五セントから五〇セントのあいだの金を受けとる。かれらは、たいてい若い独身者たちであり、なかには女たちもいる。そして、結婚すると、かれらは分益農民の階級に落ちるか、でなければずっと稀れではあるが、小作人《レンターズ》たちになる。

一定の金額で小作料を支払う小作人たちは、勃興する諸階級の最初のものであり、全黒人世帯の五パーセントを占める。この小さな階級のただひとつの利点は、じぶんたちの作物を自由に選べるということと、金銭をとりあつかうことによってもたらされる責任の増加ということである。小作人たちのあるものは、その条件において、分益農民とほとんど変るところがないとはいえ、なおかつ全般的には、かれらは、より物わかりのよい、責任感のあるひとびとであり、結局は土地所有者となるひとびとである。かれらは、性格においても、鋭敏さにおいても、他より優れているから、賃借にあたっていっそう有利な条件を獲得すること、いやおそらくは、要求をすることができるのである。借りる農地の面積は、四〇エーカーから一〇〇エーカーの間であり、その小作料は年につき、平均およそ五四ドルである。このような農場を経営するひとびとは、ながく小作人にとどまっていることはない。かれらは、分益農民に落ちるか、あるいは何度か豊作がつづけば、それでもって土地所有者に出世するのである。

一八七〇年、ドーアティの税金原簿は、黒人のうち土地所有者であるものは、ひとりもいない、と報じている。もし当時にあって、このような黒人の土地所有者がいたとしても、――何人かいたのかもしれないが――かれらの土地は、おそらくは誰か白人のパトロンの名義で所有されていたのであろう。――そういう方法は、奴隷制度時代には珍らしいものではなかったものである。一八七五年には、土地の所有権は、最初七五〇エーカーから始まっていた。一〇年後には、六五〇〇エーカーに増大しており、一八九〇年には九〇〇〇エーカーに、さらに一九〇〇年には、一万エーカーに増大していた。おなじ期間中に、財産の総査定額は、一八七五年における八万ドルから、一九〇〇年には二四万ドルにのぼった。

ふたつの事情が、この発展を複雑なものにしており、じっさいにこの発展がどんな傾向にあるのかを把握するのはいくつかの点で困難になっている。ひとつは、一八九三年の恐慌*であり、いまひとつは、一八九八年における綿花の安値である。このほかに、ジョージア州の田舎における財産評価の制度は、いくぶん古くさいものであって、その統計上の価値が不確かだということがある。査定人というものはいないし、各人は、収税人にたいし、支払誓約のついた申告書を出すのである。このようにして、みんなの意見が大きな役割りを果し、申告書はというと、妙なことに、年によってかわるのである。たしかに、これらの数字は、黒人のあいだに蓄積された資本の額が小さいものであり、したがって、かれらの財産は一時的な繁栄というものに大きく依存するものであることを示している。かれらは、経済の不況が二、三年も続こうものなら、それを乗りこえる術はほとんどないし、白人たちよりも、はるかに大きな程度に綿花市場の動きに左右されているのである。こういうわけで、土地所有者たちは、その驚くべき努力にもかかわらず、じっさいには浮動する階級である。たえず小作人かまたは分益農民にふたたび転落するものたちによって枯らされていき、また、大衆からの新しい成り上りものたちによって増《ふや》されているのである。一八九八年における一〇〇人の土地所有者たちのうち、半数のものは、一八九三年以降に、その土地を買っており、四分の一は、一八九〇年から一八九三年のあいだに買っており、五分の一は、一八八四年から一八九〇年のあいだであり、そして残りは、一八七〇年から一八八四年のあいだである。全部で、一八五人の黒人たちが、一八七五年以降に、この郡において土地を所有するようになったのである。

もし、この郡において、かつて土地を所有したことのあるすべての黒人土地所有者たちが、それを所有しつづけていたか、または、手放すにしてもそれを黒人の手に残していたとすれば、黒人たちは、現在かれらが所有している一万五〇〇〇エーカーよりおおい三万エーカーに近い土地を所有していたことであろう。しかも、これらの一万五〇〇〇エーカーの土地というのは、賞讃してひとに見せてもいいもの――黒人人民の価値と能力にとっての決して重要でなくはない証明である。もしかれらが、奴隷解放にさいして経済上の出発を与えられていたとすれば、もしかれらが、ほんとうに黒人たちの幸福を望んでいる蒙昧でない裕福な社会のなかにいたとすれば、もしそうであれば、われわれは、おそらく、このような成果を小さいものであるとか、あるいはまた、とるにたりないものであるとさえ、呼んでしまってよいだろう。だがしかし、貧困と暴落しつづける市場と社会的抑圧に直面している、数千の貧しい無知な農業労働者たちにとって、一世代のうちに二〇万ドルを貯蓄し、資本化するということは、とほうもない努力を意味するものであったのである。ある国民の勃興、ある社会階級の前進は、痛烈な闘争を意味する。もっと恵まれた階級に属するもののほとんど知ることもないし、また評価することもないような、世界との激しい、魂のむかむかするような戦闘である。

黒人地帯のこの部分における苦しい経済的状態のなかから、全住民のうちのほんの六パーセントのものが、土地を所有した農民階級に浮かび上ることに成功したのである。そして、これらのひとびとといえども、その地盤が全く確固としているとはいえないのであって、かれらの数は、綿花市場の変動とともに増減する。まったくのところ、九四パーセントのものたちは、土地をもとめて闘ってきたが失敗したのであり、かれらの半数は、希望のない農奴状態に埋もれているのである。これらのひとびとにとっては、いまひとつの逃げ道があり、その逃げ道へとむかって、かれらは、ますます大きな数をなして押しよせていったのである。すなわち、町への移住である。黒人土地所有者たちのあいだにおける土地の配分状態を一瞥すれば、この事実は明らかである。一八九八年における保有地はつぎのようになっていた。四〇エーカー以下が四九家族、四〇から二五〇エーカーが一七家族、二五〇から一〇〇〇エーカーが一三家族、一〇〇〇エーカーもしくはそれ以上が二家族である。さて、一八九〇年には、保有地の数は四四であったが、これらのうち、ほんの九つのものが、四〇エーカーに満たないものであった。つぎに、町のちかくに小規模の自作農場を買うことによって、土地保有はいちじるしく増大することとなった。そして、町では、土地所有者たちがじっさい町の生活に加わっており、このことが、都市への集中の一部となっているのである。このようにして、田舎の生活の狭くるしくて困難な状態から、町へと急いで去っていった土地所有者のひとりひとりに対して、何人の農業労働者たちが、何人の小作人たちが、何人の借金で破産したひとびとが、その長い行列に加わっていったことか？　これは奇妙な償いのしかたではないか？　田舎の罪が町になすりつけられているのである。そして、こんにち、都市生活のいろんな社会的な傷は、ここ、ドーアティ郡で、いやまた、近くであれ遠くであれ、おそらくあちらこちら多くの場所において、都市の壁の外にその最終的な治療を探しもとめているのである。

第九章　主人と召使の息子たち

生命《いのち》は生命《いのち》を、心は心を、踏んでゆく。
わたしたちは、教会で、また市場で、びっしり隙間のないほど押しあっている
夢から、あるいはまた墓穴から、遠のいていようとして。

――ブラウニング夫人*

さまざまな人種どうしの接触という、世界中に古くから行われてきた現象が、この新しい世紀には、新たな例を加えることになるはずである。じっさい、われわれの時代の特徴は何かといえば、ヨーロッパ文明が、世界の未発達な諸国民と接触をするということである。過去におけるこのような接触のいろいろな結果について、たとえどのようなことを言ってみるにしたところで、それは、確かに、ふり返ってみて楽しいものでない、人間の行為の一章をかたちづくるものである。戦争、殺人、奴隷制度、みな殺し、それに、放蕩、――これが、海にとり囲まれた小さな島々と、法律のない異端者たちのところへ、文明と聖なる福音なるものを運んでいっての再三再四の結果であった。さらに、すべてこういうことは、正しく適切であったし、またそれは、強者の弱者にたいする、正義の不正にたいする、優者の劣者にたいする、あらかじめ運命づけられた勝利であったのだ、といとも満足そうに語られてみても、現代の世界の良心をなんら満足させるというわけのものでもない。仮にこういうことをみんな、容易に信じることができるとするならば、それは確かに慰みになるといえるだろう。にもか

かわらず、すべてのことをこんなふうにやすやすと説明しさることのできない、余りにも多くの醜い事実が、たくさん存在している。われわれは、人種の心理にはおおくの微妙な差異があるということ、われわれの粗雑な社会的尺度では、まだ微細なところまで辿ることのできない数えきれない変化があるということを、感じてもいるし、また知ってもいる。そして、そういう差異や変化こそが、歴史的なまた社会的な発展について多くのことを説明するのである。同時にまた、こういう考察をいろいろ加えてみても、野蛮力や狡猾さというものが虚弱さと無垢にたいして勝利をおさめたということを、いまだに適切に説明をすることもなければ、また弁明をすることにもならなかったのを、われわれは知っている。

こういうわけで、さまざまな人種の将来の競争においては、適者生存ということが、真と善と美の勝利を意味するものとなるように、さらにまた将来の文明のために、ほんとうに立派なもの高貴なもの強いものをすべて保存し、貪欲や厚顔さや残忍さというものにひきつづき不当な価値を与えることのないようにすることは、二〇世紀のあらゆる名誉を重んじるひとびとの闘いなのである。このような希望を実りのあるものにするために、われわれは、人種間の接触という現象についての良心的な研究に、毎日しだいに向っていかざるをえないのである、——腹臓のない、公平な研究、さらにまた、われわれの欲求とか、あるいは恐れなどのために偽りのものとなったり、潤色されることのない研究に、である。そして、われわれは、世界中でもっともすばらしいこのような研究のための分野を、南部にもっている、——そこは、普通のアメリカの科学者たちが研究することをいささか潔よしと思わないところであり、科学者でない普通のひとびとなら何もかも承知している分野であることは確かだが、しかしそれにもかかわらず、神がこの国民にたいする罰として考えているようにおもえるあのとほうもない人種的複雑さのために、ますます、われわれが真剣に注目をし、研究をし、考察をしなければならない研究分野である。つまり、この研究分野において、われわれは、《南部における白人と黒人のじっさいの関係はどうなのか？》を問わなければならないし、それにたいする答えは、弁明とか、またあら捜しでなくて、平明な、粉飾のない物語でなければならないのである。

　こんにちの文明生活においては、ひとびとの接触と、ひとびとと相互の関係は、いくつかの主要な行為と伝達《コミュニケーション》の分野に分かれる。まず第一に、家庭と居住地が物理的に近接していること、近所同志の寄り集りかた、隣り同志のつながりである。第二に、そしてこれはわれわれの時代においては主要なものになっているが、経済的な関係がある、――個人個人が、生活の資《もと》を稼ぎ、おたがいの欲望を満足させ、富を生産するために、協力しあうところの方法のことである。つぎには、政治的な関係がある、――社会的な統制や、集団の統治や、租税の重荷を賦課したり支払ったりするさいの協力のことである。第四番目には、これらほど明確なものではないが、しかし、さまざまな非常に重要な知的接触と交渉がある、対話とか集会を通じて、また定期刊行物や図書を通じての思想の交換がある。なかんずく、おのおの社会に、われわれが世論と呼んでいるところの、あの不思議な《第三のもの》《テルティヤム・クイド》がしだいに形成されるということがある。これと密接に結びついているものに、日常生活や旅行や劇場や家族の集いや、結婚したり結婚させられたりするさいの種々さまざまな形態の社会的な接触がある。最後に、種々さまざまな形態の宗教上の催しや、道徳のお説教、それに、慈善的行為がある。これらは、おなじ社会に住んでいるひとびとが、おたがいに接触をもつようになる主だったありかたである。だからして、わたしの観点から、どのようにして南部にいる黒人人種が、日常生活のこういういろいろな事柄において、白人たちと出会い、交渉するにいたるかを示すことが、当面のわたしの仕事なのである。

第一に、居住地域について。たいてい南部の社会でなら、ほとんどどこでも地図のうえに、白人たちの住んでいる側と黒人たちの住んでいる側とに分けて、物理的な皮膚の色による差別線《カラー・ライン》を曳くことが可能である。地理上の人種差別線は、それぞれの社会にしたがって、さまざまな程度に曲がっていたり、紛糾しているのは、もちろんである。わたしは、大通りのまんなかに直線をひいて、白人たちの一〇分の九が黒人たちの一〇分の九から分れてしまっている町をいくつか知っている。別な町々では、白人の古い居留地が、黒人たちによって幅の広い帯のように取り囲まれている。さらに別な場合には、黒人たちの小さな居留地、あるいは、中核が、周囲をとりまく白人たちのあいだに発生している。通常、都市にあっては、街路は、白人か黒人かいずれかに明確になっており、相互の皮膚の色のひとびとが、真近かに出会うということは、ほんの時たまにしかない。田舎においてさえ、ある程度、こういった種類の分離というのは、黒人地帯《ブラック・ベルト》のわりあい小さな地域においては誰の目にも明らかになっており、黒人地帯《ブラック・ベルト》のかなり広範囲な現象においても、もちろん変りはないのである。

すべてこれらの皮膚の色による分離というのは、社会的な階層ごとにおのずから寄り集るという、あのすべての社会にとっての共有現象とは、まずだいたい、無関係である。白人の居住区域と危険なほど近接した場所に黒人の貧民窟が存在する場合があるだろうが、一方、白人の貧民窟が、見苦しくない黒人地域の中心部に位置しているのを見いだすことは、全く普通なこととなっている。しかしながら、つぎの一事は滅多にないことである。すなわち、白人たちの最高のものたちと黒人たちの最高のものたちが、おたがいに近接した場所に住んでいるということは、まずないことなのである。このようにして、南部のほとんどあらゆる町や都市において、白人たちも黒人たちも、普通はその最下層のものたちどうしが出会うということになる。このことは、過去の状況からふりかえって見ると、ひじょうに大きな変化である。かつては、家父長制の大きな家にあって、主人と召使の密接な接触をとおし、両人種の最良の面が密接に接触し共感を保っているのが見られた。他方、どうじに、作男たちに見られる悲惨さと退屈な日々の苦役は、このような家族の見聞の埒外にあったのである。奴隷制度をこのように父の居間から眺めたところの、そして、いまは自由を大都会の街路で見ているところの人間が、いかにあらたに出現した様相の全体を把握したり、また理解したりすることができないか、そのわけを知るのはけっして難しいことではない。他方、南部の白人たちが黒人のために気をつかうことなどありっこない、という黒人大衆の根深い信念は、ここ何年間にわたって黒人たちの比較的上層の階級が、白人種の最悪の代表たちとこのようにして、絶えまなく毎日接触したので、いっそう強められてきた。

さて、人種間の経済的関係について言えば、この問題は、研究によって、多くの討論によって、また、すくなからぬ博愛事業によって、われわれに馴染みぶかいものとなっている。しかしそれにもかかわらず、仕事と富とを目的とした黒人たちと白人たちとの協力ということのなかには、あまりにも容易く看過ごされるか、あるいはまた完全に理解されるということがない多くの本質的な要素がある。普通一般のアメリカ人は、黒人労働者がいっぱいいて、開墾を待っている肥沃な土地を考えるというのは、容易にできることがらである。かれにとっては、南部の問題といえば、単にこれらの黒人労働者たちに必要な技術的熟練をあたえ、投下資本の力を借りて、かれらを能率的な労働者につくりあげることなのである。しかしながら、この問題は、これらの労働者たちが何世紀ものあいだ奴隷として鍛練されてきたという明白な事実から見れば、決してそのように簡単なものとはいえない。当然の結果として、かれらは、そのような鍛練のもつあらゆる長所と短所を示すのである。かれらは、自発的で、気立てがよいが、しかし、みずからを恃《たの》むということがなく、慎重であるとか、あるいは、用心ぶかいということがない。仮にいま、南部の経済上の発展が進み、多分そうなるだろうと思われるのだが、ぎりぎりのところまで開発が押し進められるとすれば、そのときには、労働者たちの大群が世界の労働者との仮借のない競争に投げこまれるが、そのさいには現代の自力に依存して民主主義的な労働者たちが受けている訓練とはまさに対蹠的な訓練をうけていることによって、当初から不利な立場に立たされている多数の労働者が生まれることになる。黒人労働者たちにとって必要なものは、かれらに先見の明と用意周到さと真面目さを身につけるよう訓練するための注意ぶかい個人的な指導であり、温かい心情をもった人間たちによる集団的指導なのである。また、二五〇年にわたって屈従と無関心と盗みとをたゆみなく教えこまれたことによって、黒人人種の頭脳が叩きのめされたあとでは、このような集団的指導の必要性を証明するためには、どんな精緻な人種間の相違についての理論も必要ではない。奴隷解放の後で、黒人労働者に対するこの集団的指導と訓練を引き受けることは、だれかしらの明らかな義務だったのである。わたしは、この点に関して、それが誰の義務であったのか、――つまり、苦役にたいして金を払わないで利を占めた白人の旧主人の義務であったにしろ、あるいはまた、その執拗さが危機を招いたところの北部博愛主義者の義務であったにしろ、さらにまた、布告を発して奴隷を解放した合衆国政府の義務であったにしろ、――ことさら、それを問い質そうとは思わない。わたしは、それが誰の義務であったのかと、今さらここで問おうというのではなくて、ただわたしは、つぎのことを主張するのだ。すなわち、これらの労働者たちが、資本もなく、土地もなく、技能もなく、経済的組織もなく、法律、秩序、体面をたもつだけの条件という保護さえもすこしもうけることなく、ひとりぼっちで、指導されることもないままに放置されるという事態の起こらぬように、――つまり、定着して、ゆっくりと、慎重に、じぶんみずからの発展の道をたどってゆくというのではなくて、ほとんど即座に、その成員のだれもが独りきりで闘っている、それもひじょうに多くの場合、隣人の権利とか福祉とかいうものをまったく無視して闘っている経済制度のもとで、現代の労働者の最良の階層との無慈悲な、鋭い競争へと投げ込まれて、広大な土地に取り残されるなどということのないようにするのが、誰かの義務であったということである。

というのは、古い制度《レジーム》を承《う》けついだ今日の南部の経済制度というのは、労働組合や、もろもろの制限法や、成文また不成文を問わぬさまざまな商業上の慣行や、長期間にわたる経験などを有する昔の産業的北部やイギリスやフランスの経済制度とは、同じものでないということを、われわれは決して忘れてはならないからである。むしろ、この制度というのは、工場法のできる前のあの一九世紀初期のイギリス、――思想家たちに憐れみの声をあげさせ、カーライルに激怒の炎を燃えたたせたところのイギリスの引き写しなのである。一八六五年に、あるていど力づくで、また、部分的にはじぶんたちじしんの短気のために、南部の紳士連中の手を離れた帝国の鞭は、それ以来、かれらの手に還ることは決してなかった。むしろ、その鞭は、新しい南部の産業上の開発を受けもつようになったひとびと、すなわち、――富と権力にたいするあらたな渇望にもえた貧しい白人の息子たち、倹約的で貪欲な北部人たち、さらに、無遠慮な移住民たちの手に移ったのである。これらのひとびとの掌中に、悲しいかな、南部の労働者たちは、白人、黒人を問わず、陥ったのである。あらたに出現したこれらの企業家たちには、このような破目に陥った労働者たちにたいする、愛情とか憎しみ、同情とかロマンスといったものは、ないのである。あるのはただ、ドルと配当という冷酷な問題だけである。このような制度のもとにあっては、労働はすべて苦難をまぬがれない。白人労働者たちでさえも、未だ、組織された資本の強力な侵入に抗してみずからを支えるに足るほどは、知的でも、倹約的でもなく、また充分に訓練されてもいないのである。結果として、かれらのあいだにもたらされるものは、まさに、長時間の苦役、低賃金、幼年労働、それに、高利と詐欺にたいする保護の欠如ということである。だがしかし、黒人労働者たちのあいだにあっては、こういうことはすべて、いっそうひどいものになっている、それは何といっても、最も上層に属する白人たちのあいだに見られる疑惑と不信から、最も下層に属する白人たちのあいだに見られる気狂いじみた憎しみにいたるまでの、さまざまな程度の人種的偏見によって、そうなのである。さらにまた、すでにわたしが述べたように、奴隷制度から解放奴隷のうけ継いだ悲惨な経済的遺産によって、事態はいっそうひどくなっているのである。こういった訓練をもってしては、解放奴隷が、すでに自分のまえに拓《ひら》かれている機会を摑みとるべくまなぶというのは困難なことであり、しかも、かれにあらたな機会のあたえられることは滅多になく、それらの機会は、依怙贔屓をしてさっさと人の方へ移ってしまうのである。

ほとんど保護されるとか、目をかけてもらうといったことがなく、南部の最も上層のひとびとによって放置されたままのこの解放奴隷は、こんにちまで、法律においても、慣習においても、各社会におけるもっとも悪質でもっとも破廉恥な人間たちの犠牲にされてきた。南部の畑の人口を減少させているところの「作物先取制度」は、単に黒人たちの不甲斐なさから生じた結果であるばかりでなく、それはまた、狡猾にも考えだされた抵当とか先取権とか軽犯罪に関するさまざまな法律の生んだ結果ででもある。それらの法律は、不用心なものたちを陥れ、罠に掛けるために、良心をもたない人間たちによって造りだされることができるものであって、あげくはそのために逃亡ということが不可能となり、一定以上の苦役というものは馬鹿々々しいものとなり、さらに、抗議は犯罪となっているのである。ジョージア州の黒人地帯において、かつてわたしは、無知で正直な黒人が、農場を買い、三回の分割払いでその代金を支払っているのを見たことがある。つぎに、どうなったかというと、農場を黒人に売った企業心に富むそのアメリカ人は、法律を憚からず、無礼にも、金と証文は懐にしまいこんで、当の黒人に土地をあたえないでおき、果ては、一日につき三〇セントで自分自身の土地で働かせることにしたのである。わたしはかつて、ある黒人農夫が白人の店主に借金を負う破目になるのを見たことがある。するとその店主はといえば、その黒人の農場に出かけて、金になるものならなにひとつ残らず――騾馬、鋤、作物の蓄え、道具類、家具類、寝具、時計、鏡――その農場から奪っていったのである。――こうしたことはすべて、令状もなく、法律上の手続きも履まないで、保安官とか、あるいは役人もなしに、自作農場法を無視して、しかも、責任ある人間の誰ひとりにたいして何らの説明をするということもなしになされるのである。このような処置は、無知な苦役人階級が習慣や人種的偏見によって、共感とか人種間の同胞関係とかの埒外に置かれているどんな社会においても起こりうるのであり、こんごも起こることであろう。ある社会におけるもっとも上層の階級が、じぶんたちの集団のうちのより弱い成員たちを保護し、訓練し、かれらにたいして注意を払うべきであるということを義務として感じないかぎり、その上層の階級はかれらを、これらの詐欺漢や悪党どもの餌食にされるがままに委ねることになる。

この不幸な経済的状態は、黒人南部におけるあらゆる向上にとっての障害になっているということを意味するのでもないし、またいろいろの不利な立場にあるにもかかわらず、財産を蓄積し、善良な市民になりつつあるところの黒人地主階級や、職人階級が無いということを意味するものでもない。

まさにその意味するものは、この階級が、その大きさにおいてより公平な経済制度のもとでなら容易く成長したであろう大きさに遠くおよばないということ、また競争において生きのこるひとびとが、当然、かれらの成し遂げるべきであるものに比べて、はるかに少い程度の達成しか遂げられないように当初から不利な立場に立たされていること、そしてなかんずく、成功した階級のひとびとが、運とか偶然にゆだねられており、どのような知的な選択、または、合理的な選択方法にもゆだねられていないということである。このことを矯正する手段として、ただひとつしか可能な手順はない。われわれは、南部における人種的偏見のいくぶんかを事実として受け入れなければならない、——嘆かわしいほど強いものであり、結果的には不幸なものであり、かつ、将来のためには危険なものであるが、にもかかわらず、時間のみの解決しうる厳然たる事実としてである。われわれはつぎに、今の世代のうちに、あるいは今後数世代のあいだに、白人大衆が、黒人にたいして親密に共感をよせ自己犠牲的に指導をするということを、黒人の現在の状態から見てそれは明らかに必要なものだが、そういう態度を取りうるようになると望むことはできないのである。このような指導、このような社会的訓育ならびに模範というものは、黒人たちじしんのなかから生まれなければならない。一時、ひとは黒人がそのような指導者たちを造りあげうるかどうかを疑った。だが、こんにちでは、近代文明の教養と常識とを同化し、それを自分たちの仲間に、少くともある程度まで伝えることのできる個々の黒人たちの能力を、真剣になって反駁するものはいない。もしこのことが真実であれば、それならばこの点にこそ、今の経済的状態から脱けだす途が存するのであり、したがってまたこの点に、人格と知性を兼ね備えた鍛練された黒人指導者たち——技倆をもつひとたち、世を導くべき識者たち、大学教育をうけたひとたち、黒人の企業家たち、文化の伝導者たち、すなわち、近代文明を十全に理解し、知っており、黒人社会を把握することができ、それらの社会を教訓と模範、深い共感、および共通の血縁と理想という感化の力によって育てあげ訓練することのできるひとたち――を求める緊急な要求が存するのである。しかし、このようなひとたちが影響力をもつようになるためには、なんらかの力を持たねばならない。――かれらは、これらの社会の最上の世論によって支持されねばならないし、さらに、それらの社会の目的や狙いとするもののために、世界の経験が人類の進歩にとって不可欠のものであると教えてきたような武器を揮うことができるのでなければならない。

このような武器のうちで、恐らく現代世界において最大のものであるのは、投票の力である。このことは、南部における白人と黒人間の接触についての第三の形態――政治活動――の一考察へとわたしを導くのである。

黒人選挙権にたいするアメリカ人の態度のうちに、われわれは政治について広く行きわたっている諸概念を著しく正確に辿ることができる。五〇年代には、われわれは普通選挙をかなり充分に信じきるほどフランス革命の反響の近くにいた。われわれは、当時どちらかといえばむしろ論理的に考えたからして、つぎのことを主張した。つまり、いかなる社会階級も、その隣人たちの政治的運命を全的に委託してもいいほど、善良でもなければ、真実でもなく、また無私なものでもないこと。また、どの国家においても、じぶんじしんの福祉の最良の裁決者というのは、じかにその影響を蒙るひとたちであるということ。したがって、最大多数者にとっての最大の善というものが達成されうるのは、ひとえに、各人の手を票で――国家の政治にたいし発言する権利で――武装することによってである、ということ。確かに、これらの主張にたいしてはさまざまな反論がなされた。が、われわれは、それらの反論にたいしては、簡潔に、信服させずにはおかないふうに、解答をあたえてしまったと考えた。

つまり、投票者たちの無知をこぼすひとがあれば、そういうひとにたいしては、われわれは答えた、「かれらを教育せよ」と。金銭づくで動くじゃないか、という不平にたいしては、われわれは、「選挙権を奪うか、でなければ、投獄しなさい」と、答えた。そして最後に、扇動屋たちや、ある人間たちの生来の依怙地を恐れるひとびとにたいしては、われわれは主張したのである、「時間と苦い経験が、そういうもっともひどい分らず屋たちをも教育するだろう」と。南部における黒人選挙権の問題が提起されたのは、このような時期においてであった。ここには、不意に自由の身にされた無防備なひとびとがいたのである。かれらの自由をば信じないで、その自由を妨害しようと心に決めたひとたちから、これらのひとびとは、どのように護られるべきであったのか？　力によってではない、と北部は言った。政府の保護によってではない、と南部は言った。それから、自由なひとびととの唯一の合法的な防備である投票権によってである、と国民の常識が言った。当時、何びとも、以前の奴隷たちが投票権を賢明に、またはひじょうに有効に用いることができるとは考えなかった。だが、じっさいかれらはつぎのように考えたのである。国民のなかの一大階級によるそのように大きな力の所有というものは、じぶんたちの仲間たちにその力を賢明に行使するよう、この階級を教育させずにはおかないだろう、と。

そのうちに、あらたな考えがこの国民にやってきた。すなわち、戦争のあとにいつも続いてくる道徳的後退と政治的欺瞞という避けがたい時期が、われわれに襲いかかったのである。政治疑獄は、極めて甚だしいものとなったので、尊敬すべきひとびとは政治を顧みなくなりはじめ、その結果、政治は尊敬できないものとなった。ひとびとは、自分たちが、自分たちじしんの政府に何らの関わりももたないことを自慢にしはじめ、官職というものを私的な役得と見做しているひとたちの意見に暗黙のうちに同意しはじめた。このような精神状態にあっては、南部における黒人投票権の弾圧にたいして目をつぶり、また、自尊心のある黒人たちを勧めて政治にまったく干与しないようにさせることは、容易いこととなったのである。自分たちじしんの市民としてのさまざまな義務をおろそかにした北部の上品で尊敬すべき市民たちは、選挙権をあたえられたことを黒人が過大に評価したものだから、それでもういい気になっていた。このようにして、何の造作もなく次のことが起こったのである、つまり黒人のより上層の階級は、ますます外国からの忠告と国内からの圧力にしたがうようになり、投票者としてのかれらの権利の行使をじぶんたちの種族のうちの不用心なものたちや金づくで動くものたちにゆだね、政治というものにそれ以上つっこんだ興味をおぼえなくなったのである。依然として残っていた黒人選挙権は、訓練されることも、教育されることもなく、以前にも増しておおっぴらで厚顔無恥な買収行為とか、暴力とか詐欺とかによって汚された。ついには、黒人投票者は、政治とは評判のわるい手段によって私的な利をはかる方法であるという考えを、徹底的に注ぎこまれることになったのである。

そして最後に、いまや今日《こんにち》、この大陸における共和制度の永続が、投票の浄化と投票者たちの市民的訓練と、さらに投票というものを神聖な義務――その義務をば愛国的な市民が自分とまた自分の子孫の子孫まで危険にさらして怠っているのだが――の水準にまで引き上げることに依存しているという事実にわれわれが目ざめつつあるとき、――まさに現在、われわれが市民道徳の復興のために努力しているこのときに、われわれはいったい南部の黒人投票者にむかって何を言おうとしているのであろうか？　黒人投票者にむかって、今なおあいかわらずわれわれは、政治とは尊敬できない無用な人間的活動の形態であると云おうとしているのだろうか？　われわれは、黒人たちの最上層の階級に政治というものにますます興味を失わさせ、なんらの抗議を発することもなしに、そのような興味を示すかれらの権利を放棄するようにと、勧めるつもりでいるのだろうか？　わたしは、投票から文盲と救済を受ける貧困と犯罪を追放するためのあらゆる合法的な努力に一言の抗弁も呈しているのではない。だがしかし、南部における選挙権剝奪のための現行の運動が、このような目的のためであるとその口実を明らかにしてきたものはほとんどいない。選挙権剝奪のための諸法律の目的が黒人を政治から排除することにあるということは、こんにちまで、ほとんどあらゆる場合に、明白にかつ率直に言明されてきたのである。

さて、このことは、黒人の産業上での、知性の上での発展という主要な問題に、なんらの影響をも及ぼさないとるにたりない事柄であろうか？　自分たちがそのもとで生活し労働することになるもろもろの法律の作成にあたって、法律と世論とによって絶対になんらの発言もなしえない南部における黒人の労働者大衆や、職人たちや、土地所有者たちの地位を、われわれは安定させることができるだろうか？　自由な民主主義的政治と、自分たちの福祉を尊重させずにはおかない労働者階級の力と能力とをもたらしている、と事実としてそうみなされるこの現代の産業組織は、――この制度は労働勢力の半分が公共のさまざまな会議において発言権がなく、自分自身の防衛という点でも無力であるときに、南部において充分に、展開されうるであろうか？　こんにち、南部の黒人は、自分たちにどれくらいの課税が妥当であるか、または、それらの税金はどのように使用されるべきであるかということについて、あるいはまた、誰が法律を施行すべきであるかとか、それらの法律はどのように施行されるべきか、つまり、誰が法律をつくるべきかとか、どのようにつくられるべきであるかということについて、ほとんど発言権がないのである。いくつかの州においては、当面の論争問題について黒人の側の正当な抗議にたいして立法議員たちに耳を傾けさせるためにさえ、狂気じみた努力が危機にさいしてなされなければならないというのでは嘆かわしいしだいである。日ごとに、黒人は、だんだんと法律とか正義というものを、自分たちを保護してくれる保証としてではなく、屈辱と抑圧の根源であると見做すようになりつつある。法律は、およそ黒人には関心をよせない人間たちによって作られ、黒人大衆を丁重にあるいは思いやりをもって遇しようとするなんらの動機も絶対にもたない人間たちによって施行されるのである。そして、最後に、法を破った科《かど》で告訴される人間は、法のまえにかれと同等である人間たちによって裁かれるのではなく、ひじょうに屢々、ひとりの罪のある黒人を逃すくらいならむしろ一〇人の罪のない黒人たちを罰してしまおうという人間たちによって裁かれるのである。わたしは、黒人たちのもっている明白な弱点や短所をおよそ否定しようなどとは思わない人間である。わたしは、その複雑な社会的諸問題を解決しようと努力している白人南部にたいして、同情を差し控えようとは決して思わない人間である。わたしは、部分的に未発達のところがある民衆は、かれらじしんの福祉のために、じぶんたちより強力なまたより善良な隣人たちによって、ついにはじぶんみずから独りだちでこの世界の闘争に乗りだし、闘うことができるような時がくるまで、統治されるということは可能であり、また時には最善でもあるのだということを、何のこだわりもなく認めるものである。わたしはすでに、このような経済的および精神的指導を、解放された黒人がどれほど切実に必要としていたかについて、指摘してきた。そしてまた、もしも白人南部の最良の世論の代表者たちが、今日の南部における支配的で指導的な力であるならば、うえに指摘した状態というものはかなり充分なまでに達成されるであろうということを、わたしは進んで認めるものである。だがしかし、わたしがこれまで固執してきた、そしていままたここに強調する論点は、今日の南部における最良の意見というのは支配的な意見となっていないということである。こんにち黒人を無力のまま投票権なしにして置くということは、かれを最良の者たちによる指導にゆだねることではなく、むしろ、最悪の者たちによる搾取と堕落にゆだねることなのである。南部について言えるこのことは、同様に北部についても言えることであり、——北部に当てはまることはまた、同様にヨーロッパにも当てはまるということである。すなわち、近代の自由競争下にあるいかなる国土、いかなる国家においても、とにかく弱くて蔑視される階級のひとびとなら、かれらが白であろうと黒であろうとあるいはまた青であろうと、かれらより強力で富裕で、計略に長《た》けたものたちがそのような階級を政治的に意のままにできるようにしておこうとすることは、人間性たるもののこれまでめったに逆らうことのなかった、またためったに逆らうことのないであろうところの誘惑なのである。

さらに、南部における黒人の政治的地位は、黒人の犯罪の問題と密接に関連している。黒人のあいだにおける犯罪が、ここ三〇年間のうちに目立って増加したこと、および、大都市の貧民窟においては、黒人のあいだに明確な犯罪階級が出現したということについては、なんらの疑いもありえない。この不幸な事態の発展を説明するにあたって、われわれは、つぎのふたつの事柄に注目しなければならない。すなわち、㈠、奴隷解放による必然的結果として犯罪と犯罪人を増加することになったこと、そして、㈡、南部の警察制度とは奴隷たちの統制ということを第一義的な目的として計画されたものであることである。第一の点については、厳格な奴隷制度のもとにあっては、犯罪といったようなことは滅多におこりうるものではないということを忘れてはならない。しかし、これらの多種多様な構成からなりたっている人間的分子たちが、不意に人生の海に散り散りに投げだされると、あるものは泳ぎ、あるものは沈み、またあるものは宙ぶらりんにただようのであるが、おしなべてかれらは、せわしく急ぐこの世の偶然の潮流によって上下に奔弄される結果となっていく。六三年度に南部を席捲したほどの大きさの経済的社会的変革というのは、黒人たちの間から無能者や悪者を陶汰し、さまざまな社会階層が分化しはじめたのを意味していた。さて今や、新興の集団に属しているひとびとは、活動力のない堅固な塊りのように地面からまるごと引きあげられているのではなく、どちらかといえばなおその根を土壌にしっかりと張っている生きている植物のように、上のほうへと伸びていっているのである。したがって、黒人犯罪人の出現というのは、予想されていた現象であった。だから、たしかにそれは不安を惹き起こすものであるとはいえ、驚きをあたえるというものではないのである。

かくしてまた、将来にたいする希望は、これらの罪人たちを注意ぶかく思いやりをもって取り扱うことに格別に依存していたのである。かれらの犯罪というのは、最初は、悪意とか抑えられない邪悪の罪というよりはむしろ、怠惰とか不用心とか衝動の罪であったのである。このような軽罪は、区別して取扱われる必要があった。つまり、少しでも不公平さを匂わせるものであってはならないし、しかも、有罪であることを充分に証明する、断乎としてはいるが感化的な、取り扱いが必要だったのである。白人であれ、黒人であれ、罪人をこのように取り扱うための機構、適切な刑務所とか、また感化院とかが、南部にはなにひとつなかった。南部の警察制度は、黒人たちだけを処罰するために用意されたものであり、暗黙裡にあらゆる白人は事実上その警察の成員であると仮定していた。このようにして、裁判の二重制度が発達したのだが、それは白人にたいしては不当に寛大で、また現行犯を実際上赦してしまうほど間違ったものであり、黒人にたいしては不当に厳格で、不公平で、また無差別に失するものである。というのは、これまでわたしが述べてきたように、南部の警察制度はもともと単に罪人ばかりでなく、すべての黒人について、絶えず情報を掴むことを狙いとして計画されたものであり、さらに、黒人が解放されて、南部全体が自由になった黒人を就労させることが不可能であることを悟ったとき、最初にほとんど普遍的に考えだされた方策というのが、黒人をふたたび奴隷化する手段として法廷を使用するということであったからである。このようにして、ほとんどどのような罪名に問われたにしろ、その人間の有罪を決定させたものは、犯罪の問題ではなくて、むしろ色の問題であったのである。かくして、黒人たちは法廷というものを不正と抑圧の道具と見做すようになったし、それらの法廷において有罪宣告をうけたものたちを、殉教者および犠牲者と見做すようになったのである。

　さて、実際に、黒人犯罪人が現われ、しかも、ちょっとした窃盗とか浮浪罪といったものでなく、追い剝ぎ、夜盗、殺人、強姦となっていったとき、人種差別の線《カラー・ライン》のいずれの側においても奇妙な結果が生ずることになったのである。つまり、黒人たちは、白人の証人たちによる証拠や、白人陪審員たちの公正というものを信じようとはしなかったし、その結果、犯罪にたいして最大の制御であるもの、つまりその人間の属する社会的階級の世論が失われたのである。そして、罪人は、絞首刑に処せられたというよりは、むしろ、磔刑に処せられたと見做されたのである。他方、白人たちは、告発された黒人たちが有罪か無罪かという問題については、無関心であることに慣れていたので、瞬間的な激情や激怒に駆られるあまり、法律や理性や体面の域を超えることになったのである。このような状態というのは、きまって犯罪を増大させることになるのであり、事実また、増大させてきた。生来の邪悪さや放浪性というものに、反抗と復讐という動機が、日々、つけ加えられている。それらの動機は、両人種のもつあらゆる潜在的な野蛮性を掻き立て、経済的発展にたいする平和な注目というものをしばしば不可能にしてしまうのである。

だが、しかし、犯罪で悩まされているどの社会にあっても、主要な問題は、罪人を処罰するということではなくて、若者たちが犯罪人に仕込まれることのないように護ることである。この点についてもまた、南部の特殊な条件というのは、適切な予防策を講ずることを妨げた。わたしは、アトランタ州の公道で、それも学校の直ぐ面前で、年とった頑なな罪人たちと一緒に、一二歳になる少年たちが鉄鎖につながれて働いているのを見たことがある。男女や子供を区別しないこのような無差別な混合というものは、鉄鎖につながれた囚人仲間たちを、犯罪と堕落の完全な学校にしている。ヴァージニア州、ジョージア州、およびその他の諸州において行われてきた感化院設立のためのたたかいは、現在の政策の自殺的な結果にたいして、いくつかの地域社会が目ざめてきたことを表わすひとつの励ましとなる徴候である。

しかしながら、相当な程度の自負心のある市民たちを躾けるうえで、家庭以外にあって最大の手段となりうるものは、公立学校である。われわれは、職業学校とか、高等教育についての論議に、最近、あまりにも熱中していたので、南部における公立学校制度の哀しむべき状態というのは、ほとんど考慮の外に置かれていた。ジョージア州においては、学校教育のために支出される金額についていうと、それぞれ五ドルのうち、白人の学校は四ドルを、黒人の学校は一ドルを受け取っている。しかも、それでいてさえ、白人の公立学校制度は、都市を除いては、悪いのであり、改革をもとめているのである。白人について事態がこのようであるとすれば、黒人については一体どういうことになるであろうか？　南部における公立小学校の教育制度を見るとき、わたしは、合衆国政府は何らかの方法で普通教育にすぐにも立ち入り、それを援助しなければならないと、ますます確信するにいたるのである。今日、黒人にたいする学校資金の分け前が、六つあまりの州においてきわめてわずかな額にまで切り下げられることのなかったのは、南部の道理を知るひとたちのすこぶる撓みない努力によってにほかならないのである。しかも、そうした削減のための運動は、単に無くなっていないばかりか、多くの地域社会においては、ますます勢力を得てきている。厳しい経済的競争において不完全な訓練しか受けずに苛酷に圧迫されており、政治上の諸権利がなく、また、滑稽なまでに不適切な公立小学校施設しかもっていないところの一種族にたいし、この国民は道理の名において何を期待できるだろうか？やがて時がくればこの国が正気に立ちかえるだろうとの希望によって自分たちじしん精神的に支えられている、幸運なより心に期するところのあるひとたちの頑強なたたかいのおかげで、ここかしこで埋め合せをされるところの犯罪と懶惰いがいに、この国民はいったい何を期待しうるのだろうか？

わたしは、これまでのところで、南部における黒人と白人の物理的経済的および政治的関係を、すでに述べた理由によって犯罪と教育とを含めて、わたしの考えてきた通りに明らかにしようと努めてきた。しかしながら、人間的接触の、これらの比較的明確な事柄について述べてきたすべてのことのあとに、なお、南部についての適切な叙述という点からみて、本質的である部分がのこっているが、それをなじみのない人たちによって容易に理解される言葉で叙述するとか、また定着するとかいうことは困難なことである。結局、それは、その土地の雰囲気、考え、それに感情なのである。すなわち、生活というものをつくりあげるのにあずかる無数の小さな行為なのである。いかなる社会あるいは国家においても、全体としての集団生活について何らかの明白な概念を得ようとする場合に、もっとも捉えがたいものであるとはいえ、なお、もっとも本質的なものであるのは、これらの小さな事物なのである。このようにあらゆる社会についても言えることが、とくに南部については当てはまる。そこでは、歴史に記されなかったとはいえ、また法律として活字にならなかったとはいえ、これまでにどのひとつの国民が経験したともおなじ程度に深刻な、人間の魂の疾風怒濤や、烈しい感情のたぎりや、紛糾した精神の苦悶が、一世代にわたって続いているのである。暗鬱な色のヴェールを隔てて、その内外に巨大な社会的な力の数々が働いてきているのである、――人間的改善のための努力、崩壊と絶望への動き、社会的ならびに経済的生活における悲劇や喜劇、さらにまたこの土地を哀しみと歓びが交り、変化と刺戟と不安の土地となしてきたところの、人間的心情の浮き沈みと動揺と。

この精神的騒乱の中心は、いつも、何百万にのぼる黒人解放奴隷たちとかれらの息子たちであった。そして、かれらの運命は、この国民のそれと宿命的なまでに結ばれているのである。それにもかかわらず、たまたま南部を訪れる観察者は、最初は、このことにほとんど気づかない。かれは、車を走らせるにつれてしだいしだいに頻繁にさまざまな黒い顔に出くわすのに気づく。――だが、その他の点では、日はのろのろと過ぎてゆき、太陽はかがやき、この小さな世界は、かれが訪ねたことのある他の世界とおなじく幸せで、満ち足りているように思えるのである。じっさい、問題中の問題といえる――この「黒人問題」――について、あまりにも語られるのを耳にすることがないので、まるでもう沈黙の申し合わせでもできているように思えるのである。朝の新聞は、この問題について滅多に言及することはないし、また言及する場合でも、持って回った学問的なやりかたであるのが普通なのである。じっさいのところ、ほとんど誰もがこの国のより暗黒な半分のことは忘れていたり、知らないふりをしていたりしているように思えるので、しまいにはこうしたことに驚かされた当の訪問者が、結局のところ、いったいこの土地には何らかの問題というものが存在するのかどうか、と尋ねてみたくなるくらいである。しかし、もしもかれが相当にながいあいだ滞在するならば、そのうちに分ってくる。それはたぶん、そのてきびしい強烈さに出会って喘ぐ思いをさせられる激情の不意なめくらめきのなかで、もっと普通には、最初は気づかなかったものの意味がしだいにはっきりしはじめる、といった工合にだ。徐々にではあるが確実に、かれの目は皮膚の色による差別線《カラー・ライン》の暗闇を捉えはじめるのである。つまり、ここで、かれは黒人と白人の群衆に出会うかと思うと、つぎには、たったひとつの黒い顔も見つけだすことができないのに気づく。あるいはまた、一日中さまよいまわったあげくに、ふたたび、ある不思議な集会に自分が加わっているのに気づくかも知れない。その集会では、どの顔もみんなきまって、褐色か黒色を帯びており、かれは他所者の懐くあの漠然としたあの居心地のわるい感じをおぼえるのである。かれは、ついには悟るのだ。周囲の世界がふたつの大きな流れとなって、黙したまま、抗らうこともないまま、自分のそばを流れてゆくのを。すなわち、そのふたつの流れはおなじ日射しを浴びて漣を立てつづけ、見たところ何の頓着もしないかのように、その積水を近づけあい、入り混じらせ、——それから、そのふたつの流れは、岐れ、大きく離れて流れていく。このことは、もの静かに行われる。なんの誤ちも犯されない。言い換えるならば、もしひとつでも誤ちが起これば、先日、黒人の男と白人の女が、アトランタ州のホワイトホール街で話しあっていたという理由で逮捕されたときのように、法律と輿論の敏速な腕が瞬く間に振りおろされるのである。

さて、もしも深く注意するならば、ひとは、これらのふたつの世界のあいだには、多くの物理的接触や日々の混合にもかかわらず、一種族の考えや感情が別の種族の考えや感情と直接に接触をするようになったり、また共鳴するようになったりすることが可能であるような、知的生活の共通性とか移動点といったものがほとんどないことを知るだろう。戦前および戦争直後には、すべての最良の黒人たちが最良の白人家族の召使いであったときには、この両種族のあいだには、親密さや愛情や、ときには血縁関係の絆が存在していた。かれらはおなじ家庭に住み、家族生活をわかちあった。しばしば、おなじ教会にかよい、おたがいに語りあったり、談話をかわした。しかし、そのときいらい、増進しつつあった黒人の文明は、当然ながら、より高い階級の発展を意味するものであった。すなわち、聖職者、教師、医者、商人、職工、自立農民の数はますます増えてゆき、かれらは、生まれながらにして、また訓練によって、黒人のうちの上流階級であるとともに指導者なのである。しかしながら、かれらと白人の最良のひとびととのあいだには、ほとんど、あるいは全く、知的交渉は存在しない。かれらは、別々の教会に通い、別々の区域に住み、あらゆる公的な会合において厳密に区別され、共に旅をすることはない。さらに、かれらは、別な新聞と書物を読みはじめるようになりつつある。たいていの図書館、講演会、音楽会、そして博物館に、黒人たちは、まったく入場を許されないか、あるいは、この階級の誇りを特別に傷つけるような条件で――これさえなければ、かれらはもっと惹きつけられるだろうが――許されるかのいずれかである。日刊新聞は、黒人世界での出来事を、正確さということをさして気にかけることなく、遠く離れたところから記録する。こういった工合で、知的伝達のための手段という範疇全体――学校とか、会合とか、社会的改良のための努力とか、その他の同種のもの――を通じて、相互の利益とこの国の福祉のために、完全に理解しあいまた共感を示すべきであるこれらふたつの種族のまさに代表者たちが、おたがいにはなればなれでひどく疎遠であるために、一方は、すべての白人たちが狭量で偏見をもっていると考え、他方は、教育をうけた黒人たちというのは危険で傲慢だと考える。そういった現象がじっさい普通のことになっているのである。そのうえ、輿論の専制と批判の不寛容が明白な歴史上の理由によって、南部ほどにまで強くなっている土地では、このような状況は矯正することが極めて困難なのである。黒人と同様に、白人もまた、カラー・ラインに束縛され、妨げられている。そして、両者のあいだに、友好と博愛、寛容な共感と雅量のある交友関係を意図した数多くの計画は、あるお節介な人間が色の問題を是非とも表面に現われるようにし、不文律の途方もない力を改革者たちにしむけたために、死産に終っているのである。

両種族のあいだの社会的接触に関して、わたしがさほど多くのことをつけ加える必要はほとんどない。いくらかの主人たちとその召使たちのあいだに見られたあの比較的みごとな共感と愛情に、――それらは近年カラー・ラインが過激にまたいっそう非妥協的に引かれたためにほとんど完全に消滅させられてしまったのだが、――取って代るようになったものは何もない。ある人間の手をとってその側に腰をおろしたり、率直にかれの目を覗きこんで、その心臓が赤い血で脈うっているのを感じたりすることが非常に大きな意味をもつものであるこの世界では、――社交的な一本の葉巻きとか、または一杯のお茶をともにすることが、立法のための会館とか、雑誌の記事とか、演説よりももっと意味をもつこの世界では、――公園や市街電車にまでも分離がおしひろげられている、疎遠になった両種族のあいだにこのようなさまざまの社交上の楽しみがほとんど皆無であることが、どのような結果を招くことになるかをひとは想像できよう。

ここでは、あの社交的な、ひとびとの方へ降りてゆくといったことは何ひとつありえない、――共通の人間性と共通の運命を寛大な気持ちで認めて、胸襟をひらくとか、最上のものが最悪のものに手を差し出すとかいうことは。他方、社会的な接触といった問題のありえない単なる喜捨行為においては、また、老人や病人の救助といった場合には、南部は、さながら自己の不幸な限界の感情に強く動かされでもするかのように、過度なまでに気前がいいのである。黒人の乞食は、パンの皮などよりはるかにましなものを貰わないで、あっさり追い払われることは決してないし、また不幸なひとびとのために助けを求めれば、速やかに反応があらわれるのである。わたしは憶えている。ある寒い冬、アトランタ州でのことを。その時わたしは、黒人たちが差別待遇を受けることのないようにと、ある公共の救済基金に寄附するのを控えた。後で、わたしはある友人にたずねた。「いったい、黒人で救助を受けていたものがいるのかね？」「そうさ、」と、かれは云った、「救助を受けてたのはみんな黒人なんだよ。」

　にもかかわらず、このことは問題の核心に触れるものではない。人間の向上というのは、単なる喜捨行為の問題ではない。むしろそれは、慈善というものを軽蔑するところの諸階級のあいだにおける共感と協力の問題である。それなのに、この国では、人生のより高い行路において、善なるもの、高貴なもの、真実なものをもとめるあらゆるより高度の努力において、人種差別の線《カラー・ライン》は、本来の友人たちと共働者たちとを、分け隔てる。ところが一方、社会集団のどん底のところにあっては、溜り場や、賭博宿や、それに淫売宿においては、そのおなじ差別の線が、ゆらめき、消え失せるのである。

　わたしは、南部における主人と召使の息子たちのあいだに存在する真の関係について、ひとつの平均的な像を描こうと努めてきた。わたしはもろもろの事柄を、政策上の理由によって、体よく云い繕ろうということはしなかった。というのは、すでにわたしは、そのような事をするにはあまりにも立ち入りすぎたのではないかと思うからである。他方、わたしは、どのような不公平な誇張もしのびこむことのないようにと、真面目に努力した。いくつかの南部の社会にあっては、諸条件は、わたしがこれまで述べてきたものよりはもっとましなものである、ということをわたしは疑うものではない。一方、またそれらとはべつの社会においては、事態は遙かに悪いものであることも確かである、とわたしは信じている。

さらにまた、こういう状況の逆説と危険とが、南部の最上の良心にたいして、関心をよび起こすこともなく、また困惑させることもないということはありえない。宗教心が厚く、かつ、熱烈なほど民主主義的であるからして、白人大衆は、黒人問題によって自分たちの置かれているまちがった立場というものを鋭敏に感じている。こういった本質的には誠実で寛大な心をもったひとびとは、世代の変りと共にますます、現在のカラー・ラインの設定がかれらの信仰と帰依にとっては、全くの矛盾であるということを感ずるようになるし、またそう感ずるようにならないでキリスト教でいう階級平等化の戒律を引きあいにだすことはできないし、また、万人にとっての機会均等を信じることもできないのである。だが、まさにかれらがこの点に立ちいたるごとに、黒人の現在の社会的条件は、最も率直なひとたちにとってさえも脅威として、不吉な前触れとして、立ち現われるのである。すなわち、もしも皮膚が黒いとか、またはその他の肉体上の特異性をのぞいては、なんら黒人を非難すべき所以がないとすれば、問題は比較的簡単なものであろう、とかれらは議論する。だがしかし、黒人の無知、不甲斐なさ、貧困、犯罪はどうなのだ？　自尊心のある集団なら、このようなひとびとと、おそらくまず考えられそうもないことだが、おたがいに仲間どうしとなって、そして、生き残ることができるだろうか？　それに、われわれは、胸の悪くなるような感情が、われわれの父たちの文化やまたわれわれの子供たちの希望を一掃するのを黙って見ているべきだろうか？　このように述べられる議論は、いたって強力なものであるが、しかし、思慮のある黒人たちの議論とくらべてみると、ちっとも強力なものではない。つまり、わが大衆の状態は悪いものであるというのは仰言るとおりだとしても、とかれらは答えるのだ、このことについては、一方には、もっともな歴史上の理由があり、さらにまた、少なからぬ数のものが途方もないほどのさまざまの不利な事柄にもかかわらず、アメリカ人の文明水準にまで向上したという紛れもない証拠があるのは確かなことです、と。さらにまた、権利剥奪とか偏見によって、ほかならぬこれらの向上した黒人たちが、単に、黒人だからという理由で、かれら黒人たちのうちの最下層のものたちとおなじ部類に入れられ、またおなじように取り扱われるようでは、そのような政策は、単に、黒人たちのあいだにおける倹約と知性への勇気を失わせるだけでなく、あなたがたの鳴らしている不平のまさに対象であるところのもの、——非能率と犯罪を直接に奨励することになるのです。犯罪や無能や、悪の線《ラインズ》を、いくらでもお望みどおりに厳しく、かつ、一歩もゆずることなくお引きなさい。というのは、こういったものは法律の保護外におかれなければならないからです。だが、カラー・ラインというのは、この目的を達成するものでないばかりか、妨害するものなのです。

このようなふたつの議論に直面して、南部の将来がどうなるかは、これらの相対立する見解を代表するものたちが、相互の立場を認め、評価し、共感することのできる能力にかかっている。——黒人が、自分の属する黒人大衆を向上させることが必要であることを現在以上に深く理解する能力、また、白人が、フィリス・ホイートリー*とサム・ホーズ*とをおなじく卑賤の階級に属するものとして分類する皮膚の色に対する偏見《カラー・プレジュディス》が、いかに死滅的な悲惨な結果をもたらすかを、これまで以上に明白に理解する能力、その双方の能力に南部の将来はかかっているのである。

黒人たちが、皮膚の色に対する偏見がかれらの社会的条件の唯一の原因である、と宣言するのは充分でないし、また、白人南部が、黒人たちの社会的条件が偏見の主要な原因である、と答えるのも充分ではない。それらは、両方とも、相互的な原因および結果として作用しているのであり、いずれかの一方だけにおける変化というものは、所期の結果をもたらさないであろう。両方ともが、変らねばならないのである。さもなければ、双方いずれの側においても、なんらかの顕著な改善というのはなされ得ないのである。黒人は、失意と後退なしには、現在の反動的な諸傾向と道理にあわないカラー・ラインの設定に、いつまでも耐えていることはできない。そして、その黒人の状態は、つねに、いっそう差別をするためのあいもかわらぬ口実となるのである。共和国のこの危機的な時期にあたって、カラー・ラインを超える知性と共感の同盟によってのみ、正義と公正とは、勝利を得るであろう、——

心と魂とがみごとに調和して、
むかしのようにひとつの調べを奏でることができるよう、
だが　もっと広大にひびく調べを。（テニスン「イン・メモリアム」第一章からの引用——訳者）

第十章　父たちの信念

世界じゅうをさまよっている薄暗い美の顔よ、
あまりに明るい美しさで見つめることもできない色白の美の顔よ、
空を降る流れ星の投げ棄てられるところ、
そこに、ただ、そこにこそ、おまえにとっての
透明な平和があるのだろう。

……………………

美よ、美の悲しい顔よ、神秘よ、驚きよ、
これらの夢はなんであるのだろう
砂と砕かれた、
こまかな砂と砕かれた時代の
轟きのもとにあって、かぼそい声をたてて叫ぶ
愚かしいお喋りな男たちにとって。

――フィオナ・マクラウド*

郷里を遙かに離れて、わたしの養家を遠く後にして、ある日曜日の闇の夜、郊外に出ていたときのことだった。道は、不均整に建て増しされたわれわれの丸太小屋から、小麦やとうもろこしの生えたところを過ぎて、ある小川の石の多い河床のほうにうねっていったが、ついに、われわれはある律動的な歌の抑揚が、畑を横切って伝わってくるのをかすかに聞くことができるところへ出るのだった。――穏やかな、震えるような、力強いその抑揚は、われわれの耳のなかで大きく膨らみ、物悲しく消えていった。わたしは当時、東部から出てきたばかりの田舎教師であり、南部の黒人の信仰復興集会《リヴァイヴァル》*というのを見たことは一度もなかった。確かに、バークシアに住むわれわれは、むかしのサフォークに住むひとたちにくらべて、恐らくそれほど堅苦しくも改まってもいなかった。それでも、われわれは、ひじょうにおだやかで、また落着いたほうだった。もしも誰かが、あの晴れた安息日の朝に、荒荒しい金切声をたててあの説教に間《あい》の手をいれるとか、大声でアーメン！　と云ってあのながいお祈りを中断させていたとしたら、どんなことが起きたであろうかということは、わたしにはわからない。だからして、村の方へと近づき、高いところに位置しているその村の、小さくて質素な教会の方へと近づいて行くにつれて、わたしがまったく心を打たれてしまったのは、黒人大衆を捉えていたあの強烈な興奮の雰囲気であった。ある種の抑制された恐怖が、空中に垂れさがっていて、われわれを襲うかにみえた、――歌と言葉を凄いほど迫真的なものにするデルフォイ*の狂気、悪魔にとりつかれた感じであった。言葉がつぎつぎに上下の唇に殺到し、われわれのほうへ奇妙な雄弁となって流れてくるたびに、その説教者の黒くて巨大な体軀は、左右に揺れて震えるのだった。ひとびとは、呻き、戦《おのの》いた。と、その時、わたしの側にいた、頰がこけた暗褐色の女が、ふいに一直線に躍りでたかと思うと、救われない堕地獄の霊魂のように絶叫した。一方、あたりには、慟哭と呻吟と喚き声が、そして、わたしが、以前に想像もしなかったような人間的熱狂の光景が、現出したのである。

南部の前人未踏の森の奥でおこなわれる黒人の信仰復興集会の狂乱というものを、このように目撃したことのないひとびとには、奴隷の宗教的感情というのはほんのおぼろげにしか理解することができない。このような光景は、言葉で云いあらわされた場合には怪奇で滑稽なものにおもえるであろうが、しかし、眼のあたりにしたときには、その光景たるや畏怖をおこさせるものである。三つの事柄が、この奴隷の宗教の特徴となっていた、――説教者と、音楽と、それに狂乱である。――説教者は、黒人によってアメリカの土壌のうえに発展させられた最もユニークな人格である。指導者、政治家、雄弁家、「首領《ボス》」、策士、理想家、――かれは、これらすべてなのである。さらにまた、いつの場合も、あるときは二〇人、またあるときは一〇〇〇人の数にのぼる人間の、集団の中心でもある。ある種の巧妙さと深く根付いた真面目さとの結合、それに臨機応変の才と完璧な能力との結合が、かれをまわりのものから傑出せしめ、いつまでもその卓越性を維持するのを助けるのである。その型は、言うまでもなく、時と場所に応じて異なっており、一七世紀の西インド諸島から、一九世紀のニュー・イングランドにかけて、ミシシッピーの流域からニュー・オーリーンズ、またはニュー・ヨークの都市にかけてと、さまざまである。

黒人の宗教音楽は、感動的な短調終止を伴なった、あの哀れを誘うリズミックな旋律なのだが、それは戯画と不潔化にもかかわらず、いまなおこれまでにアメリカの土壌に生まれた、人間の生活と切望を最も独創的にまた美しく表現するものなのである。アフリカの森林地帯から生まれ、いやそこではいまもなおその相似の旋律が聞かれるのだが、この音楽は、奴隷の悲劇的な魂の生活によって、脚色され、変えられ、そして強烈にされ、ついには法律と笞に駆りたてられて、民衆の悲しみと絶望と、希望とのひとつの真実な表現となったのである。

さいごに、この狂乱、あるいは「叫び《シャウティング》」は、主の聖霊が通りすぎるとき、また帰依者を捉えながらかれを超自然的な喜悦でもって熱狂させるとき、黒人宗教のまさに最上の精髄なのであったし、かつまたその他のすべてのものにましてより献身的に信仰されるものなのであった。その表われかたは、無言の恍惚とした表情とか、低い呟やきや呻きから、身体ごとどうでもなれといった気ちがいじみた自暴自棄――地団駄を踏んだり、悲鳴をあげたり、絶叫したり、あちらこちらと駆けまわったり、腕をふりまわしたり、泣いたり、笑ったり、幻覚をみたり、恍惚とわれを忘れたり――にいたるまで、いろいろである。すべてこういうことは、この世界において何ら目新しいものではなくて、宗教としてはデルフォイやエンドア*とおなじくらいに古いものである。そしてそれは、非常にしっかりと黒人を捉えているので、何世代ものあいだひとびとは、神をこのように可視的に現わすことをしないでは、不可視なものとの真の霊的交渉はありえないのだ、と固く信じたのである。

以上は、奴隷解放の時期にいたるまで、発展をしてきた黒人の宗教生活の諸特徴であった。黒人の環境という特殊な状況下にあっては、これらは黒人のより高度な生活の一表現であったからして、黒人の発展を社会的にまた心理的に研究しようとするものにとっては大いに興味のあるものなのである。数多くの魅力ある探究の方向が、この分野には集まっている。奴隷制度は、アフリカの未開人にとって何を意味したか？ 世界と人生にたいするかれの態度はどのようなものであったか？ 何がかれにとっては善であり、悪であると――神であり、悪魔であると――思えたか？ かれの熱望や努力はどのような方向にむかったか？ また、かれの心の燃焼や失意は何のためであったか？ このような質問にたいする解答は、黒人宗教をひとつの発展として、つまり、黄金海岸*の偶像崇拝からシカゴのれっきとした黒人教会にいたるまで、どのように徐々に変ってきたかという過程を辿ることによって得られるものである。

そのうえさらに、何百万にのぼる人間の宗教的成長は、たとえかれらが奴隷であるとしてさえも、同時代のひとびとに強力な影響をあたえずにはおかないものである。アメリカのメソディスト派*およびバプティスト派*は、その条件の多くを何百万にのぼるかれらの黒人改宗者たちによる、この無言ではあるが力づよい影響に負うているのである。特に、このことは南部において著しく、そこでは神学と宗教哲学とがこうした理由のために北部よりはずっと立ち遅れており、またそこでは、貧しい白人たちの宗教は、黒人の思考と方法を模写しただけのものとなっているのである。アメリカの全教会を風靡し、歌についてのわれわれの観念をほとんど全く破壊してしまったところの「福音《ゴスペル》」讃美歌の大部分は、主として、聞きおぼえでつくられた黒人のメロディーの劣悪な模倣から成り立っているのであるが、それらは、黒人民謡ジュービリー・ソングズの音楽ではなくて、調子よさを、魂ではなくて肉体を捕えたものである。このようにして、黒人宗教の研究は、単にアメリカ黒人の歴史の主要な一部分であるだけでなく、アメリカ史のひじょうに興味ぶかい部分であることは明らかである。

今日の黒人教会は、合衆国における黒人生活の社会的中心であり、さらに、アフリカ的性格の最も特徴的な表現である。ヴァージニア州のある小さな町にある典型的な教会を取りあげてみよ。それは、「最初のバプティスト派教会」である、――五〇〇人またはそれ以上を収容しうる、広い煉瓦造りの建物で、ジョージア産の松材で趣味ゆたかに仕上げられており、一枚のカーペットが敷いてあり、小さな一台のオルガンがおいてあり、ステンド・グラスの嵌った窓がある。下は、ベンチの並んだ、大きな集会室になっている。この建物は、一〇〇〇人もしくはそれ以上の数の黒人たちから成る一社会の中央倶楽部である。さまざまな組織がここに寄りあうのである、――教会そのもの、日曜学校、二、三の保険組合、婦人団体、秘密協会、それに各種の大衆集会。毎週五回ないし六回の正規の宗教上の礼拝式のほかに、催しものだとか、晩餐《さん》会だとか、講演会が開かれる。ここでは相当な額のお金が集められ、使われる。怠けもののためには職が斡旋され、外来者たちが紹介され、ニュースが広められ、施し物が分配される。同時に、この社会的知的経済的中心は、大きな力をもっている宗教上の中心なのである。堕落、罪、贖罪、天国、地獄、劫罰が、日曜日に二回ずつ、大いに熱をこめて説かれるのである。そして、リヴァイヴァルつまり特別伝道集会が、毎年、作物の穫《と》り入れが済んだあと、開催されるのである。じっさい、この社会のうちで、改宗に逆らうだけの大胆さをもっているものはほとんどいない。この比較的に形式的な宗教の背後に、教会は、しばしば道義の保持者として、家庭生活の強化者として、また、何が善くて正しいのかについての最終的な権威として存在しているのである。

このようにして、皮膚の色にたいする偏見と社会的条件によって黒人がきっぱりと遮断されている、あの大きな世界のすべてが、今日の黒人教会のなかに小宇宙として再現されているのが認められるのである。大都市の教会においても、このおなじ傾向がみとめられ、多くの点において、それは目立ったものとなっている。フィラデルフィアのベテル教会のような大教会は、一一〇〇人以上の会員を擁し、一五〇〇人を収容するところの、金額にして一〇万ドルの大建築物をもっている。その年間予算は五〇〇〇ドルであり、一人の牧師とかれを補佐する数人の地域的な布教師、それに行政司法部と財政部と税金徴集人たちとからなる管理形態を有している。立法のためには教会総会が開かれる。分会の指導者たちによって指導されるさらに細分された集団があり、在郷軍人会ならびに二四の補助団体がある。このような教会の活動は、巨大なものであり、広範囲におよぶものである。そして、全国に跨がるこれらの組織を統轄する司教たちは、世界における最も有力な黒人統治者たちのうちに数えられる。このような教会は、まったくのところ、ひとびとを統治する機関である。したがって、ちょっと調査すれば、南部においては少くとも、実際上あらゆる黒人が教会の会員であるという珍らしい事実が明らかになるのである。あるものは、確かに、正式には会員とはなっていない。また、いつもは礼拝に出ないものも少しはいる。が、しかし、法の保護の外におかれたひとびとは、社会的中心をもたねばならない。そして、これらのひとびとにとってのそのような中心とは、黒人教会なのである。一八九〇年の国勢調査によれば、この国には二、四〇〇〇に近い黒人教会が存在しており、総数二五〇万をこえるひとびとが、それらの教会の会員として記録されている。云いかえれば、二八人につき、実際に教会員であるひとの数は一〇人の割合であり、またいくつかの南部の州においては、ふたりのうちひとりの割合である。これらのひとびとの他に、会員としては記載されていないが、教会の活動の多くに出席したり、参加したりする多数のひとびとがいる。全国的にいうと、黒人の六〇家族毎に、またいくつかの州にあっては四〇家族毎に、ひとつの組織された黒人の教会があり、それらの教会はおのおの平均一〇〇〇ドルにのぼる財産を、いいかえれば、全体でほぼ二六〇〇万ドルにのぼる財産を所有しているのである。

だからして、以上に述べてきたようなのが、奴隷解放以降黒人教会の大きな発展なのである。問題はいまや、つぎのようになる。この社会史のひきつづいて示してきた歩みは、どのようなものであったのか？　また、その現在の傾向はどのようなものであるのか？　最初にわれわれは、黒人教会といったような制度は、何であれ、一定の歴史的基盤なくしては育ちえなかったものであることを理解しなければならない。われわれは、そういう基盤を、もしわれわれが黒人の社会史はアメリカにおいて始まったのではないことを想い起こすならば、見いだすことができる。黒人は、一定の社会的環境、――つまり、族長を頭にいただき、聖職者の強力な影響下にある一夫多妻主義の氏族生活から連れてこられたのである。かれの宗教は、自己を囲繞するもろもろの不可視的な感応力――善いものも、また悪いものも――というものを深く信じる自然崇拝であった。そして、かれの崇拝は、呪文を唱えたり、犠牲《いけにえ》を供えたりすることによってなされた。こうした生活に起こった最初の激しい変化は、奴隷船と西インド諸島の砂糖畑であった。農園組織は、社会単位としての氏族および種族にとって代り、また、白人の主人は、遙かに大きくて独裁的な権力をもって族長にとって代った。強制的な長時間にわたる苦役が、生活の掟となり、血縁関係や親類関係という古くからあるきずなは、消え失せた。そして、家族というものの代りに、新たな一夫多妻主義および一妻多夫主義が出現し、それらはある場合にはほとんど雑婚にまでおよんだ。それは、ぞっとするほど恐ろしい社会上の革命であった。が、それにもかかわらず、往時の集団生活のいくつかの痕跡は保持された。そして、残存した主要な制度は、聖職者もしくは呪術師であったのである。かれは、はやくから農園に現われ、病人の治療師、未知なものの解釈者、悲嘆にくれるひとびとを慰めるもの、加えられた害悪にたいし超自然的な力によって復讐をおこなうもの、そしてまた、謀略によって連れてこられ、抑圧されている民衆の願望や失意や憤りを、粗野ではあるが生き生きと表現するものとして、自己の職分を自覚したのである。このようにして、吟遊詩人、医者、審判者、ならびに聖職者として、奴隷制度によって許容された狭い範囲内で、黒人説教師は生まれたのであり、さらにかれらのもとに、アフリカ出身のアメリカ人の最初の制度である黒人教会が生じたのである。この教会は、当初にあっては、決してキリスト教的なものではなく、また、明確に組織されたものでもなかった。どちらかと云えば、それは、各農園の成員たちのあいだでの、異教的ないろいろな儀式の脚色と混合であり、大ざっぱに云って、ヴーズー教*と呼ばれるものであった。主人たちとの交渉、伝道の努力、それに情勢に適応しようという動機が、これらの儀式にキリスト教的な初期の装いをつけくわえたのである。そして、その後、何世代か経って、黒人教会はキリスト教会となった。

この教会に関して言及しなければならないふたつの特徴的な事柄がある。第一に、それは、信仰という点からみて、ほとんど全部がバプティスト派およびメソディスト派になったことである。第二には、社会制度として、それは一夫一婦制の黒人家庭に何十年も先行するものであったことである。この教会は、そもそも、その始まった事情そのものからみて、農園に限られていた。そして、主に、一連の相互に関連を絶たれた単位から成り立っていた。その後、ある程度の運動の自由が許されたとはいえ、それでもやはりこの地理上の制約は、いつも重要なものであったし、奴隷のあいだに地方分散的な民主主義的なバプティスト派の信仰が広まったひとつの原因ともなっていたのである。同時に、可視的な洗礼《バプティズム》の儀式が、かれらの神秘的な気質につよく訴えた。今日、バプティスト教会は、その成員数から云って、黒人のあいだではなお、最大のものであり、その会員数は一五〇万人である。つぎに人気のあるものとしては、近隣の白人教会と関連して組織された教会であるが、それらは主として、バプティスト派ならびにメソディスト派であり、監督《エピスコペイリアン》派およびその他の派の教会もいくつかある。メソディスト教徒は、いまなお第二番目に大きな宗派を形成しているが、その数はほぼ一〇〇万人である。これらふたつの指導的な宗派は、宗教的感情および熱狂を重んじることから、黒人教会にとっては、他のものよりはいっそう適合するものであった。他の宗派の黒人の会員数は、これまで、いつも少なかったし、相対的には重要なものではなかった。もっとも、監督派教会員《エピスコペイリアンズ》*と長老派教会員《プレズビテリアンズ》*は、こんにち比較的に知的な階級のあいだでその数を増しつつあり、またカトリック教会*は、ある階層のあいだで盛んになりつつあるとはいえるのだが。奴隷解放後に、そして北部にあってはさらに早く、黒人教会は、以前にそれらがもっていたような白人教会との諸関係を、みずから選んでか、あるいはまた強制されてか、大部分、断ちきったのである。バプティスト教会は独立した、だが、メソディスト教徒たちは早くから、監督派の管理という目的で、結合するよう強いられていた。このことは、世界における最大の黒人組織である大アフリカ・メソディスト教会*や、シオン教会*や、黒人メソディスト教会や、さらにいろいろな宗派における黒人の協議会や教会を起こしたのである。

うえに触れた第二の事実、すなわち、黒人教会は黒人家庭に先行するものであるということは、この共産主義的な制度において、またその成員たちの倫理において、逆説的であるところの多くの事柄を説明することになる。だが、この教会が家庭に先行するという事実は、とりわけ、われわれに、この教会という制度が、ほかのところではめったに当てはまらないような意味において、奇妙にも一民衆の内面的な倫理生活の表現であると見做させるにいたるのである。それでは、教会の外的な物理的発展から、それを構成するひとびとのよりいっそう重要な内面的倫理生活に目を向けることにしよう。黒人は、すでに何度も、宗教的な動物であると指摘されてきた、――本能的に超自然的なものへと向かう、あの根強い情緒的天性を具えた存在である、と。豊かな熱帯性の想像力と、鋭くて繊細な自然にたいする鑑賞力を賦与されている、これらの移植されたアフリカ人は、神々や悪魔たち、妖精たちや魔法使いたちで活気に満ちている世界に住んでいた。その世界は、さまざまな不思議な影響力で、――つまり、哀願されるべき善とか、宥められるべき悪とかで、――いっぱいなのであった。だからして、奴隷制度というものは、そういうかれにとっては、自己にたいする悪の陰険な勝利であったのである。ありとあらゆる下界の憎むべき力が、かれを打ち負かそうと迫っていた、そして、反抗と復讐の精神が、かれの心を満たしたのである。かれは、助けを求めて、あらゆる異教の力に訴えた、――悪魔払いや、魔術や、野蛮ないろんな儀式、呪文、さらには血の犠牲《いけにえ》をさえも伴なう神秘的なオビ崇拝*に。場合によっては、人身御供にも頼ったのである。深夜に無気味な酒宴が催され、不可思議な呪文が唱えられた。女魔法使いと、ヴーズー教の司祭が、黒人の集団生活の中心となり、こんにちでさえ無学な黒人を特徴づけているところの、あの根拠のない迷信にうちこみやすい性質は、深められ強化されたのである。

　しかしながら、勇猛なマルーン（西インド諸島やギアナなどに逃亡奴隷として住みついた黒人たちのこと――訳者）たちや、デンマーク領西インド諸島の黒人たちや、その他のものたちのように成功を収めたものがあったにもかかわらず、反抗の精神は、奴隷主たちの疲れを知らない精力と優勢な力におされて、しだいに消滅したのである。一八世紀の中葉までには、黒人奴隷は、押し殺した呟やきを残しながら、新しい経済制度のどん底へと沈んでいったのであり、新しいひとつの人生哲学を受け入れるべき機は無意識の裡に熟していたのである。このようにして、何ものも、新たに教えられたキリスト教に体現されている無抵抗の服従という教義以上に、黒人の状態に適合するものはなかったのである。奴隷主たちは、夙に、このことを理解した。そして一定の範囲内で、喜んで宗教的宣伝を援助したのである。黒人を抑圧し堕落させるこの長期間にわたる制度は、かれ黒人を一個の高価な動産たらしめるところの、その性格上の諸要素を強調するにいたった。すなわち、礼儀正しさは卑下となり、道徳的な力は堕落して屈従となり、さらに美しいものにたいする鋭敏な天賦の鑑賞力は、無言のまま苦痛を忍ぶ無限の能力となったのである。黒人は、現世の喜びを見失った今では、自分のまえに現われた来世についての諸観念に、鋭意とり縋った。復讐をする主の聖霊は、ついに主がその子である黒人たちを導いて故郷に赴かせるだろう最後の審判《さばき》の日まで、悲しみや苦難に堪えてこの世では忍耐を旨とするように命じている——これが、黒人にとっては自らを慰めてくれる夢となったのである。黒人の説教者は、この予言をくりかえし、そして、黒人の吟遊詩人たちは、こう歌ったのである、——

子どもらよ、わたしらはみんな自由の身となるでしょう
いつの日か、主の現われなさるときに！

『アンクル・トム』においてひじょうに美しく描かれているこの根ぶかい宗教上の宿命論は、あらゆる宿命論的な信仰がそうであるように、やがて、殉教者とならんで、快楽主義者を生みだすことになった。結婚が茶番であり、怠惰が美徳であり、財産が窃盗であったところの農園の放縦な道徳生活のもとでは、諦観と服従の宗教が、あまり強靱さをもたない精神にあって、放縦と犯罪の哲学へと堕落するのは容易いことであった。こんにちの黒人大衆の最悪の特徴であるものの多くは、奴隷の倫理的な成長のこの時期に、この種子を蒔かれたものである。家庭というものが、白人教会であると黒人教会であるとを問わず、まさに教会の影のもとに破壊されたのは、この時期のことであった。この時期に、不甲斐なさという習性が根ざし、そして、憂欝な失望が、希望に満ちた闘争にとって代ったのである。

奴隷制度廃止の運動がはじまり、解放された黒人の階級が徐々に成長してくるとともに、ひとつの変化がやってきた。われわれは、しばしば、戦前における解放奴隷の影響というものを、その数が少

なかったということ、およびこの国民の歴史においてさほど重きをなすものでなかったという理由によって、なおざりにする。だがしかし、われわれは、かれの主要な影響というものが内部的なものであったこと、――つまり黒人世界におよぼされたものであったということを、さらには、黒人世界にあっては、かれ解放奴隷は倫理上そして社会上の指導者であった、ということを忘れてはならない。解放奴隷たちは、フィラデルフィア、ニュー・ヨーク、およびニュー・オーリーンズのようないくつかの中心地に雑然と集められていたとはいえ、大部分のものたちは、貧困と無精とに身を沈めたのであった。が、全部が全部そうではなかった。解放された黒人の指導者は、早くから現われた。そして、その主要な特徴といえば、奴隷制度問題についての熱烈な誠実さと深い感情であった。自由は、かれにとっては、現実的なものとなったのであり、夢ではないのである。かれの宗教は、さらに暗く、よりいっそう強烈なものとなった。そして、かれの道徳原理には、復讐の調子が忍びこみ、かれの歌には、真近かに迫った最後の審判の日が忍びこんだのである。「主の到来」は、この世から死神を一掃し、現世に存在するうちに希望しうるものとなったのである。逃亡奴隷たちを通じて、または、制しえない討論を通じて、自由にたいするこの欲望は、あいかわらず囚われの身である何百万という黒人たちを捉え、かれらにとっての唯一つの人生の理想となったのである。黒人の吟遊詩人たちは、新たな調べを捉え、ときには、こう歌うことさえ敢てしたのである――

おお　自由、おお　自由、わたしのうえに　おお　自由を！
奴隷になんかなるよりは、
わたしは墓に埋められよう、

わたしは主のみもとにまいりましょう
そして、自由となりましょう

五〇年のあいだに、黒人の宗教は、このように自らを変型し、奴隷制度廃止の夢と合致するものとなった、そしてついには、白人北部にあって過激な気まぐれであったもの、また白人南部にあって無政府主義的な計略であったものが、黒人の世界にとって宗教となるにいたったのである。このようにして、ついに奴隷解放の到来となったとき、それは、解放奴隷にとっては文字どおりの主の到来であると思えたのである。かれの燃えるような想像力は、軍隊の響かせる重い跫音や、戦いの流血と塵埃、さらに社会的動乱の叫喚や騒動によって、かつてないほどに掻きたてられた。そういう旋風をまえにして、かれは、茫然と、身動きもならず、立ちすくんでいた、――だが、いったいかれに、それをどうすることができたであろうか？　それは、主の行い給うていることであり、かれの目には、それは超経験的な現象と映らなかったであろうか？　到来したものに歓喜し、かつ、戸惑いしながら、かれは、不可避的な反動の時代がやってきて、この国民を襲い、今日の危機をもたらすにいたるまで、新たな驚異の起こるのを待ちうけながら立っていたのである。

黒人の宗教の現在の危機的な段階を、明白に説明するのは困難である。最初にまず、黒人はいま現代の一大国民と密接に接触して生活しており、たとえ不完全ではあるにしても、その国民と精神生活を共にしているので、必然的にかれらは合衆国を今日動かしているところのあらゆる宗教的倫理的な勢力によって、多かれ少なかれ直接的に影響を蒙むらないわけにはいかないということを、われわれは記憶しなければならない。これらの問題および運動は、しかしながら、自分たちの市民的政治的経済的地位という（かれらにとっては）まったく重要な問題によって、その重要性を対照的に減じられたり、また小さくされたりしているのである。かれらは絶えず「黒人問題」を討論しなければならない、――この問題のなかで、生き、動き、自己の存在を保たなければならないし、さらに、その他のいっさいのことがらを、この問題の光り、あるいは闇に照らして、解釈しなければならない。このために、また、かれらの内部生活という特殊な問題がおこる、――つまり、婦人の地位、家庭の維持、子供の教育、富の蓄積、および犯罪の防止という問題である。すべてこういうことは、強烈な倫理的発酵、宗教的反省、そして知的な模索という一時期の出現を意味するにちがいない。アメリカ黒人はいずれも、黒人としてと同時にアメリカ人として、つまり、一九世紀の潮流にどんどん押し流されてはいるが、他方ではどうじになお一五世紀の渦巻きのなかでもがいて生きなければならない、そういう二重生活から――このことから、かならず起こるにちがいないのは、苦痛にみちた自意識であり、ほとんど病的といってよいような人間観であり、また自信にとって致命的である精神的な躊躇である。皮膚の色のヴェールで隔てられている、その内側と外側の世界は、いま変りつつある、しかも急速に変りつつある、だがしかし、おなじ割合ででもなければ、またおなじ仕方で変っているのでもない。そして、このことは、魂をとりわけ悲痛なまでに絞ることになり、疑惑と困惑との独特な観念を生むにちがいない。二重の思考と二重の義務と、そして二重の社会的階層を伴なう、このような二重の生活は、二重の言葉、二重の理想を生むにちがいないし、さらに、精神を、見せかけやあるいは反逆へと、偽善やあるいはまた過激主義へと、誘うにちがいないのである。

いくつかの、このようなどっちつかずの語や句によって、こんにちの黒人が直面している、そしてまた、黒人の宗教的生活を彩どり変化させている、特殊な倫理的逆説というものを、ひとはおそらくきわめて明瞭に描くことができる。自己の諸権利や最も大切な諸理想が蹂躙されているということ、社会の良心は黒人の正当な訴えにたいしますます耳を傾けようとしないということ、さらにまた、偏見や、貪欲や、復讐心にみちたあらゆる反動的な勢力が日毎に新たな力と清新な同盟者たちを獲得しているということ、こうしたことを感じてはいるものの、黒人は、すこしもうらやましく窮地に直面するということがない。自己の無力を意識しており、また悲観的であるかれは、しばしば苦々しい気持ちになったり、報復的な気持ちになる。そして、かれの宗教は、崇拝であるかわりに、泣きごとや呪いであり、希望であるというよりはむしろ、嘲笑である。他方、別な型、つまり、いっそう抜け目がなくて明敏でまたひねくれた心の持主というのは、反黒人運動の強さそのもののうちにその明白な弱さを認めるのであるが、この弱さを黒人の強さに転換するための努力をするに当って、かれが躊躇させられるのは、イエズス会士的な詭弁の持主だものだからで、決して倫理的な考慮によってではないのである。このようにして、ふたつの大きなほとんど和解の見込みのない思考および倫理的努力の潮流が存在する。その一方の危険は、無秩序状態にあり、他方のそれは、偽善にある。一方の型《タイプ》の黒人は、ほとんどいつでも神を呪って死んでいくことのできる状態にある。ところが、もう一方の型《タイプ》はというと、正義にたいする裏切者であり、また、力のまえでは臆病者であることが非常に多い。一方は、遙かとおくて気まぐれで、おそらくは実現不可能なもろもろの理想と結婚するのであり、他方は、生命とは肉以上のものであり、肉体とは衣裳以上のものであるということを忘れる。だがしかし、結局のところ、このことは単に黒人のなかに移しかえられた時代の煩悶ではなかろうか、──つまりあの虚偽、今日その偽わりの文化とともに、無政府主義的暗殺者の忌わしさに直面しているあの虚偽の勝利のことではないのだろうか？

こんにち、ふたつの黒人集団――北部における一方の集団と、南部における他方の集団――が、ひとつは過激主義に向かい、いまひとつは偽善的な妥協へと向かうというかたちで、これらの相互に乖離的な倫理的諸傾向を代表している。南部の白人たちが過ぎし日の黒人――屈従と卑屈さにみちた初期の宗教的時代を代表したところの、率直で正直で単純であったむかしの召使――のいなくなったのを残念がって嘆くのは、決して根拠のない哀惜ではない。そのような黒人は、怠惰であり、真の男らしさをつくりあげる多くの要素を欠いていたにしても、すくなくとも腹臓がなく忠実で真面目であった。こんにち、そのような黒人はもういない、だが、いなくなったことにたいして非難されるべき人間は誰なのであろうか？　ほかならぬ、いなくなったことを嘆くまさにそのひとたちこそ非難されるべきでなかろうか？　社会を無法と欺瞞とのうえに建設するのは、そして生まれつきは正直であり率直である国民の精神的素質を、白人たちの場合は御しがたい暴君に、そして黒人たちの場合は罪人および偽善者になる恐れのあるまで鍛えるのは、再建時代《リコンストラクション》と反動時代《リアクション》の生んだ傾向ではなかろうか？　欺瞞は、弱者の強者にたいする生来の防禦である。そして、南部は、何年ものあいだにわたって、その征服者たちにたいし、この防禦手段を用いたのである。こんにち、南部は、南部の黒人無産階級《プロレタリアート》が、そのおなじ両刃の武器の鉾先を自分自身に向けるのを認める覚悟がなければならない。そして、このなりゆきは、なんと当然なことであることか！　デンマーク・ヴェシー*や、ナット・ターナー*の死は、ずっと以前に黒人にたいして物理的防禦が現在では望みのないことを証明した。政治的防禦は、ますます、得がたいものになりつつあり、そして経済的防禦は、いまなお、ほんの部分的にしか効果がない。だがしかし、手近かなところに、ひとつの利用できる防禦手段がある、――欺瞞と追従、巧言と虚言という防禦手段である。それは、中世紀の農民たちが使用し、何世紀ものあいだにわたってかれらの性格にその痕跡を残したのとおなじ防禦手段である。こんにちでは、成功しようと思っている南部の若い黒人は、腹臓なく、率直で、正直で、自己主張的である訳にはゆかない。むしろどちらかと云えば、毎日かれは、沈黙をまもり、用心ぶかく、策略的で、ずる賢くあろうとする気持ちに誘われる。かれは、おべっかを使い、愛想がよくなければならない。些細な侮辱にたいしては、笑顔で我慢し、不正にたいしては、眼を閉じなければならない。ひじょうに多くの場合に、ごまかしたり、嘘をついたりすることに、積極的な個人的な利得を、かれは認めるのである。かれが本当に考えていることとか、本当に願っていることとかは、内証ごとにして守らねばならない。かれは、批判をしてはならないし、不満をこぼしてはならないのである。忍耐づよさ、卑屈さ、如才のなさが、成長してゆくこれらの黒人の青年たちにあっては、衝動、男らしさ、勇気にとってかわるのである。このような犠牲をはらってはじめて、経済上の機会が開けるのであり、恐らくは平和といくばくかの繁栄ももたらされるのである。そうでなければ、暴動、移住、あるいはまた、犯罪が発生するのである。さらにまた、このような状況は、合衆国南部にとって特有なものでもない、——それはむしろ、さまざまな未発達の人種が現代文化を分けもつ権利を獲得するために、これまでに依拠してきた唯一つの方法ではなかったろうか？　その文化の代価とは、嘘言《うそ》なのである。

他方、北部においては、傾向としては、黒人の過激主義を強調するようになっている。ひとよりもいっそう率直でいっそう自己主張的である黒人は、南部の状況に自己のもって生まれたあらゆる素質が反感をおぼえるのだが、まさにその状況によって南部における自己の生得権から放逐されたあと、苛酷な競争と人種差別のなかにあってほとんど人並みの生活をおくるに足る資を得ることのできない土地に住んでいるのである。同時に、学校と定期刊行物、討論と講演を通じて、かれは、知的な刺戟をうけ、覚醒を促がされる。長いあいだ押えつけられいじけさせられていた魂は、新たに見出された自由のなかで、突然に伸びひろがる。あらゆる傾向が極端へ——過激な不満や、過激な療治や、痛烈な非難や、また憤った沈黙へ向かうというのに、なんの不思議があろうか。あるものは沈み、あるものは浮ぶのである。犯罪人と快楽主義者は、教会を捨てて、博打場《ばくち》や淫売屋にはしり、そしてシカゴとボルティモアの貧民窟を充満させる。もっとましな階級は、白人黒人両方の集団生活からじぶんたちを隔離し、教養を有してはいるが悲観的なひとつの上流階級を形成する、そしてその手厳しい批評は、逃げる途をまるで指摘することがないが、刺すはたらきはするのである。かれらは、南部黒人たちの屈従と卑屈さを軽蔑するが、しかし、貧しくて抑圧されている少数者が、その主人たちに伍して生存することのできる、何か他の手段をなにひとつ提供はしないのである。じぶんたちの生きている時代のさまざまな傾向と機会を深く鋭く感じながらも、かれらの魂は、両側の人間のあいだにヴェールを降している運命を苦々しく思うのである。そして、理不尽なものならともかくこの苦々しい気持ちが当然なものであり正当なものであるというまさにその事実のために、その苦々しい気持ちたるやいっそう強烈になり、いっそう狂暴なものになるだけなのである。

わたしが、このように明らかにしようと努めてきた倫理的態度の極端なふたつの型《タイプ》のあいだを、北部と南部の何百万という黒人大衆が、さ迷っているのである。そして、かれらの宗教的な生活と活動とは、かれらが属している階層の範囲内で、この社会的葛藤にあずかっている。かれらの教会は分化しつつある——時には皮膚の色という点を除けば類似の白人集団といかなる点からも区別しえない、よそよそしい上流の帰依者たちの集団に、そしてまた時には、黒人の世界の内部でのことであろうと外部でのことであろうと、不愉快な問題を慎重に避けながら、そしてたとえ言葉ではないにしても結果的には「われわれ命あるあいだは生きなむ*」と説きながら、見聞と娯楽とにたいするその会員たちの欲望に迎合している、大きな社交的で実務的な組織に。

だがしかし、こういう背後には、やはり真の黒人の心の深い宗教的感情が育っているのである。過去の導きの星を見失い、大いなる夜の中にあって新たな宗教的理想を求めている、力強いおおくの人間の魂の感動的なだれにも導かれることのない力が。いつの日か、目ざめは訪れるだろう。その時は、一〇〇〇万の魂の吐け口を閉ざされた活力が、目標《ゴール》に向かって押えがたい勢でもって殺到するだろう。人生を生きる価値あらしめているすべてのもの――自由と正義と権利と――が、「白人たちのためにだけ」などと記されている死の影の谷*から抜けだして。

第十一章　最初《はじめ》に生まれたものの死去

おお、妹よ、妹よ、おまえの最初に生まれたものよ、
縋りつくその手よ、つき従うその足よ、
子供の血のその声は、まだ泣きやまず、
誰がワタシヲ思イダシタノ？ 誰ガ忘レタノ？
おまえは忘れてしまった、おお、夏の燕《つばくら》よ、
だが、わたしが忘れるときには、この世は終る。

――スウィンバーン*

「お生まれになりました。」ある蔦色の一〇月の朝、わたしの部屋に舞いこんだ一片の黄色い紙は、そう歌っていた。そのとき、父親になったのだという怖れが、創造の歓びと荒々しく入り混った。それは、どんな風な様子をしているのかしら、どんなふうに感じるのかしら、とわたしは思った、――眼はどんなふうで、どんなぐあいにその髪は捲き上がっていて、くしゃくしゃと縮れているだろうか、と。さらに、わたしは、畏怖《おそれ》をいだきながら、彼女のことを思った、――わたしがなにも気づかないで彷徨っているあいだ、じぶんの胸の下部《した》から男の子をむりやりにふり離そうとして、死と一緒に眠っていた彼女のことを。わたしは、わたしの妻と子供のもとに飛んだ。そのあいだじゅう、なかば怪訝の念をもって、「妻と子供だって？ 妻と子供だって？」と自分じしんにくりかえしながら、――

素早く飛んでいった、そう、ボートや、蒸気自動車よりもなお素早く駆けつけたのだ。それほど急いだのに、絶えまなく苛々しながら、かれらを待ちうけなければならないとは。喧燥の都市を離れ、きらきらと光る海を後にして、マサチューセッツ州の山峡を見守ってまったく物悲しげに横たわっているわが家のバークシャ丘陵地帯《ヒルズ》にまで駆けつけたというのに。

階段を駆けのぼり、わたしは、蒼ざめた母親と泣き声をたてている赤んぼのもと、ひとつの生命がわたしの命ずるままにひとつの生命を獲得するために捧げられ、そして、ついにそれを獲得したところの聖壇に、たどりついた。この、ちっぽけな、形の定かでないものはなんであろうか？ この、ひとつの未知の世界から新たにやって来た泣き叫ぶ声は、――全く頭と声ばかりの、これは？ もの珍らしげに、わたしは、それに手を触れる。そして、わたしは、そのまばたきや、息づかいや、くしゃみを、戸惑いながら凝視める。そのとき、わたしは、それを愛していたのではない。愛するというのは、滑稽なように思えた。だが、彼女をば、わたしは愛していた。少女のような母親、今わたしが朝の栄光のように拡がるのを見た彼女なら――この変貌をとげた女なら。

彼女を通して、わたしは、このちっぽけなものを愛するようになった。成長し、だんだんと強くなるにつれて。囀ったり泣いたり片言をいったりしながら、その小さな魂がしだいに広がってゆくにつれて。さらに、その眼《まなこ》が人生の輝きと閃光を捕えるにつれて。何とかれは美しかったことか。オリーヴ色をした肌、暗い黄金色の捲毛、青と褐色の混ったその眼、完璧なその小さな手足、それに、アフリカの血がその面だちのなかに鋳造していれた柔軟なあだっぽい表情の動き。わたしたちが遙かかなたの南部のわが家へと急いでいったあとで、わたしは、かれを両腕のなかに抱きかかえた、――抱きかかえ、そして、ジョージア州の熱い赫土《あか》と、多数の丘陵をもった息切れのしている都市を見やった。

そして、わたしは漠とした不安を感じた。どうしてかれの髪は黄金色をしていたのだろうか？　黄金色の髪は、わたしの生涯にあって、不吉の前兆《きざし》であった。どうして、かれの眼の褐色は、青色を粉砕し、殺してしまわなかったのだろうか？　何故ならば、褐色は、かれの父の眼の色であったし、また、かれの父の父の眼の色であったからだ。このようにしてわたしは、カラー・ラインのこの土地で、たまたまちらりと、わたしの赤んぼの上をかすめたヴェールの影を見たのである。

ヴェールの内側で、かれは生まれた、とわたしは言った。そして、そこ、ヴェールの内側で、かれは生きることとだろう、――ひとりの黒人として、ひとりの黒人の息子として。あの小さな頭のなかに――ああ悲痛な気持で！――迫害される種族の屈しない矜恃《ほこり》を保持しながら。あの小さな窪みのある手で、――ああ、物憂げに！――望みなきに非ずとはいえ、およそ有望とはいえない希望にとり縋りながら。そして、わたしの魂をのぞきこむあの明るく輝く驚きの眼で、その国の自由とはわたしたちにとって嘲弄であり、またその国の解放とは嘘言であるひとつの国を見つめながら。わたしは、わが子のうえをよぎるヴェールの影を見た。わたしは、冷酷な都市が、血に染んだこの国のうえに聳え立っているのを見た。わたしは、わが子の小さな頬に顔を寄せ、子供星たちを、また、きらきらと輝きだすときのそれらの瞬たきの光を、教えてやった。そして、夕べの祈りを口ずさみながら、わたしの人生の声にならない恐怖を、静めるのだった。

いかにも逞ましく、また主人顔をして、かれは成長した。沸騰する生命《いのち》に満ち溢れ、「全き生命《いのち》」から離れて一年と六カ月だけ経ったいま、生命《いのち》の無言の知恵におののきながら成長していくので――わたしたちは、神のこの黙示を崇拝せんばかりであったといってもいい、わたしの妻とわたしの二人は。彼女の生活は、子供に基づいて築かれ、形づくられていた。かれは、彼女のあらゆる夢を彩どり、あらゆる努力の理想であった。どんな手も、彼女の手のほかは、その小さな手足に触れたり、またあしらってはならないのである。どんな衣裳も、あるいはまた飾り襟も、彼女の指を煩わしたものでなければ、その手足に触れてはならないのである。どんな声も、彼女の声でなければ、かれを夢の国へとなだめ誘《いざな》うことは、できなかった。そして彼女とかれは、ふたりして、ある穏やかな未知の言葉を話しそうした言葉でお互いの気持ちをみごとに通じあった。わが子の小さな白いベッドのうえにかがみこんで、わたしもまた、深いおもいに耽るのだった。かれの腕のいっそう新しい力を通して、幾世代にもわたって前方に差し伸べられているわたしじしんの腕の力を見るのだった。黒いわたしの父たちの夢が、世界の荒涼とした幻影のなかへ、よろけながらその一歩を踏みだすのを見るのだった。かれのまだ赤んぼの声のなかに、ヴェールのこちらがわで起こるはずの予言者の声を耳にするのだった。

そしてこのようにして、わたしたちは、秋に、冬に、そしてまた、今を盛りとばかり萌えでる青葉の季節、あの南部の長い春にも、夢み、愛し、計画するのだった。そうこうするうちに暑い風が悪臭を放つメキシコ湾から吹き流れてきて、薔薔の花々が身ぶるいし、じっとして動かないきびしい太陽がアトランタ州の丘陵の上に恐しい光をふるわせるのだった。と、それから、ある夜のこと、ちっぽけな白いベッドに向かう小さな跫音が、疲れたようにぱたぱたと聞えた。小さな両手は、わなないた。暑く火照《ほて》った顔が、枕のうえを転輾した。わたしたちは、赤んぼが病気なのを知った。一〇日のあいだ、かれは、そこに横たわっていた、——一週間はあたふたと過ぎ去り、果てしのない三日間が続いたが、かれは、ますます、衰弱していった。かいがいしく、母親は、最初の何日かのあいだ、かれを看護した。そして、微笑みかえしてくるかれの小さな眼をのぞき込みながら笑ってやった。それから、彼女は優しく、かれのまわりを往ったり来たりしたが、ついに、かれの微笑みは消え去り、恐怖が小さなベッドの側に蹲まったのである。

それからは、日の果てることがなかった。夜は、夢のない恐怖であった。喜びと眠りは、どこかへ行ってしまった。わたしには、いま、真夜中に茫然とした夢のない昏睡状態のなかからわたしを呼んでいるあの声が聞える――「死の影よ！　死の影よ！」と叫びながら。外、星明りのなかへと、わたしは、こっそり抜けでた。あの白髪まじりの医者を呼び起こすために、――死の影です、死の影です、と。時間はふるえながら過ぎていった。夜は聞き耳をたてた。蒼ざめた夜明けが、疲れたもののように音もなく灯火をよぎった。それから、わたしたちふたりだけが、眼を大きく見ひらいてわたしたちのほうに向きなおり、弦のような両手を差しのべているその子を見つめていた、――死の影！　わたしたちは一言も口をきかなかった。そして、顔をそむけた。

かれは、夕ぐれに息を引きとった。その時、太陽は、その顔をヴェールでおおって、西の山々のうえにじっと考えこんでいる悲しみのように、かかっていた。またその時、風は語らず、そして、樹々は、かれの愛した大きな緑の樹々は、静止したままだった。わたしは、かれの呼吸がだんだん迅くなり、止まるのを見た。と、その時、かれの小さな魂は、夜空を進むひとつの星のように飛び立って跡には、闇の世界をのこしていった。日は変らなかった。おなじ背の高い樹々が、窓から覗きこみ、おなじ緑の草が、落日の日射しをうけて煌めいた。ただ、死の部屋のなかで、この世でもっとも哀れなものが、苦しみに悶えた、――ひとりの子を失くした母親が。

わたしは、回避しない。わたしは、たたかいに満ちた生活に焦がれる。わたしは、殺到する苛酷な試練《あらし》をまえにして怯《ひる》んだり、畏ろしいヴェールの影をまえにしておじけをふるう、臆病者ではない。だが、聞け！　おお、死よ！　このわたしの生活は、もう充分すぎるほど辛いものではないだろうか？――わたしのまわりに嘲笑《あざわら》いの網を張りめぐらせている沈滞したあの土地は、もう充分すぎるほど冷淡なものでないというのか？――四面を限る、これらの小さな四つの壁のかなたに広がっている全世界が、もう充分すぎるほど無情なものではないというのか、おまえが、何が何でもここに這入って来なければならないというのでは？――おまえ、おお、死よ？　わたしの頭のまわりを轟きわたる嵐は、情けをしらぬ声のように打ちつけ、狂気の森は、弱いものたちの呪詛で脈うっていた。だがしかし、何をわたしは欲しがったろうか、家のなか、わたしの妻と、小さいわが子の側にいて強情にも、そこに這入りこむのだといって聞かなかったとは、――おまえ、おお、死よ、――おまえはそんなにまで、ひとつの小さな幸福の隅っこのことが妬けたのか？

喜びと愛そのままの完璧な生活、これが、かれの生活だった。涙は、その生活――ハウザトニック川のかたわらの夏の日のように甘美な――をいっそう輝かしいものにした。世間はかれを愛した。女たちは、かれの捲毛に口づけし、男たちは、厳粛な面持ちでかれの素敵な眼をのぞきこんだ。そして、子供たちは、かれのまわりを往きかい、飛びまわった。わたしはいま、空のようにかれの表情が、輝かしいはじけるような笑いから、沈うつなしかめっ面へ、それから、世間を目にした時の訝かしげに考えこんだ様子に、移りかわるのが見える。カラー・ラインというものを知らなかった可哀想なわが子よ、――ヴェールは、たとえかれの心を翳らせたとはいえ、かれの太陽の半分をも曇らせることはなかった。かれは白人の婦人《メイトロン》を愛した。かれは黒人の育児婦を愛した。そして、かれの小さな世界にあっては、皮膚の色《カラー》が問題でない、赤裸な、魂だけが往き来した。わたしは、――そう、すべてのひとびとは、――無限の広がりをもつあの小さなひとつの生命によって、いっそう大らかで、いっそう純粋になるのだ。まじりっ気のない透明な洞察力で、星のかなたを見る彼女は、かれが飛び去ってしまったとき、こう言った、「あの子は、あそこで幸せになるでしょう。あの子は、いつも、美しいものを愛したわ。」そして、彼女よりはずっと無知で、じぶんじしんの編んだ網目によって盲目になっているわたしは、言葉を繰りながら、呟やきながら、ただひとり坐っていた。「もしもあの子がまだいるのならば、あそこにいるのならば、また、あそことというものがあるのならば、あの子を幸せにしてやってください、おお、宿命よ！」

野辺の見送りをする日の朝は、鳥や歌や、甘い香りの花々で、陽気だった。樹々は、草に囁きかけたが、子供たちはひっそりとした面持ちで坐っていた。にもかかわらず、その日は、亡霊のようなこの世のものでない一日であるようにおもえた、——いのちの生霊《いきりょう》。わたしたちは、かすかに歌声を耳にしながら、小さな白い花の束の蔭にある、どこかの見知らぬ通りを、がらがらと音たてながら降《くだ》ってゆくようにおもえた。多忙な街は、わたしたちのまわりで騒々しかった。かれらは、多くを語らなかった。いつもの蒼白い顔をして、せわしなく往き来する男たちや女たちは。かれらは、多くを語らなかった。——かれらはただ、ちらっとこちらを見て、こう言った。「黒《ニガーズ》んぼどもだ！」

わたしたちは、そこジョージア州の地面の下に、その子を横たえることはできなかった。なぜなら、そこの土は、奇妙なくらいに赤いのだから。そこで、小さな畳まれた両手のなかに花々をもったその子を、わたしたちは、北の方へと運んでいった。無駄だ、無駄なことだ！——なぜなら、おお、神よ！　あなたの広大な青空のもと、いったい何処に、わたしたちの黒い赤んぼを安らかに眠らせればよいのでしょうか？——何処に尊敬は住むのでしょうか、善は、そしてとらわれない自由は住むのでしょうか？

その日じゅう、そして、その夜ずっと、わたしの心にはある壮厳な喜びが蹲まっていた、——いや、わたしが、ヴェールを通して世間をこのように暗く見ているとしても、わたしを咎めだてしないでもらいたい、わたしの魂は、たえず、わたしにこう囁きかけるのだ。「死んだのではない。死んだのではなくて、逃げたのだ。囚われの身ではなくて、自由なのだ。」どんなに辛いものであれ、いまや、卑賤さが、かれの赤んぼの心を蝕ばむことはないだろう、その赤んぼの心が、生きながらの死を果てるまでは。どんな痛烈な皮肉も、かれの幸福な幼年時代を狂わせることはないだろう。この小さな魂が成長したあかつきには、ヴェールで隔てられた世界のなかにあって、窒息したり、醜くなってしまうだろうが、たとえそうだとしても、生きながらえてほしいものだと思ったとは、わたしも愚かなことだった！　わたしは、ときおりかれの瞳を漂よって過ぎた、はるかを見つめる深いこの世のものならぬ眼差しが、狭隘なこの現在《いま》よりもずっと先の先を熟視しているのに、あるいは気づいたかも知れなかっただろうに。かれが、捲毛を頂いた小さな頭を持しているその風情には、その父が、じぶんじしんの心のなかで酷《むご》くも打ち挫いてしまった、存在するもののあのすべての荒々しい誇りが、坐ってはいなかったろうか？　五〇〇〇万人の仲間たちの受けている、わざわざ仕組まれた屈辱のなかにあって、まったくのところ、黒人は自尊心と引きかえに何を必要としているのだろうか？　世間がおまえの抱負を倨傲と呼び、おまえの理想を到達しえないものだと考え、そして、おまえに平身低頭し屈服することを教えるまえに、わが子よ、よくぞおまえは急いで逝ったものよ。おまえにたいする海のように深いこの悲しみよりは、わたしの生命を止めるこの名状しがたい空虚のほうが、はるかに優る。

無益な言葉をつらねている。生きながらえていたらば、かれはじぶんの重荷をわたしたちよりはもっと勇敢に耐えたのかもしれなかったのだ、――そう、そしてまた、いつの日か、わたしたちよりは、その重荷が軽いものであることに気づいたかもしれなかったのだ。なぜなら、確かに、いまが終焉ではないからだ。きっと、そのうちに、あの力強い朝が訪れ、ヴェールを取りはらい、囚われのひとびとを自由にするだろう。わたしのためにではなくて——わたしは縛られたままこの世を終えるだろう——夜を知らず朝に向かって目ざめた清新な若い魂たちのために。ひとびとが働くものに向かって、「かれは白人かね？」と尋ねるのではなくて、「かれは働らけるかね？」と尋ねる朝のおとずれ。芸術家たちに向かって、「かれは黒人かね？」と尋ねるのではなくて、「かれらは知っているかね？」と尋ねる朝の。何年も何年も先のことだろうが、ある朝、このようなことが起こるだろう。だが、いまは、ヴェールのこちら側のあの暗い岸辺で、おなじ太く低い声は叫ぶのだ、「汝、慎シムベシ！」と。その命令のままに、あまり不平もこぼさずに、わたしは、すべてのことを慎しんできたのだ、——ただ、わたしのつくった巣のなかで、死といっしょにあんなにも冷たく濡れて横たわっている、あの美しい若い姿をのぞいては、すべてのことを。

もしあの姿が消え去ってしまったのにちがいないのなら、どうしてわたしは消え去らないのだろうか？　どうしてわたしは、この苛立たしい不眠不休の状態から休んではいけないのだろうか？　この目ざめている状態から、眠ってはいけないのだろうか？　世界を浄化するものである時間は、若々しいかれの掌中にはなかったのだろうか？　わたしの時間は消えていこうとしているのではないだろうか？　葡萄畑には、この幼ない子供の未来が軽々と放り捨てられるほど、それほど沢山の労働者たちがいるのだろうか？　この国の裏通りに沿って並んでいるわが種族の悲惨な子供たちは、父もなく、また母もなく、うずくまる。だが、かれの揺りかごのそばには、愛が坐っていたのだ。そして、かれの耳には知恵が囁く時を待っていたのだ。おそらく、かれはいまや、全き愛を知っており、賢くある必要はないのだろう。それでは、眠《やす》むがいい、わが子よ、——わたしが眠り、赤んぼの声と熄むことのないその小さな跫音に、目をさますそのときまで眠《やす》むがいい――ヴェールを超えて。

第十二章　アレグザンダー・クラムメル

そのとき、夜明けのほうからやって来るように思えた、だが、そのかすかさたるや、
はるか、この世の果てからのよう、
大きな叫びから生まれた谺の最後のよう、
さまざまな音響が、まるでそれはある美しい街がひとつの声となって、
戦《いくさ》の庭から帰ってくる王のまわりをとりまくかのよう。
——テニスン*

つぎにお話しするのは、ひとりの人間の心の歴史である、——世間というものを、そしてまた、自分自身というものを知ろうとして、いまからもう何年もまえに、人生と戦いはじめたひとりの黒人少年の物語りである。その子供の驚き見はる眼のまえに、灰色に不気味に横たわっていたあの暗い砂丘のうえで、かれは三つの誘惑に出会ったのである。赤い夜明けに執拗に逆らう憎悪の誘惑。真昼の日を暗くする絶望の誘惑。いつも薄明とともに広がる疑惑の誘惑。とりわけ、みなさんには、かれが越えてきたもろもろの谷間、——屈辱の谷間と死の影の谷間について聞いてもらわなければならない。

わたしが、はじめてアレグザンダー・クラムメルに会ったのは、がやがやと騒々しく、大勢のひとたちで混みあっていたウィルバーフォース*の卒業式の会議においてであった。かれは、丈が高く、弱く、黒かった。気取らない威厳があり、育ちのよさをまぎれもなくしめす趣があった。わたしは、威

勢のよい若い雄弁家たちの騒々しい声によって、邪魔されることのない離れた場所でかれと話しあった。かれの性格の繊細さ、——すなわち、そのものしずかな礼儀、その力の新鮮さ、その希望と人生の真実とをみごとに融合しているさまを感じるにつれて、わたしは、丁寧に、それから好奇の念をいだきながら、さらには熱心に、かれに話しかけるのだった。本能的にわたしは、ひとが世界の予言者たちのまえに頭を下げるように、この男のまえで頭を下げた。かれは、深紅の過去や、またあるいは灰色の未来からではなくて、脈うつ現在——わたしにとってはたいそう明るくもあれば暗くもあり、また、たいそう素晴らしくもあれば汚れてもいる、あざ笑っているような世界——からやって来た、ある先覚者のように思えた。八〇年のあいだ、かれは、わたしとおなじこの世界をさまよっていたのだった。ヴェールの内側で。

　かれは、ミズーリー協定*と時を同じくして生まれ、マニラとエル・ケイニー*の殷々たる砲撃を聞きながら死の床にあった。つまり、生きるには騒がしい時世であり、回顧するには暗く、待望するにはなおいっそう暗い時世であった。七〇年まえ、じぶんの浮沈のおおい人生の意味について立ち止まって考えたこの黒い顔をした若者が、世界を見下ろしたとき目に映ったものは、とほうにくれるような展望《ながめ》であった。奴隷船は、その時もなお呻吟しながら太平洋を横断し、かすかな叫び声は、南部の微風にながれこみ、身体の大きな黒人のおやじは、若いものたちの耳に気狂いじみたさまざまな残酷物語を囁いた。低い戸口から、母親は無言で遊んでいるじぶんの子供を見守り、日暮れになると、暗闇がその子を奴隷たちの国へと連れ去ることのないように、しきりにかれを捜し求めた。

　このようにして、かれの若い心は、うごき、たじろぎ、また、細心に人生の像をつくりあげるのだった。そして、その人生の像の真中には、いつも、ひとりの色の黒い人物が独りで立っていた、——

きまって、あの苦悩を浮べた父親のけわしい表情を湛え、広漠とした形の定かでない襞《ひだ》のなかに崩れ去ってゆくひとつの輪郭をもっているその姿。こうして、憎悪の誘惑は増大し、成長してゆくその子の心を翳らすのだった、——ひそかに、かれの笑いのなかに滑りこみ、遊びのなかに溶けこんでゆき、また昼となく夜となく、かれの夢を襲って荒々しく野蛮にその夢を掻き乱しながら。こうして、その黒人の少年は、空や太陽や、花々に問いかけたのだった。あのけっして答えられることのない「何故なんだ？」を。成長するにつれて、かれは、この世も、この世のいろいろな粗暴なやりかたをも、愛さなくなった。

子供にしては奇妙な誘惑だ、とみなさんには考えられよう。それでも、こんにち、この広大な土地には一〇〇万人の黒い子供たちが、これとおなじ誘惑をまえにして、深く考えこみ、その誘惑の冷たい身震いのするような腕を感じているのである。かれらのために、おそらく、いつの日か、だれかがヴェールをとり除くことだろう、——それらの悲しい小さな生命《いのち》のなかにやさしく快活に入ってきて、垂れこめる憎しみを拭い去ることだろう。ちょうど、ベリア・グリーンが、アレグザンダー・クラムメルの生命に入りこんできたように。そして、このぶっきらぼうな優しい心をもったひとのまえでは、影もそれほど暗くはないようにおもえた。ベリア・グリーンは、ニュー・ヨークのオナイダ郡に、二〇人の腕白な少年たちを相手に学校をもっていた。「わたしは、黒人の少年をひとり教育するためにここへ連れてくるつもりだ」と、ベリア・グリーンは言った。そんなことを口に出せるのは奇人と奴隷制度廃止論者だけだったであろう。「ははあ！」と、子供たちは笑った。「はあーい、」と、かれの妻は言った。そして、アレグザンダー・クラムメルがやってきたのである。以前にいちど、この黒人少年は、学校をもとめて、寒さにふるえひもじい思いをしながら、四〇〇マイルも旅を続け、自由なニュー・ハンプシャー*にまで行って、ケイナーン*についたのだった。だが、そこの信心ぶかい農民たちは、奴隷制度廃止論の学校に一八〇頭の牡牛をつなぎ、沼地の真中にその学校をひっぱっていった。黒人少年は、てくてくと歩いてそこを立ち去ったのである。

一九世紀は、人間的共感の最初の世紀であった、――なかば訝《いぶ》かりながらも、われわれは、他人のなかにわれわれが自我と呼ぶあの形を変えた神性の閃光を認めはじめ、土百姓たちや農民たち、浮浪者たちや泥棒たち、百万長者たちや――ときには――黒人たちが、脈うつ心臓をもった人間となり、かれらの温かく鼓動する生命が、ひじょうに身近な存在としてわれわれと触れあったので、驚きになかば喘ぎながら、われわれが「おまえもやっぱり！　おまえは、悲しみや、絶望の澱みを見たことがあるのか？　おまえは、人生というものを経験したのか？」と叫んだそういう時代であった。そして、つぎには、われわれみんなが、絶望的にそれらの他人の世界を覗きこみ、そしてこういって嘆いたのである。「おお、世界のなかの世界よ、人間はどのようにして、おまえたちをひとつにすればよいのだろうか？」と。

このようにして、オナイダのその小さな学校の生徒たちに、以前にはかれらが夢みたこともない考えと憧れが、ひとつの黒い肌をとおして訪れたのである。そして、その孤独な少年には、共感と霊感のあたらしい黎明がやってきたのである。あの影をなげかける形の定かでないもの――かれと世界とのあいだを徘徊するあの憎しみの誘惑――は、いっそうかすかになり、まえほど悪意にみちたものではなくなった。それは、完全に消え去ったのではなくて、拡散して、あちらこちらの隅っこに凝集して低迷したのである。この憎しみの誘惑を通して、その子供は初めて人生の哀歓、――天と地のあいだを走っている道、天地がはるかかなたで青ざめた揺れ動く一本の線となって交わりあい、触れあうところにまで続いている太陽に洗われた道、――を見たのである。生命をもったひとつの幻像が、その成長してゆく少年にやってきた――神秘で、不可思議な。かれは、頭をあげ、身体を伸ばし、新鮮な空気をふかく呼吸した。はるか森の背後に、かれは、奇妙なひびきを聞いた。それから、かれは、はるか、はるかなかなたに、呼びかけている――かすかに呼びかけ、大きな声で呼びかけている――一国民の赤銅色に焼けた大群が、樹木を通してきらきら光るのを見た。かれは、それらのひとびとの鉄鎖の触れあう、ちりんちりんと音立てて鳴る憎むべきひびきを聞いた。かれらが、ぺこぺこと諂《へつら》い、また平伏するのを感じた。かれの内部には、ひとつの抗議とひとつの予言とが、湧きおこった。そこで、かれは、用意を整えて世界へ向かっていったのである。

あるひとつの声と幻像は、かれに牧師となるよう――神の啓示をうけないひとたちを束縛の家から外へと導くべき予言者となるよう――呼びかけた。かれは、指導者をもたない群が、荒れ狂う海の渦巻くように、じぶんのほうに向かってくるのを見た、――かれは、じぶんの両手を熱心に差し伸べた。すると、そのとき、かれが両手を差し伸べているときでさえ、ふいに、幻像を絶望の誘惑がよぎったのだった。

かれらは、邪悪な人間ではなかった、――人生の問題は邪悪なものたちの問題ではない――かれらは、静かで善良なひとたち、「神の使徒教会」の主教たちであり、正義をもとめて努力した。かれらは、おもむろに云った。「まったく、ごもっともなことです、――殊勝なことであるとさえ言えます。しかしながら、監督教会の総合神学校*は、黒人が聖職につくのを認めることはできないのです。」そして、あの痩せた、なかば怪奇な姿が、依然として、かれらの戸口に頻繁に訪れるので、かれらは、親切に、なかば物悲しげにかれの両肩に手を置いて、こう言ったのだ。「いま、――いうまでもなく、わたしたちは、――わたしたちは、あなたがそれをどんなふうに思われるか知っております。しかし、あなたは、それが出来ないことだと、わかります。――つまり、――そう――時期尚早ということですね。いつか、わたしたちは信じます――真面目に信じます――こういった差別が、すべて解消してしまうだろうことを。だが、いまは、世界はごらんのとおりなのです。」

　これが絶望の誘惑であった。そして、その若い男は、その誘惑と頑強に闘かったのである。ある厳粛な影のように、かれは、聖職につけるよう嘆願し、主張し、なかば怒りをこめて要求しながら、さっさといくつもの広間を通りすぎたが、ついにあの最終的な「否《ノー》」がやって来た。ついに、ひとびとは、この邪魔者を追い出してしまい、かれのことを、愚かな、道理を弁えぬ、無分別な、神の法にたいする空しい謀叛者、と決めつけてしまった。そしてそれからは、あの壮麗な幻像から、徐々に、あらゆる栄光が消え去り、あとには灰色の荒涼とした土地がのこって、暗黒の絶望のもとに起伏しつづけているのであった。あのどんよりとした朝の深みのなかから、かれに向かって差し伸べられた親切な手でさえ、紫色の影の部分にすぎないように思われた。かれは冷淡な目つきでそれらの手を眺め、こう尋ねた。「世界の道がわたしにとって閉じられているのに、どうして、わたしは、神の恵みによって、努めるべきなのであろうか?」それでも、それらの手は、みんなやさしく、かれを促しつづけた、――あの豪胆な父の豪胆な息子である若いジョーン・ジェイ*の手、あの自由な都市ボストンの善良なひとびとの手は。それでも、教会の聖職につける道がかれのまえについに開かれたとはいえ、そこには雲が漂っていた。そして、古い聖ポール教会*のなかで、尊敬すべき主教が白い両腕を黒人牧師補のうえにあげたときでさえ、――そのときでさえも、重荷は、その心から取り除かれてはいなかった。なぜなら、地上から栄光は去ってしまっていたのだから。

とはいえ、アレグザンダー・クラムメルがそのなかを通っていった火は、むだに燃えていたのではなかった。ゆっくりと、まえにも増して厳粛に、かれは、じぶんの人生の計画をふたたびとりあげたのだった。いっそう批判的に、かれは状況を究めた。黒人大衆が束縛されている奴隷制度とその隷属状態のなか深く下降していって、かれは、かれらの宿命的なさまざまな弱点を見たのである。それらの弱点は、ながい歳月にわたる虐待によって、いっそう強調されてきたものである。強烈な精神的特性や、不屈の正義というものの枯死が、かれらの大きな欠点になっていると、かれは感じた。そして、かれは、この点から始めようとしたのである。かれは、自己の属する種族のうちの最良のものたちを、ある小さな監督教会の礼拝堂に集め、そこでかれらを導き、教え、鼓舞しようとした、ついにはかれの影響力が広まり、子供たちが成長し、世界が耳を傾けるまで、そのけっか――ついに――そのとき、青春のあの最初の美しい幻像の、あるかすかな夕映えが、かれの夢をよぎって輝いたのだ――単に一条の夕映えにすぎなかったが、なぜなら、地上からは栄光が去ってしまっていたからである。

ある日、――高潮がニュー・イングランドの五月の風と陽気にあらそっていた一八四二年のこと、――ついに、かれは、神意にもとづき自分自身の礼拝堂に教会の牧師として立ったのである。日々は速やかに流れていった。若い黒人牧師は、骨折って働いた。かれは、自分のおこなう説教を入念に書いた。ものやわらかな、真面目な声で、その祈りに抑揚をつけた。しばしばかれは、街頭に出て、道行くひとびとに呼びかけた。病人を見舞い、また、臨終のひとびとの側にひざまづいた。来る週も、来る週も、日に日をついで、月をわかたず、かれは、働き、骨折った。それにもかかわらず、毎月毎月、会衆の数は減ってゆき、週毎に、虚ろな壁は、いっそう鋭く反響し、日に日に、訪うひとの数は、しだいに減ってゆき、そして、日増しに、第三の誘惑が、いっそうはっきりと腰を落ちつけ、そして、なおいっそう明確に、ヴェールの内側に居を占めたのである。淀みのない流暢な音調のなかに、まさしく嘲弄の色あいを帯びた、いわば、柔和で微笑んでいるような、誘惑が。最初、それは、ひとつの抑揚のある声となって、ふいにやってきた。「おお、黒人たちかね？　そうだ。」あるいは、おそらく、もっとはっきりと、「おまえは何を期待するんかね？」声と挙動には、疑惑があった——疑惑の誘惑が。どんなにかれは、それを憎み、かつ、それに猛烈に噛みついたことだろう！　「もちろん、かれらにはできるのだ、」とかれは叫んだ。「もちろん、かれらは、学び、努力し、成しとげることができるのだ——」と。「もちろん、」と、その誘惑は、穏やかに附け加えてくるのだった、「かれらは、そのようなことは何もできはしないよ。」三つの誘惑のすべてのうちで、この誘惑は、最も深くこたえるものだった。憎しみ？　かれは、そんな子供じみたことは打ち勝つぐらい成長していた。絶望？　かれは、それに逆らうべく、自己の右腕を鋼のように鍛えていた。そして、断乎とした精力をもって、それと闘かったのである。が、しかし、自己の生涯の仕事の価値を疑うこと、——じぶんの魂が、じぶんの種族であるが故に愛したところの種族の運命と能力を疑うこと、切なる努力のかわりに、無頓着なあさましさを発見すること、じぶんじしんの唇が、「かれらは気にかけやしないのだ。かれらは知ることができないのだ。かれらは、無言の駆りたてられる家畜なのだ。——なにが故に、おまえの真珠を、豚のまえに投げるのか？」と囁くのを聞くこと——このこと、このことは、人間の堪え得る限界以上のものであるように思われた。かれは、戸を閉じ、内陣の階段《きざはし》に身を投げかけ、聖衣を、床に投げ捨てて、悶え苦しんだ。

　かれが起きあがったとき、夕べの日の光線は、薄暗い礼拝堂のなかに埃を舞わせていた。かれは、法衣を畳み、讃美歌集を片付け、大きな聖書を閉じた。かれは、薄明のなかへと出ていって、もの憂い微笑みを浮べながら狭い小さな説教壇をふりかえり、戸に錠をおろした。それから、かれは、主教のもとへと活発な足どりで歩いていき、主教にたいし、すでに主教の知っていることを話した。「失敗でした」と、かれは簡単にそう云った。そして、そう告白することによって勇気をおぼえながら、こう付け加えた。「わたしには、もっと大きな教区が必要です。当地には、比較的、黒人が少いし、そのうえ、おそらく、最良の黒人たちでもありません。わたしは、活動分野のもっと広いところへ赴き、もういちど、やってみなくてはなりません」と。そこで、主教は、オンダードンク主教に宛てた手紙を託して、かれをフィラデルフィアに送ったのである。

オンダードンク主教は、白い階段を六段のぼった頂きに住んでいた、――でぶでぶと肥って、赤ら顔の、使徒承伝*にかんするいくつかの感動的な論文の著者であった。執拗にベルが鳴り、主教のもとに、一枚の手紙と痩せたぶざまなひとりの黒人がとびこんできたのは、食事のあとしばらく楽しい瞑想に耽るために主教が体を落ちつけていたときであった。オンダードンク主教は、急いでその手紙を読み、そして眉を顰めた。幸いにも、かれの心は、この点についてはすでにはっきりしていた。そこで、かれは、眉をひらいて、クラムメルを見た。つぎに、かれは、おもむろにではあるが印象的にこう言った。「わたしは、あなたをこの主教管区に受け入れましょう。ただし、ひとつ条件があります。つまり、黒人牧師は誰であれ、わたしの教会の会議には出席することができないこと、そしてどんな黒人教会も、この会議にたいして代表をおくることを求めてはならないということです。」

わたしは、ときおり、そのときの情景が目に見えるように思う。つまり、すり切れて糸のあらわな上衣を、フォックス著『殉教者たちの生涯*』が『人間の全義務*』と睦まじく並んでいる木製の黒い本箱のまえに投げかけ、オンダードンク主教の巨大な腹をまえにして、神経質に帽子をひっぱっている、そのかよわい黒い姿を。わたしには、その黒人の大きく見開いた眼が、主教の上質の広幅黒羅沙の服地を越えて、用箪笥のガラスの自在ドアが日光をうけて赤く輝いているところにまでさまようのが、見えるように思える。一匹の小さな青蠅が、欠伸をしているその鍵穴を通り抜けようと努めている。蠅は、威勢よく鍵穴に向かって進んでゆき、驚くべきやりかたでその割れ目を覗きこみ、触角を物思わしげにこする。それから、割れ目の深さを測って、底知れない深さだとわかると、ふたたび、身を退くのである。黒い顔の牧師は、その蠅もまたじぶんの屈辱の谷に直面したのかしら、そして、また、その蠅はいったいそのなかに飛びこむのだろうか、どうするのかしらとひとりでにじぶんが訝かっているのに気づく。――と、そのとき、見よ！　蠅は、その小さな翅をひろげ、ぶんぶんと陽気に羽音をたてながら横切っていくではないか。その観察者を、羽のない、ひとりぼっちの状態に、とりのこしたまま。

するとかれの負っている重荷の全重量が、かれのうえにかかってきた。ぜいたくな壁は、消えてしまった。そして、かれのまえには、一筋の太い花崗岩の尾根《おね》によってふたつ――こちらには屈辱の谷、むこうには死の影の谷――に切断された、生命《いのち》あるかぎりうねうねと続く寒々とした殺風景な荒野が横たわった。そのどちらがいっそう暗いほうなのか、わたしには分らない、――そう、わたしには分らない。しかし、わたしはつぎのことを知っている。すなわち、かなたに卑しいひとびとの谷には、今日、喜んで、

……時の鞭とあざけりを、
圧制者の不正を、高慢な人間の無礼を、

愛を蔑《さげす》まれる苦痛《いたみ》を、法の遅延を、
当局の尊大さを、そしてさらに、くだらないものたちの
とりえである忍耐づよさが蒙るところの拒絶を、耐える（「ハムレット」第三幕第一場の有名な独白 To be, or not to be の すこし後の部分――訳者）

であろう一〇〇万の皮膚の黒い人間たちが立っていることを。すべてこのことを、さらに、それ以上のことを、かれらは耐えるだろう。もしも、ただ、かれらが、このことは犠牲であって、それより卑しい事柄ではないのだ、ということを知りさえしたならば。このようにして、孤独なその黒人の胸中に、そうした考えが波のように渦巻いたのである。主教は、思わせぶりに咳払いをした。それから、言うべきことは実際なにもないのだ、ということを思いおこしながら、思慮ぶかくなにも云わないで、ただやけに足をとんとんと踏みつけながら、坐っているだけだった。だが、アレグザンダー・クラムメルは云った。ゆっくりと、重々しく。「そのような条件では、わたしはけっして、あなたの主教管区に入ろうとは思いません。」言い終ると、かれは、踵を返し、死の影の谷へと去って行ったのである。みなさんは、ただたんに、がたのきた骨格とか、しきりに出るから咳とか、肉体的な死だけに気づかれたかもしれない。しかし、その魂のなかには、それよりもいっそう深い死が横たわっていたのである。かれは、ニュー・ヨークにひとつの礼拝堂を、――かれの父の教会をみつけた。同僚の牧師たちに軽蔑されながら、貧困と飢餓のなかにあって、かれは、その礼拝堂のために働いた。なかば絶望しながら、両手を差し伸べた乞食として、かれは、海をさまよい渡っていった。イギリス人たちは、その両手をしっかりと抱きしめた、――ウィルバーフォース*やスタンレー*、サーウェル*やイングルズ*、そして、フロウド*やマコーレー*さえもが。ベンジャミン・ブロディ卿*は、しばらくのあいだ、ケムブ

リッヂ大学のクィーンズ・カレッジに留まって休むように、かれに云った。そこで、かれは、身体と精神の健康の回復に努めながら、一八五三年に学位をとるまで、そこに留まったのである。依然として心安まらずまた満足もできないまま、かれは、アフリカに向かっていった。そして、長い年月のあいだ、奴隷商人の徒輩《やから》のあいだにあって、かれは、新しい天と新しい地をもとめた。

こうして、その男は、光明をもとめて模索した。こうしたすべては、生活ではなかったのだ、――それは、ひとつの魂がじぶんじしんを探求しての世界遍歴であった。それは、死以上のものである死の影に絶えずつきまとわれながら、この世界にみずからの場所を求めて得ることのなかったひとりの人間の努力であった――じぶんの義務を果しえなかったひとつの魂の死去であった。二〇年のあいだ、かれは放浪した。二〇年、さらに、それ以上ものあいだ。しかもなお、あの冷酷な神経を掻きむしる質問は、かれのうちにあって、かれを責めさいなみつづけた。「いったいまた何のために、おれはこの地上に生きているのか?」ニュー・ヨークのその狭隘な教区にあって、かれの魂は、締めつけられ窒息させられるように思えた。イギリスの大学のあの気持ちのよいなつかしい空気のなかにあって、かれは、海のかなたに何百万ものひとびとの嘆きを聞いた。西部アフリカのあの瘴癘の沼地に、かれは、援助をうけることもなくただひとりで立っていた。

かれの不気味な遍歴に接しても、みなさんが驚くことはないであろう、――生きるという急速な渦のなかで、その冷淡な逆説と不可思議な幻像のあいだで、人生に直面したことがあり、面と向かってその謎を問うたことのあるみなさんなら。そして、みなさんが、もしその謎を読みとるのはむずかしいことだとお気づきになるならば、思いおこしていただきたい。はるかかなたのあの黒人少年は、それが、まさにもうすこしだけむずかしいことだと気づいているのを。もし、みなさんにとって、じぶんの義務を見つけ、それに立ち向かうことが困難なことであるならば、かれにとっては、そうすることがほんのすこしだけよけいに困難なことだ。もし、みなさんの心が戦いの血と埃のなかにあって痛むことがあるならば、思いおこしていただきたい。かれにとっては、その埃はいっそう濃くて、その戦いは、いっそう苛烈なものであるということを。旅にさすらうものたちが倒れるのは、何の不思議もない！　わたしたちが、泥棒や殺人者や、つきまとう売春婦や、また墓をもたない死者の延々と続く群を指弾するのは、何の不思議もない！　死の影の谷は、その巡礼者たちのほとんど誰をも、この世に立ちかえらせてはくれないのである。

だが、しかし、それは、アレグザンダー・クラムメルをかえしてくれたのだ。憎しみの誘惑を脱し、絶望の炎に焼かれ、疑惑にたいしては勝利をえ、屈辱に抗しうるよう犠牲によって鋼と鍛えられ、かれは、ついに海を渡って故国に向かった。謙虚で、しかも力強く、優しくてしかも断乎として。かれは、純粋な魂をもったものたちの鎧である、あの稀にみる丁重さをもって、あらゆる愚弄と偏見のほうへ、あらゆる憎しみと差別のほうへと、立ちむかったのである。かれは、正しいひとびとの剣である、あの不屈の正義をもって、かれじしんの同胞たちのあいだにあって、賤しいひとびとと、慾のふかいひとびとと、邪なひとびとと、闘かったのである。かれは、決してよろめくことなく、滅多に不平をかこつことがなかった。かれは、若いものたちを励まし、年老いたひとたちをなじり、弱いものを助け、強いものを導きながら、実直に働いたのである。

こうしてかれは成長した。そして、ヴェールの内側を歩くひとびとの最良のものたち全部に、かれは、その広範な影響をあたえたのである。ヴェールの外側に住むひとびととは、内側のあの充ちあふれた力や、カスト制度の不透明な薄がすみによって、たいていのひとが知ることを禁じられたあの力強い霊感を、知ることはなかったし、また夢想だにしなかったのである。かれが逝ってしまったいまは、わたしは、ヴェールを払いのけて叫ぶのだ、見よ！　そのなつかしい想いでに、わたしがこの小さな讃辞を捧げる魂を！　と。あるときは未来にたいする霊感により、あるときはある人間的な邪悪さに無垢な心をいため、あるときは過去のある残酷な記憶に悲しみながら、光り輝き、また翳る、かれの雪のような白髪の下に深く刻まれた皺のある黒い顔を、わたしは、いまもなお見ることができるのだ。アレグザンダー・クラムメルと会えば会うほど、ますます、わたしは感ずるのだった、かれを知ることのほとんどないこの世界は、どれほど多くの損失を蒙っているのか、と。別な時代であったならば、かれは、紫の縁取りのある聖衣に身を纏い、この国の長老たちのあいだに座していたかもしれなかったであろう。別な国であったならば、母親たちは、かれを讃える歌をもって、子供たちを揺籃の眠りにつかせたかもしれなかったであろう。

　かれは、自己の仕事を成し遂げた、――かれは、それを気高く、みごとにやりとげた。しかもなお、わたしは、この国でかれがたった独りで、ほとんど人間的同情をうけることなく働いたことを悲しむものである。かれの名は、今日、この広い国にあって、意味するところは無にちかい。そして、その名は、五〇〇〇万人の耳には、追憶されたり競われたりするものの芳香をなんら帯びることなく、聞かれるのである。そして、この点にこそ、時代の悲劇が存する。すなわち、ひとびとが貧しいということではなく、――ひとびとはだれでも貧しさについてはいくらかなりとも知っている、――ひとびとが邪悪なものだということではなく、――だれが善良であるのか？――ひとびとが無知であるということではなく――真理とは何であるのか？　否、そうではなくて、ひとびとが、人間についてあまりにも知らなさすぎるということの悲劇が。

ある朝、かれは、海のほうを見つめながら坐っていた。かれは、微笑み、そして言った。「門は蝶番《つがい》が錆びている。」その夜、星がでたとき、西のほうから呻くような音をあげながらひとつの風が起こり、その門を吹き開いた。すると、わたしの愛したその魂は、焔のように海を横ぎって飛び去り、その場所に、死が腰を据えたのである。

今日このごろかれはどこにいるのかしら、とわたしは思う。わたしは、あのはるか薄暗いかなたの世界にかれが滑りこんでいったとき、地上の呪われたものらの苦悶を知るひとりの王、――ひとりの黒い突き刺されたユダヤ人が、胸を絞《しぼ》る人材たちを下座に控えさせながら、「よくやった!」と云いつつ、青白い玉座にのぼったのではないかしら、と思うのである。あたりにはおそらく朝の星々が、瞬き歌いながら坐っていたことであろう。

第十三章　ジョーンの帰還

暗闇にまぎれてかれらは何をもってくるのでしょう、
　河にして海のほとりに?
かれらはもってきます　人間の心を、そこでは
　夜ごとの静けさはありません。
その人間の心は風とともに止まることもなく
　露とともに乾くこともありません。
おお、神よ、人間の心を静めたまえ、あなたの静けさは広大です
　魂をもおおうばかりに。
　　河はなおも流れていく。
　　　――ブラウニング夫人*

カーライル通りは、ジョーンズタウンの中心から西の方へと大きな黒い橋を渡り、丘をひとつ降り、ふたたび上り、小さな店々や肉市場に沿って、平屋根の家々を通りすぎ、ついには、ある広い緑の芝生のところで急に行き詰りになるところにまで、走っている。そこは、広々とした閑静な場所で、西の方にくっきりとふたつの建物が浮きでて立っている。夕方、東の方から風が吹き募ってき、街の大きな煙りの幕《とばり》がもの憂げに谷間に垂れ罩めるときには、そういうときには赤い西の空は、カーライル

通りに沿って夢の国のように燃え、また、夕餉を知らす鐘が鳴り渡るというと、道ゆく学生たちの姿は、空を背景として黒い影絵のように浮かびあがる。背丈の高い黒いかれらは、ゆっくりと過ぎてゆく。そして、かれらは、不吉な光を浴びて、朦朧としながら何かを警告する幽霊のように、その街のまえを飛びまわるように見える。多分、かれらは、幽霊なのだろう。と、いうのは、ここはウエルズ大学であり、これらの黒人学生たちは、下方の白人の街とは、ほとんど何の関わりもないからである。

もしもみなさんが、毎夜、よく注意してご覧になれば、スウェイン・ホールの瞬く明りの方に向かって、いつもみんなのいちばん後から遅れて、急いで歩いてゆくひとりの黒人の姿に気づく。——というのは、ジョウンズは、いちども時間に間に合ったことはないのだから。ひょろっとして丈が高く、いつもみんなからはぐれるかれは、皮膚が褐色で、硬《こわ》い髪をしていた。また、着物が合わなくなるほどぐんぐんと背丈が伸びてゆくかのようで、なかば申訳ないといったふうに、かれは、体をゆすぶって歩くのだった。お祈りの合図の鐘がなってしまったあとになって、こっそりと、かれがじぶんの場所にやってくるので、静かな食堂はきまって陽気にざわめくのだった。かれは、まったく申し分ないくらいぶざまな男のようにみえた。それにもかかわらず、ちょっとかれの顔を見るだけで、もうそれだけで大目に見てやろうという気になるのだった、——邪気とか、わざとらしさといったものが微塵もみられず、まったく溢れでる人の良さ、そしてこの世にたいする純粋な満足があるようにみえる、あのあけっぴろげな愛想のよい微笑をみれば。

かれは、ジョージア州の南東部の節くれだった樫樹の下に横たわる、はるかアルタマハからわれわれのところにやってきた。そこは、潮が呟やきながら砂浜に打ちよせてきて、砂浜は、あちこちにながい低い砂洲となって見えるだけになり、なかば溺れ沈んでしまうまで、潮の音に耳傾けているところである。アルタマハの白人たちのあいだでは、ジョーンは善良な少年として通っていた。――すぐれた耕夫であり、水田での仕事にもなれていて、どこにあっても調法で、またいつも愛想がよく、礼儀正しかった。しかし、母親がかれを学校にやろうと思うと云ったときには、かれらは頭《かぶり》を振った。「学校は、あの子を駄目にしてしまうな――台なしにしてしまうだろうな」と、かれらは言った。そして、まるで分りきっているんだといったふうに、かれらは話すのだった。だが、黒人たちは、その半数あまりのものが、誇らしげに、かれについて駅に向かい、かれの持物である奇妙な恰好をした小さなトランクや、多くの包みを運んで行った。駅では、ひとびとは、かわるがわる握手を交わし、女の子たちは羞《はじ》らいながら、かれに口づけし、また、男の子たちは、かれの背中を叩いた。いよいよ汽車が入ってきた。かれは、小さな妹を、情愛をこめて抓り、その大きな腕を母親の頸に巻いた。それから、かれは、このおぼつかなげな巡礼者のまわりに燃え立ち、湧き立つ大きな黄色い世界のなかへと、一息、煙りを吐き、一声、咆哮をのこして、去っていったのである。かれらは、海岸をのぼり、サバンナの広場や小形の椰子樹を過ぎ、綿花畑を通り、またもの憂い夜を徹してミルビルへと急ぎ、朝方《あけがた》になって、喧騒のジョーンズタウンにやってきた。

その朝、アルタマハに残って、汽車が騒々しい音をたてながら遊び仲間で兄弟で息子であるものを世界の方へと運び去るのを見ていたものたちは、その後、ひとつの言葉――「ジョーンが帰ってくるときは」――を、絶えず心に思いうかべるのだった。さあそのときは、どんなパーティが開かれるだろうか、また、教会ではどんな話が聞かれるだろうか。どんな新しい家具が居間に――おそらく居間も新しいものだろうが――備えられるだろうか、そして、ジョーンを先生にして、新しい学校が開かれるだろう。そのおつぎは、きっと盛大な結婚式だぞ、とすべてこうしたことや、またこれ以上のことなどを、かれらは思いうかべるのであった、——ジョーンが帰ってくるそのときには、と。だが、白人たちは、頭《かぶり》を振った。

最初、かれは、クリスマスに帰ろうと思った、——が、休暇は短かすぎることが分った。それで、このつぎの夏にはと思った、——が、時勢は不景気で、学費は高かった。そんなわけで、帰るかわりに、かれは、ジョーンズタウンで働いた。そんなふうに、時は経ち、ずるずるとつぎの夏になり、さらにまた、つぎの夏にと延びのびになり、——ついには、遊び仲間たちは散らばってゆき、母は白髪をいただくようになり、妹は判事の家の台所に働きに出かけるようになった。それでもやはり、あの伝説は消え去ることがなかった、——「ジョーンが帰ってくるそのときには、」と。

判事の家族のものたちには、どちらかと言えば、この繰返し文句が気に入っていた。というのは、かれらにもジョーンという子がいたからである、——金髪のつるつるした顔の少年で、かれは、自分と同じ名のその黒人の少年と、多くの夏の日を、日が暮れるまで遊んだのだった。「そうですとも！ジョーンは、プリンストンにいますよ、」と、肩幅の広い白髪の判事は、毎朝、郵便局に降りて行きながら、云うのだった。「北部人《ヤンキーズ》たちに、南部の紳士たるものの気慨を見せているんですよ、」と、かれは附け加えた。そして、手紙や新聞をいくつもかかえて、ふたたび家に大股で帰っていくのだった。大きな柱のあるその家では、みんなで、プリンストンから来た手紙を何度も何度も読みかえした、——判事と、ひ弱そうなかれの妻と妹と、それに、成長期の娘たちとは。「これで、かれも一人前になるだろう、」と、判事は言った。「大学は、そうした場所なんだ。」それから、かれは、内気な小さな女中に尋ねるのだった。「ねエ、ジェニー、おまえのジョーンはどうしてるかね？」そして、考えぶかそうに附け足すのだった。「まったく、よくないねエ、おまえのお袋さんが、あれをやったのは、ありゃ、まったくまずいことだったよ――あの子を駄目にしてしまうだろうに、」と。それを聞くと、女中はそうかしらと思うのだった。

このように、遠く離れた南部の村では、ひとびとは、なかば意識的に、ふたりの若者の帰ってくるのを待ちながらえていた。そして、漠然とした夢みかたで、どんな新しいことがなされるだろうかとか、誰もが考えつくような新しい思想のことを、いろいろ夢みているのだった。にもかかわらず、奇妙なことに、ほとんど誰も、二人のジョーンのことを考えてはいなかった、――というのは、黒人たちは、ひとりのジョーンのことを考えていて、そのジョーンは黒かった。また、白人たちは、いまひとりのジョーンのことを考えていて、そのジョーンは白かった。どちらの世界も、相手の世界がどんなことを考えているのか、思ってもみなかった。ただ、ある漠然とした不安の気持ちをいだいて、考えてみることがある以外には。

ジョーンズタウンのその大学では、われわれはながいこと、ジョーン・ジョウンズの問題で悩まされた。ながいあいだ、その粘土は、どのように捏《こ》ねるにも適していないように思えた。かれは、声が高く、乱暴で、いつも笑ったり、歌ったりしていた。そして、どんなことも、持続的にやるということが決してできなかった。どのように勉強してよいものやら、かれには分らなかった。かれには、徹底ということが分らなかった。かれの遅鈍さ、無関心さ、それに、驚くほどの陽気さのために、われわれは、いたく頭をかかえこんでいたのである。ある夜、われわれは、困惑した真剣な気持ちで、教授会を開いていた。というのは、ジョウンズが、また、問題になっていたからである。最近のこの逸脱行為は、度の過ぎるものだった。それで、われわれは、おごそかに票決したのである。「ジョウンズは、その度重なる乱脈と勉学にたいする無関心のために、残余の学期々間中、停学に処せらるべきである、」と。

人生というものがジョウンズの心に初めてほんとうに真剣なものだとこたえたのは、学監がかれに学校をやめてもらわなければならないと告げた時であるように、わたしたちには思えた。かれはただ、ぽかんと、眼を大きく見開いたまま、白髪のまじったその男をまじまじと見つめるのだった。「どうして——どうしてですか。」口ごもりながら、かれは言った、「だって、——わたしは卒業してませんよ！」そこで、学監は、かれに遅刻することや軽率であること、学課成績の思わしくないことや勉強に精を出さぬこと、騒々しいことや秩序を守らぬことを思いおこさせながら、ゆっくりと、そして、はっきりと説明したので、ついには、かれも困惑して頭を垂れたのだった。それから、かれは、急いで言った、「でも、かあちゃん《マミー》や妹には云わないで下さい——かあちゃん《マミー》や妹に手紙はしないでしょうね？　だって、もし、そうしてくださるなら、ぼくは街に出て働き、つぎの学期には帰ってきて、あなたにぼくがどんな人間であるかお見せしようと思うからです。」それで、学監は、きっとそうしようと約束した。ジョウンズは、小さなトランクを背負い、くすくす笑っている学生たちには言葉もかけず、かれらのほうを見もしないで、真剣な目つきをして、決然としたまじめそのものの面持ちで、カーライル通りを降り、大きな街のほうへと歩いていった。

おそらく、わたしたちは、これくらいのことは想像はしていた、が、どういうものか、その日の午後、かれの子供っぽい顔にさっと広がっていった例の生まじめな表情は、決してふたたび消え去ることはないように思えたのである。わたしたちのもとに帰ってきたとき、かれは、あらゆるむき出しの力をふりしぼって、勉強をはじめた。それは苦しい闘いであった。なぜなら、かれにとって、物事は容易く運ばなかったからである、——まだ若いころの生活と教えの輻輳する記憶のなかで、新たな途上にあるかれにとって助けとなるものは、ほとんどなかった。かれが、苦労して辿りつこうとしていた世界は、じぶんで築いたものである。かれは、その世界を徐々に堅実に打ち建てたのである。じぶんが新たに創りだしたもののうえに、ためらいがちに明りが射しはじめると、かれは、その幻像のまえで心うばわれ、無言のまま坐っていた。あるいはまた、孤りで、人間の世界のかなたにある思想の世界を覗き見ながら、緑の校庭をさまよった。さまざまな考えが、ときおり、かれをいたく困惑させた。かれは、どうして円は四角でないのか、ということさえも理解することができなかった。そして、ある真夜中、小数第五六位まで計算してみた、——宿のおかみが、明りをつけっ放しているといって、怒鳴り散らさなかったとしたら、もっと先まで計算し続けたことであろう。太陽系について、とことんまで考えてみようとしながら、何度も夜の牧草地で仰向けに横たわっていたために、ひどい風邪をひいた。かれは、ローマ没落の教えについて、真剣な疑問をいだいた。教科書の教えとはちがって、ゲルマン人たちが、泥棒であり、悪党であるのではないかと思った。かれは、ながいこと、ひとつひとつの新たなギリシャ語の語彙について思いめぐらした。どうして、この単語はそういう意味であって、別なある事柄を意味しえないのか、そしてまた、あらゆる事柄をギリシャ語で考えるとしたら、どんなふうな気持ちになるであろうか、と考えた。このようにして、かれは、じぶんじしんで考え、思いまどうのだった——他のものたちならば、快活に飛びこえてしまうところを、かれは、困惑して立ち止まり、また、他のものたちならば、立ち止まって屈服するところを、かれは、着実にさまざまな困難をきりぬけて進みながら。

このようにして、かれは、肉体的にも精神的にも成長した。成長とともに、かれの衣服も大きくなり、身体に合ってくるように思えた。上衣の袖は、まえより長くなり、カフスが現われるようになり、また、カラーはまえほど汚れてはいないようになった。ときおりその靴は光っていたし、歩くとき、そこには一種の威厳がうかがえた。そして、あの眼にある新たな思慮ぶかさが増してゆくのを日に日に眼のあたりにしたわたしたちは、こつこつと努力するこの少年に何物かを期待しはじめたのである。このようにして、かれは私立予備校を出て、大学に入ったのである。かれを見守っていたわたしたちは、卒業式の朝、わたしたちにお辞儀をしていたこの丈の高いまじめな男を、ほとんど一変させてしまったその後四年にわたる歳月の変化というものを感じたのである。かれは、もうかれの奇妙な思想の世界を離れて、活動と人間たちの世界に立ち帰っていたのである。かれは、いまや、はじめて、じぶんの周囲を鋭く見まわした。そして、以前にはなんと見るということがすくなかったのか、と不思議に思うのだった。かれは、やっと、ほとんど初めて、じぶんと白人の世界とのあいだに横たわるヴェールの存在を感ずるようになったのである。かれは、いまや以前には抑圧とは思えなかった抑圧を、かつては当りまえなものだと思えた差異を、少年の日々には気づくことなしに過ぎてしまったか、でなければ笑って応待してきたところの拘束とか軽蔑に、はじめて気づいたのである。かれは、いまや、ひとびとがじぶんを「ミスター」と呼ばないときには、怒りをおぼえた。かれは、「黒人専用《ジム・クロウ》」車にたいして拳固をふりあげ、じぶんとじぶんの同胞をとり囲んでいるカラー・ラインに苛立ったのである。かれの話には、一沫の皮肉が、そしてかれの生活には、ある定かではない漠とした憤りが、忍びこんだ。かれは、長時間、これらの不正はどうしたことかと訝かり、それらから逃れる方法について思いをめぐらしながら、坐っていた。毎日のように、かれは、じぶんの生まれた町の息苦しい偏狭な生活から、じぶんがしりごみしているのを思い知った。それでいてなお、かれは、いつも、アルタマハへ帰る計画を樹てていたのである、——いつも、そこで働こうと計画していた。それでいてしかも、その日が近づくにつれ、ますます、かれは、名づけようのない恐れのためにためらったのである。卒業の翌日でさえ、四重唱団といっしょに、夏期休暇中、大学のために歌うようにじぶんを北部に派遣しようという学監の申し出があったときには、かれはそれにとびついた。かれは、なかば申し訳の気持ちで、大事にとりかかるまえには一息しなきゃあと、じぶんに言いきかせるのだった。

九月のある明るい午後だった。ニューヨークの通りは、往き交うひとびとで光り輝くばかりだった。広場に腰をおろして眺めているジョーンに、それらのひとびとは、海を想いださせた。あんなにも変るともなく変ってゆき、あんなにも明るくてしかも暗く、あんなにも荘重でしかも陽気な海を。かれは、それらのひとびとの高価な一分の隙もない衣服を、かれらの手の運びを、かれらの帽子の恰好を、つくづくと眺めた。かれは、急いで通りすぎる車のなかを、じっと覗きこんだ。それから、嘆息とともに、身体をそり返らしながら言った、「これが世界なのだ。」世界がどこに向かって進んでいるのか見てやろうという考えが、不意にかれをとらえた。じぶんよりもずっと金持ちで頭のよいひとたちが、たいていみんな、おなじ道を急いでゆくように思えたから。そんなわけで、ひとりの丈の高い金髪の青年が、小さいお饒舌りな婦人とやってきたとき、かれは、なかばためらいがちに立ちあがって、その後を尾《つ》けたのである。かれらは、通りをのぼってゆき、店々や陽気な商店を通りすぎ、あるひろびろとした広場を横切り、ついにたくさんの他のひとびとといっしょに、とある大きなビルディングの高い正面入口に入っていった。

かれは、他のひとびとといっしょに、切符売り場のほうへ押されていった。そして、ポケットに手を入れ、貯えていた新しい五ドル紙幣を手探った。じっさい、ためらっている余裕などないように思えた。そこで、かれは、思いきって、それをひっぱり出し、せわしそうに働いている切符売りにわたして、釣銭も受取らないで、ただ一枚の切符を受け取った。何があるのか分りもしないまま、入場するために五ドルを支払ったんだと、とうとうかれが気づいたとき、かれは驚いてしまって、じっとその場に立ちすくんでしまった。「お気を付けて」と、背後で低い声がした。「道の邪魔だからって、それだけのことで、その黒人紳士をリンチしてはいけませんわ。」ひとりの少女が、彼女の金髪の付き添い人の眼をいたずらっぽく覗き込んだ。その付き添い人の顔には、かすかな困惑の色がよぎった。「あなたには、南部のわれわれのことは分らないでしょうよ」と、まるで議論を続けてでもいるように、なかばじれったそうに、かれは言った。「あなたがたが、どんなふうな公言をなさろうと、われわれにとっては日常茶飯事みたいなものにすぎなくなっている、誠意のある、親しい、白人と黒人のあいだの関係というものは、北部では決して見られませんよ。そうですねえ、わたしはおぼえていますが、少年時代のいちばん親しかったわたしの遊び仲間は、黒人の子でしたよ。その子の名はわたしの名にちなんで付けられたんだが、かれほど親しい友達は他に二人といなかった。――おやっ！」その男は、急に立ち止まった。そして、髪の付け根まで真赤になった。というのは、かれが予約してとっておいたオーケストラの席のすぐ側に、廊下でつまづいた当の黒人が坐っていたからである。かれは、ためらい、怒りのために蒼くなった。かれは、案内人を呼び寄せると、二、三言横柄な口をきき、じぶんの券を示して、ゆっくりと席についた。その婦人は、巧みに話題をかえた。

すべてこれらのことをジョーンは見なかった。というのは、かれはじぶんのまわりの光景に心を配りながら、なかば困惑した気持ちで坐っていたからである。ホールの繊細な美しさ、かすかな香水の匂い、動く無数のひとたち、高価な衣裳、話し声のつくりだす低い騒音、これらすべては、かれがそれまでに知っていたどんなものにもまして、あまりにも奇妙なくらいに美しさにおいてすぐれ、かれの世界とはあまりにもひどく異なった世界の一部であるように思えたので、かれは夢の国に坐っている心地であった。そして、あたりが静まりかえったあと、ローエングリンの白鳥の音楽が、高く晴れやかに鳴りだしたとき、かれはぎくりとした。むせぶような音楽の果てしのない美しさが、あたりにたゆたい、かれの身体のあらゆる筋肉に泌みわたった。かれはあらゆる筋肉を音楽の波にのせた。かれは、眼を閉じ、椅子の臂《ひじ》を摑んだ。そのとき、知らずに婦人の腕に触れた。婦人は、身を退《ひ》いた。ふかいあこがれが、かれの胸中を満たした。じぶんを監禁し汚れさせているあの卑しい生活の塵と埃りから、この清い音楽とともに抜け出してゆきたいという深いあこがれが。鳥たちが歌うたい、落陽が血の色を帯びてはいない、こういう自由な空気のなかで、ただもう生きてゆけさえしたらなあ！誰がじぶんのことを奴隷で、しかも、あらゆる人間のなぶりものだなどと称んだのであろうか？そう、たとえじぶんでそう称んだとしても、ひとびとのまえにいまこのような世界が公然と開かれているのなら、じぶんにだってそう称ぶ権利がいったいあるのだろうか？

そのとき、楽章がかわり、まえよりいっそう豊かな力強いハーモニーが盛りあがっていった。かれは、もの思いに沈んでホールの向こうに視線を投げた。そして、どうしてあの美しい白髪まじりの婦人はあんなに気乗りがしないように見えるのか、また、あの小さな男は何をあたりで囁やいているのかしら、と思った。じぶんなら、気乗りがしなかったり、怠惰であったりはしないだろう、とかれは考えるのだった。なぜなら、かれは、音楽につれてじぶんの内部に力の胎動するのを感じたからである。もしもじぶんが、ある傑作を、なにかある人生への貢献となるものをもっていさえしたならば、むずかしいことだが――そう、やり切れないほどむずかしいことだが、しかし頭をぺこぺことさげるような胸糞の悪くなるような卑屈さを味わわなくてもよい、それに、心と魂を頑なにするあの残酷ないた手はうけなくてすむ。と、ついに、あるやさしい悲しみがバイオリンから流れでたとき、かれには、遠く離れた家の幻像が浮かんできた、――妹の大きな眼が、それに、母の黒く歪んだ顔が。かれの心は、ちょうどアルタマハの岸辺の砂が沈むように、水面下に沈んでいった。そして、ふたたびそこから高みへと引きあげられたのは、震えながら空中に消え去っていった白鳥の、あの最後《いまわ》の霊妙な啼きごえによってであった。

　音楽の美しさに、ジョーンは、まったく無言のまま恍惚としていつまでもその場に坐っていたので、かれは、案内人がじぶんの肩を軽く叩きながら、丁寧に「さあ、どうぞこちらですから、」と言っているのを、しばらくのあいだ気づかなかったくらいである。いささか驚いて、かれは最後に叩かれたとき、急いで立ち上った。そして、席を離れようとして、例の金髪の青年の顔をまともに覗きこんだのだった。はじめて、その青年は、少年時代にじぶんの遊び友達であった黒人を認めた。また、ジョーンは、かれが判事の息子であることを知った。白人のジョーンは驚き、その手をあげ、それから、凍りついたようにじぶんの席に坐りこんでいた。黒人のジョーンは、軽やかに、つぎには、嶮しい顔付きで微笑み、案内人に蹤いて通路を出ていった。劇場支配人は申し訳ながっていた。まったくのところ、さかんに申し訳ながっていた、――が、その男は、何かの手違いで、すでに予約ずみの席をその紳士に売ったのでしょうとか、もちろん、代金の払い戻しは致しましょうとか、――さらにまた、本当にどういうことかということは、ようく分っております、などと説明するのだった。――かれが、みんなを言い終らないうちに、ジョーンの姿はもうみえなくなっていた、急いで広場を横切り、広い通りを歩みさっていたのだ。かれは、公園を過ぎてゆきながら、上衣のボタンをかけ、こう言った。「ジョーン・ジョウンズよ、おまえは生まれつきの馬鹿者だ。」それから、かれは、じぶんの下宿に帰り、手紙を書き、それをずたずたに引き裂いた。さらにもう一枚の手紙をしたため、それを火に放りこんでしまった。ついで、かれは、一枚の紙切れを拾いあげ、こう書いた。「なつかしいお母様、それに、妹よ、——わたしは帰ります。——ジョーン。」

「おそらく」と、ジョーンは車上に身を落ちつけたとき、こう言った。「おそらく、ただ辛くて不愉快なものに思えるというだけで、じぶんの明白な運命に逆らっているというのは、非難されるべきことなんだ。そう、わたしには、はっきりしたアルタマハの義務があるのだ。おそらく、そこでは、みんなわたしが黒人問題の解決に手をさしのべるを許すだろう、——あるいは、許さないかもしれない。『わたしは、主のみもとに加わろう。それは法に従ってのことではないのだ。そして、もし、わたしが滅びるのであれば、滅びよう』。」それから、かれは、思いに沈み、夢みた。そして、生涯の仕事を計画した。汽車は南へと疾駆した。

はるかアルタマハでは、世間のひとびとはみな、七年のながい歳月を経て、ジョーンが帰ってくるのだということを知っていた。どの家も、ごしごしと洗われ、磨きをかけられた。とりわけ、一軒の家が。庭や囲い地は、いつにないほどきちんと手入れがされて、ジェニーは、真新しいギンガムを買った。ちょっとした駆け引きや折衝が行われて、黒人のメソディスト教徒たちや長老派教会員たちはみんな、勧誘されて、バプティスト教会での馬鹿でかい歓迎に参加することになった。いよいよその日が近づくにつれ、いたるところで、ジョーンの業績が厳密なところどれくらいのものであるかとか、どんな性質のものであるかとか、活発な討論がおこるのだった。かれが帰ってきたのは、灰色にどんより曇ったある真昼時であった。黒人たちは、街ぐるみ群をなして、停車場に赴き、その周辺にはほんのちょっぴり、白人たちが従い、——楽しいひとだかりだった。「お早あよう」とか、「どおうしてるね」とかの挨拶が交わされ、笑い声がおこり、冗談がとび、押しあいへしあいが演じられた。はるかはなれて、母は、車窓を見つめながら腰かけていた。だが、妹のジェニーは、ドレスを神経質に指でいじくりながら、プラットホームに立っていた、――柔らかい褐色の肌、丈の高いしなやかな身体つき、そして、手入れをしないのでがさがさにもつれた髪のあいだから覗いている愛らしい眼の彼女。汽車が止ったとき、ジョーンは陰鬱な気分で立ち上った。なぜなら、かれは「黒人専用《ジム・クロウ》」車のことを考えていたから。かれは、プラットホームに降りて、止った。小さなうす汚ない駅。けばけばしくて不潔な黒人たちの雑踏、だらだらとぬかるみの掘割に沿って半マイルにわたって続いている荒れ果てた掘立て小屋。そのむさくるしさと狭苦しさが、かれを圧倒した。母を探したが徒労《むだ》だった。かれのことを、兄さんと呼ぶ丈の高い見憶えのないその少女に冷たく口づけし、あちこちで、短かく、気のないふうに話した。それからは、握手を交したり、お饒舌りのためにぐずぐずしたりしていないで、列の最後のところでかれをもとめて一生懸命になっている年老いた叔母に向かって、彼女が開いた口が塞がらぬくらい驚いたことには、ちょっと帽子を持ち上げて会釈をしただけで、おし黙ったまま通りの方へと進んでいった。居あわせたひとびとは、明らかに戸惑いを感じていた。この無言の冷淡な男――これが、あのジョーンだったのか？　かれの微笑や、それからあの心からの握手は、いったいどこへ行ってしまったのか？　「ちょっと、しょげているんじゃろうよ」と、メソディスト教会の牧師は、考えぶかげに言った。「ひどく思いあがったもんだ」と、ひとりのバプティスト教会の婦人会員はこぼした。だが、しかし、群衆のはしから白人の郵便局長は、白人たちの考えをはっきりと云いあらわした。「あのしようのない黒んぼめは」と、かれは郵便をかつぎ、タバコをつめてから言った。「北部へ行ってきやがったんだ、で、馬鹿な考えをまったくいっぱい仕込んできたのさ。だが、言っておくがね、そんなのはアルタマハでは通用しないさ、」と。群衆はしだいに散っていった。

バプティスト教会における歓迎会は失敗であった。雨はバーベキューを台なしにしたし、雷鳴はアイスクリームのミルクをすっぱくした。夜になって演説が始まったとき、家のなかは溢れんばかりにひとでたてこんだ。説教者として、三人が特別にとりきめられていた。だが、どうしたことか、ジョーンの様子はその場のすべてを白けさせるように思えた、――かれは、いたって冷淡で、うわの空といったふうだった。そして、じっと自分を押えているといったまったく奇妙な様子をしていたので、そのメソディスト教会員は、自分の話そうとするテーマに調子を合わせることができないで、ただの一回も「アーメン」を引き出すことができなかった。長老派教会の祈願者にたいしては、ほんのかすかな手応えがあった。そして、バプティスト教会の説教者にしてさえも、ほんのちょっとした熱狂をよびさましはしたが、自分のお気に入りの文句にまったくこんがらがってしまったので、予定の時間よりは、たっぷり一五分間も早く切り上げることで、話を終らなければならない始末であった。ジョーンが応答しようとして立ちあがったとき、ひとびとは腰かけたまま不安そうに身を動かした。かれは、ゆっくりと順序正しく話した。時代は、とかれは云った、新しい思想を要求している、と。われわれは人間の同胞関係と、運命とについて、以前よりいっそう広い観念をもっており、一七世紀や一八世紀の人間たちとは、はるかに異なってきている。つぎにかれは、慈善と普通教育が、とくに富と仕事の普及が発生したことについて、語った。かくして問題は、とかれは低い色の褪せた天井をみつめながら、思いぶかげにつけたした。この国の黒人が、新たな世紀の努力にさいして、どのような役割りを担うであろうかということである、と。かれは、松林のあいだに立ちあらわれるであろうところの新しい産業学校のことについて、まだ明確ではないが、その輪郭を描いてみせた。かれは、組織されるであろうところの慈善的で博愛的な事業について、銀行や事業のために蓄えられるであろう資金について、事細かに語った。さいごに、かれは団結を力説し、とくに宗教上および宗派上のいさかいを起こすことのないように、と嘆願した。「今日、」とかれは、微笑みをうかべながら言った。「世界は、ある人間がバプティスト教徒なのか、メソディスト教徒なのか、さらにはまた聖職者なのかといったことは、その人間が善良で真実であるかぎり、ほとんど問題にしないのだ。ある人間が、洗礼を受けたのは川でか、あるいは洗面器でか、またはまったく洗礼を施されなかったか、といったことにどんな違いがあるだろうか？　そんな取るに足らぬことは、いっさい構わないでおこうではないか、そして、もっと高いところを望もうではないか。」それからかれは、他のことについては何も考えないで、おもむろに腰をおろした。苦しい沈黙が、その場の群衆たちを捉えた。かれらは、かれの言ったことをほとんど理解しなかった。なぜならば、洗礼についてかれが最後に語った言葉をのぞけば、かれの言葉は、かれらにとっては聞いたことのないものであったからである。その最後の言葉は、かれらに分った。かれらは、とても静かに坐っていた。そのあいだ、時計はカチカチと時を刻んでいった。と、とうとう低い押えつけられた唸り声が、説教壇の横の席の方からおこり、ひとりの年老いた腰の曲がった男が、立ちあがって、席を通って歩いてくると、そのまま真っすぐ説教壇にのぼった。かれは、皺が多く、色が黒かった。すこしばかり灰色がかったその髪は、房々としていた。その声と両手とは、中風病みのように震えた。だが、その顔付きには、宗教的狂信者にみられるあの強烈な恍惚としたものがあった。かれは、そのざらざらした大きな手に聖書を摑んだ。かれは、不明瞭な言葉を唱えながら、二度、それを持ちあげた。つぎに、粗野ではあるが大した雄弁さで、まったく突然どっと喋りだした。かれは、うち震え、身体を揺ぶり、また曲げるのだった。それから、完全な威厳をみせて、まっすぐ身体をおこすのだった。すると、ひとびとは、呻いたり、泣いたり、嘆いたり、叫んだりしだした、そして、狂気じみた悲鳴が、隅々からおこった。その隅々にはあらゆるその場の感情がいままで吐け口のなかったために鬱積していたのだが、それらがひとかたまりになって、どっと一度に溢れでるのだった。ジョーンは、その老人がどんなことを言ったのか、まるではっきりとはわからなかった。かれはただ、じぶんが真の宗教を踏みにじったことで、嘲笑と容赦のない非難の矢面に立たされているのを感じるだけだった。そして、じぶんがまったくあずかり知らなかったこととはいえ、この小さな世界が神聖だと考えているものに乱暴にも、また無礼にも手を触れたのだということを理解して、驚いてしまったのだった。かれは黙って立ちあがり、夜の中へと出ていった。かれは、明滅する星明りのなかを、海のほうへと、じぶんの後を臆病げについてくる少女のことをなかば意識しながら、降りていった。ついに断崖に立ったとき、かれは、その小さな妹のほうを振りかえり、彼女を悲しげに見やった。それまでじぶんがどんなに彼女のことを考えてやらなかったか、そのことを思い出し不意に苦痛をおぼえながらである。かれは、彼女に腕をまわし、じぶんの肩にその顔を押しつけさせて、わっと泣きだした彼女を、泣きたいだけ泣かせていた。

ながいあいだ、かれらは、間断なく動く波のうえに眼を凝らしながら、立っていた。「ジョーン、」と、彼女は言った。「多くのことを究めたり、学んだりするってことは、だれもかれも、ひとを――不倖せにするものなの？」

かれは、ちょっとためらい、そして微笑んだ。「どうもそうらしいね、」と、かれは言った。

「で、ジョーン、あなたは勉強したことを喜んでいて？」

「そう。」ゆっくりと、だが、はっきりとした答えだった。

彼女は、海のうえに明滅する明りを見つめていた。そして、考えこむように「わたしって、じぶんが不倖せであればいいなあって思うのよ——そして——そして、」かれの頸に両手をまわして、「わたしは、じぶんが不倖せなんだなと思うの、ちょっとばかりね、ジョーン。」と、言った。

ジョーンが、黒人学校で教える特権を依頼するために、判事の家に出向いていったのは、それから数日後のことだった。判事は、みずから玄関のドアのところでかれと会い、すこしばかり厳しい目つきでかれをじいっと見つめた。そして、ぶっきらぼうにこう言った。「台所のドアの方へ回っていって、ジョーン、待ってるんだ。」台所の階段に腰をおろし、ジョーンは、まったく困惑しながらとうもろこしを見つめていた。いったい何がかれに起こったのだろう？　足を一歩踏みだす度毎に、かれは、誰かの感情を害していたのだった。かれは、ひとびとを救おうとしてやってきたのだったが、停車場を離れるまえにはもう、かれらを傷つけていたのだった。かれは、教会でかれらを教えようとした、だのに、かれらの最も深い感情を侮辱してしまっていた。かれは、判事にとって尊敬すべき人間になろうと学校教育をうけたのだったが、それでいて、かれの玄関のドアから這入ろうとして、しくじってしまったのだった。しかも、そのあいだずうっと、かれは、じぶんは間違っていない積りだったのだ、——だが、それにもかかわらず、そう、それにもかかわらず、どうしたことか、かれには、じぶんの昔の環境にふたたび適合することが、じぶんを取り巻く世界に身を落ちつけることが、ひじょうに困難で奇妙なぐあいのことだと分ったのだ。かれは、その昔、生活が楽しく陽気なものであったころ、じぶんがしばしば困難を憶えたことがあったのだということを、もう思いだすことができなかった。その当時、世界は何ごともなく、また、容易なものに思えた。おそらくは、——しかし、ちょうどそのとき、かれの妹が台所のドアのところにやってきて、判事がかれを待っていると告げた。

判事は、その朝届いた郵便物に取りかこまれて、食堂に坐っていた。かれは、ジョーンに掛けるようにと云わなかった。判事は、ジョーンの用件をすぐさま切りだした。「学校のことでやってきたんだろうね。よろしい、ジョーン。わたしは、きみにはっきり言おうと思う。きみも知っていることだが、わたしは、きみら黒人たちの友人だ。わたしは、きみや、きみの家族を助けてきたよ。もしきみが、この土地を出てゆこうなんて了簡をおこさなかったとしたら、それ以上のことをしてあげただろうよ。ところで、わたしは黒人たちが好きだ。かれらのもっともな願いには、なにひとつ、同情しないものはないのだ。しかし、ジョーン。きみにもわたしにも分っていることだが、この国では、黒人は言いつけをきくようにしていなければならないのだ。白人たちと同等であろうと望むなんてことはできないのだよ。その身分のままで、きみたち黒人は、正直で、慇懃でありうるのだ。で、わたしとしては、かれらを助けるために、じぶんにできることは、やろうと思っているということは神さまもご承知だ。しかし、かれらが、道理というものを覆して、白人を支配したり、白人の女と結婚したり、また、わたしの客間に坐ろうとしたりするときには、そのときにはだな、誓って！　われわれは、たとえこの国の黒んぼひとりひとりをみんな私刑《リンチ》にかけねばならんにしても、かれらを押えつけるだろうよ。ところで、ジョーン、問題はだな、きみが、きみの教育と北部人のいろんな考えというものがあってもだな、いまの状況というものを受けいれ、黒んぼたちを、きみの父さんたちのような忠実な召使いや労働者になるように教えようとしているか、ということなんだ、――ジョーン、わたしはきみの父さんを知っていた。わたしの兄のものだったんだが、立派な黒んぼだったよ。さて、――ところでだ、きみは、父さんのようになろうと思っているのかね、それとも、向上とか平等とかいう愚にもつかぬ考えを、こういう連中の頭のなかに植えつけて、かれらを不満を懐いた不幸なものたちにしようというつもりなのかね？」

「わたしは、状況を受けいれようと思うのです、ヘンダーソン判事。」ジョーンは簡単にそう答えたが、その簡単さは、鋭い老人の注意を引かないわけにはゆかぬものだった。判事は、ちょっと躊らったが、ついで、言葉短かくこう言った。「おお、結構なことだ。――しばらく、きみの様子を見ることにしよう。さようなら。」

丈が高くて快活で強情な、もうひとりのジョーンが帰宅したのは、黒人学校が開かれてたっぷり一カ月たった後のことだった。かれの母親は泣き、妹たちは歌った。町の白人たちはこぞって喜んだ。得意なのは判事だった。そして、ふたりが、身体を揺りながら、いっしょにメイン・ストリートをやってくるのを見るのは、好ましい光景であった。だが、それにもかかわらず、かれらのあいだでは、何もかもがうまくいっているわけではなかった。なぜなら、若いほうの男は、この小さな街にたいする軽蔑を隠すことはできなかったし、また、隠しもしなかったのだから。そして明らかに、その心は、ニュー・ヨークのほうを向いてしまっていたのだから。さて、判事のかねてより懐いていたひとつの抱負は、じぶんの息子がアルタマハの市長に、下院議員に、さらには、――誰にわかろうか？――ジョージア州の知事になるのを見ることだった。それで、議論はしばしば、かれらのあいだで、だんだん熱を帯びたものとなった。「とんでもないですよ、お父さん。」食後、煙草に火を点けて、暖爐の側に立ちながら、息子は、言うのだった。「あなたはまさか、わたしみたいな若いものが、永久にこの――ぬかるみと黒人たち以外には何もない、この神に忘れられた街に定住するようにと望んでいるわけではないでしょうね？」「わたしはそう望んでいる。」と判事は簡潔に答えるのだった。そしてこの日に限って、つのってゆく顰めっ面からみて、かれが何かもっと強い言葉を附け加えようとしているふうに見えたのだが、すでに、隣人たちが、息子をひと目みて敬意を表しようと立ち寄りはじめていたので、対話はずるずるとお流れになった。「例の黒んぼの学校じゃ、ジョーンがいろいろ活気づけてるって話だね。」と、しばらくして、郵便局長がすすんで口を切った。

「え、何だって?」と、判事は鋭く訊ねた。

「ああ、特にどうってことじゃないがね、――ただ、あれの、かなうものなし、といった様子や、高慢なやり方がね。あれが、フランス革命とか、平等とか、まあ、そういったことを喋っているということを、ちょっと耳にしたもんでね。あれは、わしが危険な黒んぼと称ぶやつですよ。」

「あなたは、かれが、何かおだやかでないことを言うのを聞いたのかね?」

「いや、別に。――ただ、サリーだがね、あのいい娘《こ》が、わしの女房にいろいろと愚にもつかんことを話しましたよ。その時だって、わしは聞く必要はないのだがね。つまり、黒人は、白人にたいして『旦那《サー》』と称ばないだろうとか、何とかね……。」

「そのジョーンというのは誰なんです?」と、息子が口をはさんだ。

「それ、小さな、黒人のジョーンさ。ペギーの息子の、――あんたの昔の遊び友だちだよ。」

若者の顔が、憤りにもえて、ぱっと紅潮した。ついで、かれは笑った。

「ああ」と、かれは言った。「そいつは、俺がお伴した婦人の側の席に割りこもうとした例の黒んぼだ――。」

しかし、ヘンダースン判事は、もうそれ以上、聞くのを待たなかった。かれは、終日、焦々していた。そして、このことを聞いたいま、かれは、なかば押し殺したような呪いの言葉を吐きながら、帽子と杖を取り、真っ直ぐ、学校のほうへと歩いていった。

ジョーンにとって、じぶんの授業をかくまってくれているおんぼろの古い掘立小屋のなかで、事を始めるのは、長期の苦しい忍耐を必要としたのである。黒人たちは、かれに賛同するものと、反対するものとの両派に分れ、親たちは無関心であり、子供たちはだらしがなくて汚なく、さらに、教科書や鉛筆や石板がたくさん見つからなくなった。それでも、かれは、希望に満ちて、奮闘しつづけた。そして、ついには、いくらか夜明けの光が見えるように思えた。出席者の数はまえより増加し、子供たちは、今週は先週よりもほんのちょっとばかり清潔になっていた。できの悪い子供たちを集めた学級でさえも、読みかたにおいて、すこしばかり元気づけてくれる進歩を示した。それで、ジョーンは、今日の午後、忍耐をあらたにしながら、仕事に取りかかったのである。

「ところで、マンディー、」と、かれは快活そうに言った。「そのほうがいいんだ。だが、言葉をそんなふうに切って言ってはいけないなあ。つまり、『もしも、——その、——男が、——行くならば。』そう、きみの弟だって、そんなふうに話しはしないだろう、ね、そうだろう?」

「ちがあう、先生《しえんしえい》、あいつ、話なんかできないや。」

「よろしい。では、もういちど、やってみよう。『もしその男が——』」

「ジョーン!」

学校中が吃驚りして、ぎょっとなった。判事の赧らんだ怒った顔が、開いた戸口に現われたとき、先生は、なかば腰をあげた。

「ジョーン、この学校は閉鎖だ。おまえら子供たちは、家に帰ってよろしい。働くんだ。アルタマハの白人たちは、黒人たちの頭にずうずうしさと嘘をつめこむように、黒人たちにお金を使っているんではないのだぞ。出てゆけ! わしが、この手でドアに錠をおろしてやる。」

大きな柱のある家では、丈が高くて若い息子は、その父親が不意に出ていったあと、当てもなくそこいらを歩き廻った。家のなかでは、かれの興味を惹くものはほとんどなにもなかった。書籍は、古くて陳腐であったし、地方新聞は、無味単調であったし、女たちは、頭痛とか、針仕事とかで引っこんでしまっていた。かれは、昼寝しようと思ったが、暑すぎた。そこで、かれは、野原へ散策にでかけていった。やるせないといったふうに、「やれやれ、いつまでこんな監禁状態がつづくことやら」と、こぼしながら。かれは、悪い人間ではなかった、――ただ、ちょっとばかり、やくざがかっていて、放縦で、また、その傲慢な父とおなじくらいに強情だった。松林の端にある大きな切株に腰かけ、のらくらと脚をぶらつかせながら、煙草をふかしているときのかれは、見たところ、気持ちのよい若者に見えた。「だって、まじめに恋愛遊戯でもしてみようかというような値打ちのある女さえいないんだからなあ」と、かれは、ぶつぶつこぼした。ちょうどそのとき、かれの眼は、丈の高いすんなりした姿が、狭い道をかれのほうへ急いでくるのを捉えた。最初かれは、興味をもって見つめた。それから、こう云いながらいきなり笑いだした。「こいつは驚いたぜ！　ジェニーじゃないか。あの小さな黒んぼの炊事女め！　さてさて、俺は、あれがこんなにこぎれいな小さな身体つきをしているとは、これまで気がつかなかったなあ。やあ、ジェニー！　そうだ、きみは俺が帰ってきたというのに、まだ接吻《キッス》もしてくれないね。」かれは陽気にそう言った。若い少女は、吃驚して、落着きをなくし、じっとかれを見つめ、――何かはっきりしないことを口ごもって、そのまま通りすぎようとした。だが、わがままな気分が若い怠け者を捉えていた。かれは、彼女の腕を掴んだ。吃驚して、彼女は、そばをすり抜けた。なかば、意地悪く、かれは振りかえり、高い松林を抜けて彼女を追って走った。

はるか、海のほうへと、小道がつきるあたりを、頭を垂れて、ジョーンがゆっくりとやってきた。

かれは、学校から、疲れきって家路についたのであった。それから、母親を殴られないように守ろうと考えながら、かれは、仕事から帰ってくる妹に会って、じぶんが学校を辞めさせられたという知らせを打ち明けようとしていたのである。「わたしは、立ち去ろう、」かれはゆっくりと言った。「ここから立ち去って、仕事を見つけ、かれらを呼び寄せよう。この土地にもうこれ以上とどまることはできない。」するとその時、烈しい、抑えつけられていた怒りが、ぐっとこみあげてきて、かれの咽喉を突いた。かれは腕を振り、遮二無二、小道を急いだ。

大きな褐色の海は、音ひとつたてず横たわっていた。ほとんど風はなかった。暮れてゆく日は、彎曲した樫の木や、力強い松の木を、黒く、また黄金色に、浸すのだった。風はなんらの警告ももたらさなかったし、一点の雲もない空からは、囁きも聞かれなかった。あるのはただ、胸に傷《いた》みを懐き、太陽も海も見ないで、足早に急ぎつづけるひとりの黒人だけだった。かれは、松林を目ざめさせた驚愕の叫びを耳にして、はっと夢からさめたように驚くと、じぶんの黒い妹が丈の高い金髪の男の腕のなかでもがいているのを見たのである。

かれは、一言もことばを出さず、落ちていた木の大枝を一本掴むと、大きな黒い腕にあらんかぎりの積りつもった憎しみをこめて、かれを殴打した。すると、その肉体は、血の気をうしなって白く横たわり、松林のもとに静かに伸びていた。一面に、陽のひかりを浴び、血まみれになって。ジョーンは、夢みるようにそれを見つめた。それから、きびきびした足取りで、家へ向かって歩いてゆき、おだやかな声でこう言ったのである。「お母さん《マミー》、ぼくは立ち去ろうと思いますよ、――ぼくは自由になろうと思いますよ。」

彼女は、ぼんやりとかれを見つめた。そして、口ごもりながら言った。「北へか、おめえ、また北さゆぐだがね?」

かれは、外を、海のうえに北極星が蒼白く輝いているあたりを、見わたした。そして、言った。

「そうです、お母さん、ぼくは行こうと思います、──北へ。」

それから、もうそれ以上一言も言わないで、かれは狭い小道へと出てゆき、真っすぐに伸びた松林のそばをのぼって、まえと同じ屈曲した道へと進み、屍が倒れて伸びているあたりの血潮を見つめながら、大きな黒い切株に腰をおろした。今は灰色につつまれたはるかむかし、かれは、その死んだ少年と遊んだのだった。このあたりの荘重な樹木の下を、ともに駆けまわりながら。夜は深まった。かれは、ジョーンズタウンの子供たちのことを考えた。ブラウンはどうなったろうかしら? と思った。それに、ケアリーは? さらに、ジョウンズ──ジョウンズは? なんだ、じぶんがジョウンズだったじゃないか。かれは、何百という陽気な眼が集まっている、大きなながい食堂で、みんなが知ったときには、みんなが知ったときには、いったい何と言うだろうかなあ、と、思った。つぎに、煌くような星明りがいつしか頭上にやってきたとき、かれは、あの、巨大なコンサート・ホールの輝くばかりの天井のことを思った。そして、あの白鳥のかすかな甘美な音楽が、かれのほうにむかってひそかに流れてくるのを耳にした。聞け! それは音楽であったのか、それとも、ひとびとの道を急ぐ音や叫びであったのか? そうだ、確かに! 澄みきって、高く、そのかすかな甘美なメロディは立ち昇り、生きているもののように震えたのだ。そのため、大地そのものまでが、鳴りひびく馬蹄の音と憤ったひとびとの呟きによってのように、震えたのだ。

かれは、身体をそりかえらせて、疾駆に疾駆をつづける馬蹄のひびきが聞こえてくるいくつもの暗い人影から目をそらし、不思議なメロディが立ち昇る海のほうへと、微笑みかけた。かれは、ちょっと努力して身を起こし、前方にかがむと、低く『花嫁の歌』を口ずさみながら、下の小道をじっと見おろした、――

歓びに導かれ、かなたに去りゆけ

薄暗い朝の黎明にうかぶ樹々のあいだに、かれは、かれらの影が踊っているのを見まもり、かれらの馬が、じぶんのほうに向かって大地を轟かせながらやって来るのを聞いた。と、ついにかれらは、荒れ狂う嵐のようにやって来た。そしてかれは、正面に、両眼が憤怒のために血走っている、あの、やつれ果てた白髪の男をみたのだ。おお、どんなにかれは、その男を哀れに思ったことか、――かれを憐れんだことか、――そして、あのぐるぐると輪になっている撚りあわしたロープを、かれがもってきているかしらなあ、と思った。それから、嵐がかれのまわりを烈しく吹きまくったので、かれは、ゆっくりと立ち上ると、その閉じた両眼を海のほうへ向けた。

するど、世界が、かれの耳もとで囁いた。

第十四章　哀しみの歌

この身体を横たえるため
　わたしは墓地をとおって歩いてゆく
わたしは月の出を知っている
わたしは星の出を知っている
わたしは月の光のなかを歩いてゆく
わたしは星の光のなかを歩いてゆく
わたしは墓のなかに横たわり
ぐっと両腕を伸すだろう
わたしは日の暮れるそのころには
神の審判をうけに行くだろう
　そしてこの身体を横たえるその日には
わたしの魂とおまえの魂はひとつの場所に相会うだろう。
　　　　　　　　　　　　　　　　　——黒人の歌

暗闇のなかを歩いたかれらはおおくの歌——《哀しみの歌》——をその昔の日々にうたった。なぜといってかれらは心の底から疲れきっていたのだから。それゆえわたしはこの本のなかに書いたひとつひとつの思索のまえに黒人奴隷の魂が歌となってひとびとに語りかけたところのあの怪しいふるい歌のたえずつきまとってくるようなひびきを、その一節をおいてきたのである。子供のころから、これらの歌は、わたしを奇妙に刺激してきたものである。それらの歌はひとつまたひとつと南部からわたしにそれとはっきり知られることもなくやってきた。しかも、ただちにわたしは、それらをわたしについて歌っているもの、わたしじしんのものと理解したのである。それからさらにのちになって、わたしがナッシュヴィル（テネシー州の首府——訳者）にやってきたとき、青ざめた市のうえに、塔のようにそびえるところのこれらの歌によってできあがっている大寺院をみたのである。わたしには、ジュービリー・ホールはそのむかしに歌だけで造りあげられたように、そしてその煉瓦は苦役による血と屍で赤くなっているように、思えた。そこから、わたしに向けて朝、昼、晩と、わたしの兄弟や姉妹の声にあふれ、過去の声にみちたところの、おどろくべきメロディーの流れがほとばしりはじめたのである。

アメリカは、神からその国土のうえに印しづけられた粗々しい壮大さいがいには、世界にほとんど美なるものをあたえなかった。この新世界においては、人間精神は美によりもむしろ力と巧妙さに発現したのである。そこで、運命的な偶然によって黒人民謡——リズムをもったこの奴隷の叫び——が現在たんに唯一のアメリカ音楽としてのみならず、同時に、海をこえたこの地に生まれたところの人間の体験のもっとも美しい表現として存在しているのである。それは無視されてきたし、なかば軽蔑されさえしてきたし、いまもそうである。そしてなによりも頑強に考えちがいされ誤解されてきた。けれどもそれにもかかわらず、いまなおやはりそれは国民の非凡な精神的遺産としてまた黒人人民の最大の才能として存在するのである。

ふるく三〇年代に、これらの奴隷の歌のメロディーは国民をゆさぶったが、歌はまもなくなかば忘れさられてしまった。若干の「柳のしだれていた湖の近く」のようなのが流行の曲に転じ、その起源はわすれさられた。他のものは「巡回歌うたい《ミンストレル・シンガーズ》」の舞台で漫画化され、その記憶は消えさってしまった。それから戦時になって、ヒルトン・ヘッド*（サウス・カロライナ州の大西洋岸にある地名――訳者）の占領ののちにあの画期的なポート・ロイヤルの試み*がやってきた、そしておそらくはじめて北部は介在する保証人なしに南部の奴隷と顔と顔、心と心をつきあわせて出会ったのである。かれらが遭遇したカロライナのシー・アイランド（カロライナ州沿岸につらなる鎖状の島を総称する名――訳者）は、原始的なタイプの黒人たちで充たされていた。かれらは黒人地帯の外にいるどんな他の黒人たちよりも、じぶんたちのまわりの世界の影響をこうむり変化をうけることがすくなかった。かれらの外観は粗暴で、かれらの言葉はおかしなものであったが、かれらの心情は人間的で、その歌うのをきけば、ひとびとはすばらしい力強さにゆりうごかされた。トーマス・ウェントワース・ヒッギンソン*は、いそいでこれらの歌について語ったし、ミス・マッキム*やその他のひとびとはかれらのたぐいまれな美を世に出そうとした。しかし、世間はなかば不信のままその話をきいていた。だがついにフィスク・ジューピリー・シンガーズが、奴隷の歌をそんなにも世界の心のうちふかく歌いこんだので、もはや二度とそれらの歌が完全に忘れさられることはありえないのである。

そのむかし、ニュー・ヨーク州のカディズに生まれたひとりの鍛冶屋の息子がいた。そのひとは時がたってオハイオの学校で教え、シンシナティをカービー・スミス（Kirby Smith〔一八二四―九三〕南部軍の将軍――訳者）から守るのをたすけた。それからかれはチャンセラーズヴィルやゲッティズバーグ（ともに南北戦争中の激戦地――訳者）でたたかい、最後に、ナッシュヴィルの自由民管理局で奉仕した。ここでかれは一八六六年に黒人児童の日曜学級をつくり、かれらとともに歌い、かれらに歌いかたを教えた。そしてそのご児童の方からこんどはかれに歌を教えたのだが、いちどそれらの歓喜の歌《ジュビリーソングズ》のすばらしさがジョージ・L・ホワイト（George L. White〔一八三八―九五〕ニュー・ヨーク州のカディズに生まれて……その業績については本文に述べられている）の魂に入りこむや、かれはかれの生涯の仕事がそれらの黒人たちをして、ちょうどかれに向かって歌ったように世界に向かって歌を歌わせることであることを知った。かくして一八七一年にフィスク・ジュービリー・シンガーズの巡礼が始まった。北部のシンシナティへとかれらはでかけた。——半分衣服をまとっただけの四人の黒人少年と五人の婦女子とが——、りっぱな動機と目的をもったひとりの男にみちびかれて。黒人の学校のうちでもっともふるいところのウィルバーフォースにかれらは立寄った。そこではかれらを黒人の僧侶が祝福した。それからかれらは飢えと寒さと闘い、ホテルからしめだされ、かるく鼻であしらわれたりしながらも、北へ北へとすすんでいった。そして、かれらの歌の魔力は、わくわくする胸をいつもおさえつけさせていたのだが、とうとうそれがオーバーリンの組合教会*で絶賛の嵐となって爆発し、かれらを世間におしだしたのである。かれらはニュー・ヨークへやってきた。そしてヘンリー・ウォード・ビーチャー*は勇敢にかれらを迎えいれた。首都の日刊紙はかれの「黒人巡回歌うたい」を鼻であしらったのではあったが。かくして、かれらの歌はついに野をこえ海をこえて女王《クイーン》や皇帝《カイゼル》（もちろんクィーン・ヴィクトリアとカイゼル・ヴィヘルム一世でイギリスとドイツをさす——訳者）のまえで、スコットランドやアイルランドやオランダやスイスで、歌われるようになるまで勝利の道をあゆんでいった。七年間かれらは歌った。そして一五万ドルをもちかえりフィスク大学設立の基金とした。

その日いらいかれらは模倣されてきた——あるときには、ハムプトンやアトランタの歌い手たちによってうまく、あるときには、ばらばらの四部合唱者たちによってまずく。漫画化がまたまたこの音楽の一風かわった美しさをそこなおうとし、曲は卑俗な耳ではほとんど本当のものと区別しえないおおくの質の悪いメロディーでみたされた。しかし真の黒人民謡は、いまもなおそれらがただしく歌われる聞のをいたひとびとの心のなかに、そうして黒人人民の心のなかに、生きているのである。

これらの歌は何なのか、また何をそれらは意味するのか？ わたしは音楽のことをほとんど知らないので、専門用語をつかっては何も云うことができないが、わたしは人間たちについては若干のことを知っており、その認識からわたしはこれらの歌が奴隷が世界によせる音節をもった伝達であることを知るのである。それらの歌は、さもしい現代に生きるわれわれにむかって生活は黒人奴隷にとっても楽しく屈託がなく幸福であったことを告げている。わたしは容易にこのことを若干のものについて、またおおくのものについてあてはまると信ずることができる。そしてしかも、たとえ死んでしまったものから発生してきたものであっても、過去の南部はとうていこれらの歌の心にふれる証しを否定しさることはできない。それらは、不幸な人民の、失望の子らの音楽である。それらは、死と、苦悩と、より真実な世界をめざす声にもならぬ渇望と霧ぶかい彷徨と、かくされた道とについて、語っている。

歌はじっさい幾世紀もの篩にかけられたものである。音楽は歌詞よりもはるかに古い起源のものであり、そのなかにわれわれはそこここに発展のしるしを跡づけることができる。わたしの祖父の祖母は二世紀以前によこしまなオランダ人の商人につかまったのであった。そしてハドソンやハウザトニックの谷間にさしかかり、黒い小っちゃなしなやかな身体の彼女は、むごく吹きつける北風のなかでふるえあがって尻ごみした。あこがれの眼で丘をながめ、しばしばじぶんの膝のあいだにだいている子供に異教のメロディーを口ずさんでやった。それはつぎのようなものである。

ドバナコバ、ジニミ、ジニミ！
ドバナコバ、ジニミ、ジニミ！
ベントヌリ、ヌリ、ヌリ、ヌリ、ベンドリ。

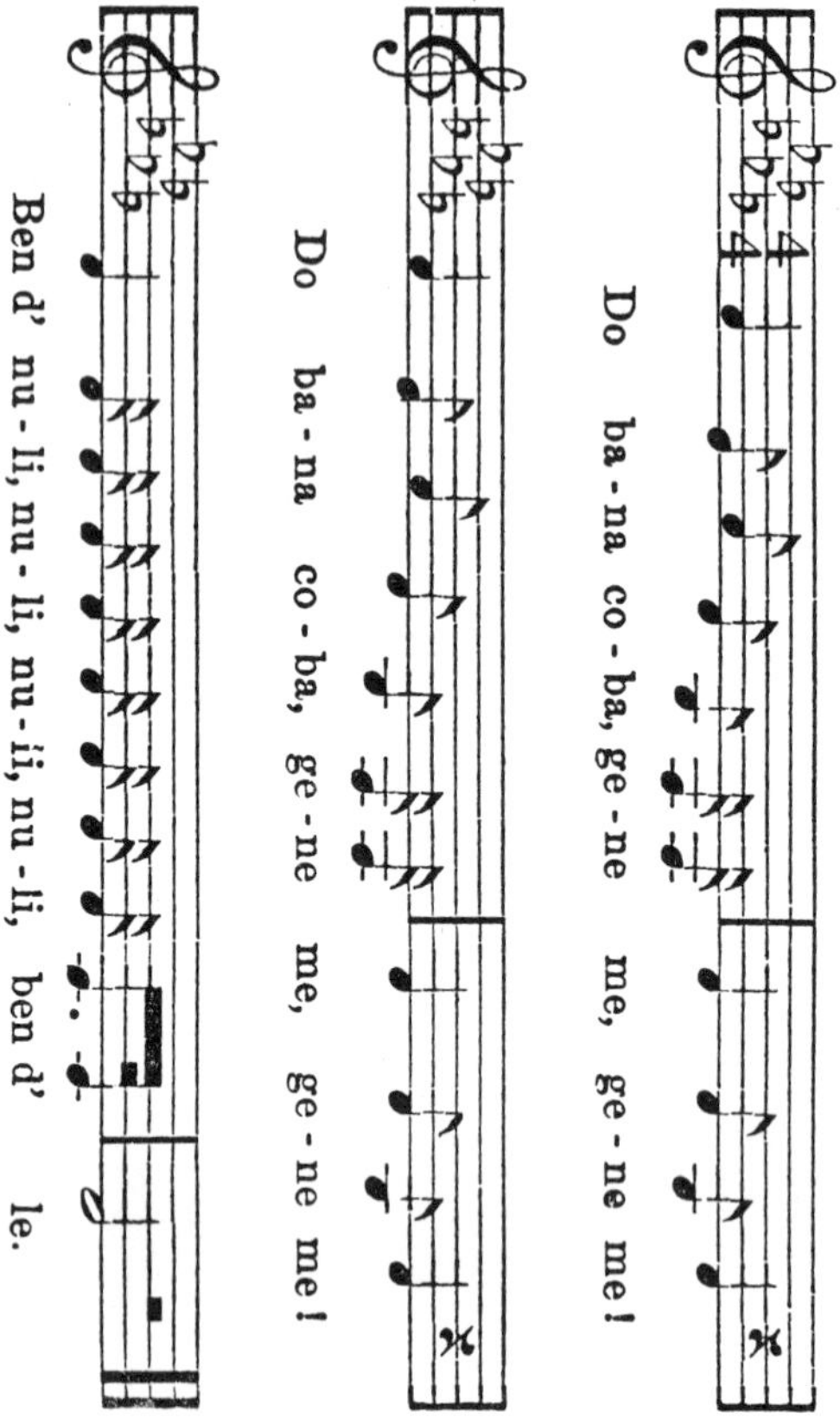
Do ba-na co-ba, ge-ne me, ge-ne me!
Do ba-na co-ba, ge-ne me, ge-ne me!
Ben d' nu-li, nu-li, nu-li, nu-li, ben d' le.

その子供は、その歌をじぶんの子供たちに歌ってきかせ、かれらはまたその孫や子たちに歌ってきかせた。そうして二〇〇年のあいだその歌はさすらいの旅をつづけてわれわれのところまでやってきたのである。われわれはそれをわれわれの子供たちに、それを歌ってくれた父親たちと同様にその言葉がどんな意味をもっているのかを知らないながらも、その音楽のもつ意味は充分知って、歌いきかせてやるのである。

これが原始的なアフリカ音楽であった。それは拡大された形となって、第十三章「ジョーンの帰還」の冒頭にあるところの一風かわった吟詠のなかに見いだされる。

おまえはわたしを東に埋めてくれてもいい
おまえはわたしを西に埋めてくれてもいい
どっちにしてもその朝にわたしはラッパのひびきを聞くだろう

——流浪するものの声である。

一〇の主だった歌がおおかれすくなかれこのメロディーの森からあげられよう。——疑いもなく黒人の起源であり、ひろく一般に流行し、とくに奴隷のものであるという特徴をそなえた歌。そのうちのひとつはいまわたしがあげた。もうひとつのこの本の初め（第一章をさす——訳者）にその旋律がおかれているのは、「誰ひとりわがなやみを知らず」である。急に貧困にきづきおどろいた合衆国政府が解放された黒人たちにその約束の土地をあたえるのを拒んだとき、ひとりの准将がそのニュースをもってシー・アイランドへくだっていった。群衆のはずれにいたひとりの老婦人が、この歌をうたいはじめた。すべてのひとが彼女とともに身体をゆらせて相和した。するとその軍人さえも涙にぬれたという。

第三の歌はだれもが知っている死の子守歌である——「スウィング・ロー・スウィート・チャリオト」（“Swing low, sweet chariot”）——その譜は、「アレグザンダー・クラムメル」（第十二章）の生涯の物語の初めにある。それからさらにおおくの河の歌「ながれよ、ヨルダン河よ、ながれよ」（“Roll, Jordan, roll.”）の抑揚の小さい力強いコーラスがある。「アタランタの翼」の章のはじめにある逃亡者のおおくの歌や、もっと一般に親しまれている「お聞きしてます」("Been a-listening")のような歌があった。第七の始まりと終りの歌——「主よ、星たちの落ちはじめるときの、何という朝！」("My Lord, what a morning! when the stars begin to fall")であり、この旋律は「自由の曙」（第二章）のまえにおかれている。手さぐりの歌——「わが道はうすぐらく」("My way's cloudy")——は「進歩の意味」（第四章）のはじめにある。第九のは、この章の歌であり——「たたかうヤコブよ夜は明けよう」("Wrestlin' Jacob, the day is a-breaking")——希望にみちた闘いをたたえる歌である。最後にあげられる主なる歌としては、歌のなかの歌——「そっと逃げろ」("Steal away")——で、「父たちの信念」（第十章）につけられている。

たとえば第三、第八、第九章のまえにある三つの旋律のように、今あげたのと同じほどきわだった特徴的な黒人民謡が他に沢山ある。そして他のひとならきっともっと科学的な原理にしたがって容易に選択をすることができるだろう。さらにまた、もっと原始的な型からいくらかつくりかえられたように思える歌がある。ごっちゃまぜの「かがやく閃光」("Bright sparkles")のような混成曲があり、その一節は「黒人地帯」（第七章）の冒頭にある復活祭の讃歌「埃、埃、そして灰」("Dust, dust and ashes")や、挽歌「わたしの母は飛びだして帰っていった」("My mother's took her flight and gone home")や、「最初《はじめ》に生まれたものの死去」（第十一章）の節のうえに漂う、あのメロディーの爆発——「わたしの母があの高みの美しい国に住むように」("I hope my mother will be there in that beautiful world on high")の歌がある。

これらは奴隷の歌の発展における三様の段階をしめすもので、そのうち「おまえはわたしを東に埋めてくれてもいい」が第一の、「進んでゆけ」("March on")（第六章）や、「そっと逃げろ」が第二の部類に入る。第一のがアフリカの長音で、第二のがアフリカ・アメリカの長音であるに反して、第三のは養いの土地で聞かれた長音と黒人長音との融合である。その結果はやはり明白に黒人のもので、その原型を融合する方法如何である。だが構成要素には黒人のものとコーカサスのものとの両方がある。こういう進展にそってひとはさらに第四の段階への発見の歩をすすめ得よう。そこではアメリカ白人の歌が明白に奴隷の歌によって影響をうけているか、あるいは黒人のメロディーの全楽節と結合されている。たとえば「スワニー河」や「オールド・ブラック・ジョー」（"Swanee River" "Old Black Joe" ともに一般にしたしまれているフォスターの作品──訳者）のごときがそうである。またしだいしだいに発展とともに卑俗化と模倣が生じてきた──黒人「巡回歌うたい」歌、「福音《ゴスペル》」の讃美歌のおおく、そして現代の「黒んぼ《クーン》」の歌のいくらかがそうであり、──それらの沢山の歌を聞いていると、新米ならすぐわれを忘れて真の黒人のメロディーを見わけることもできないであろう。

　これらの歌のなかで、さきほどわたしはすでにもう云ったのだが、奴隷は世界に語りかけたのである。そのような伝達は当然おおいをかけられており、リズムをもっている。言葉と言葉とが混合し、かすかに理解されていたていどの神学のあたらしい空念仏が、ふるくからふくまれていた感情にとってかわった。まれにわれわれは見しらぬ言語の奇妙な言葉にふれるが、「マイティー・ミョー」("Mighty Myo")のごときで、それは死の河のことをあらわしている。よりしばしばちょっとした言葉やほんの駄句にすぎないようなものがめずらしい美しさをもった音楽につけられている。純粋に世俗の歌というのは数からいうとごく少数であるが、それは言葉の転換でそれらのおおくが讃歌にかえられたからであるし、またはしゃいだ歌というものが見しらぬひとにはほとんどききとられることがなくて、音楽となるとますます注意されることがすくないからである。ほとんどそれらのあらゆる歌の音楽は、しかしながら哀しみにみちている。わたしがさきほどあげた一〇の主だった歌は言葉と音楽とで、苦悩と流浪、闘争と隠遁を語っている、それらの歌は何かしら眼にみえない力をもとめて手さぐりし、終末のいこいをもとめて嘆息している。

われわれにのこされた言葉は興味がなくもない。明白な不純物はとりさられ、それらは通俗の神学と意味のない狂躁のしたに真の詩と意味のおおくを秘めている。あらゆる原始人と同様に、奴隷は大自然の胸のちかくにいた。人生はシー・アイランドの褐色の大西洋のように「あらあらしいうねる海」であったし、「荒野」は神の故郷であったし、「さびしい谷間」は生の道へとみちびいた。「もうじき冬も終りになるのだ」（"rough and rolling sea," "Wilderness," "lonesome valley" "Winter'll soon be over" いずれも黒人民謡にしばしばでてくる言葉を引用したものである――訳者）は熱帯の想像力にとっては生と死の絵図であった。南部のはげしい突然の雷雨は黒人たちを恐れさせつよい印象をのこした。――ときとして雷鳴はかれらに「悼ましいもの」であったし、ときとしてまた横柄なものであった。

神さまがわたしを呼びなさる
雷を鳴らして呼びなさる
ラッパがひびくよわたしの胸のなかで

単調な苦役と風雨にさらされる労働はおおくの言葉のなかに色どられている。暑い湿気のおおい畝ではたらく農夫が、つぎの歌には見られる。

ここにはおまえに水浴びさせてやる雨もない
ここにはおまえに日焼けさせてやる太陽もない
おお信心ぶかいものよ　せっせと押してゆけ

わたしは家へ帰りたい

腰の弓なりにまがった年寄りが三度もくりかえされるわめき声で泣く。

おお主よわたしをくたばらせないでくださいな

そしてかれはつぎのようにささやく不信心の悪魔を叱りつけるのである。

イエスさまは亡くなった　神さまはもうここにはいない

けれども魂の飢えを持つものがそこにいる。野生の民の落着きなさ、流浪する民の悲嘆、そしてその嘆きはつぎの小句にこめられている。

わたしの魂は何かしらあたらしいものあたらしいものを求めている

My soul wants something that's new, that's new

奴隷と奴隷に関係あるものの内部の思索のうえにはつねに相重って恐怖の影がたれこめていた。そこで、われわれはほんのちらと覗き見をそここにするだけで、そのたびにまた雄弁な省略と沈黙とにでくわすのである。母と子は歌われているが、めったに父は歌われない。逃亡の民や疲れた流浪の民は憐みと愛とを呼び求めるが、ほとんど求婚や結婚のことはない。岩や峯はよく知られているが、家庭のことは知られない。愛と頼りなさの奇妙な融合がつぎのリフレインのなかに歌われている。

あそこにはわたしの年老いた母が
ずっと長いあいだ丘の方をむいて頭をふっている
そのうちに母も渡っていって
時がくれば家へたどりつくことだろう

その他のところでは「母なきもの」の、そして「さらば、さらば、唯ひとりのわが子よ」(“Farewell, farewell, my only child,”)の叫びがでてくる。

愛の歌は数すくない、そして二つの部類に大別される——うわついた軽いものと、悲しいものと。ふかい成功にみちた愛には不吉な沈黙があり、これらの歌のうちでもっとも古いものの一つには歴史と意味の深さがある。

あわれなロージーあわれな少女
あわれなロージーあわれな少女

ロージーよぼくのあわれな心をつき破れ
天国がぼくの住家になりますように

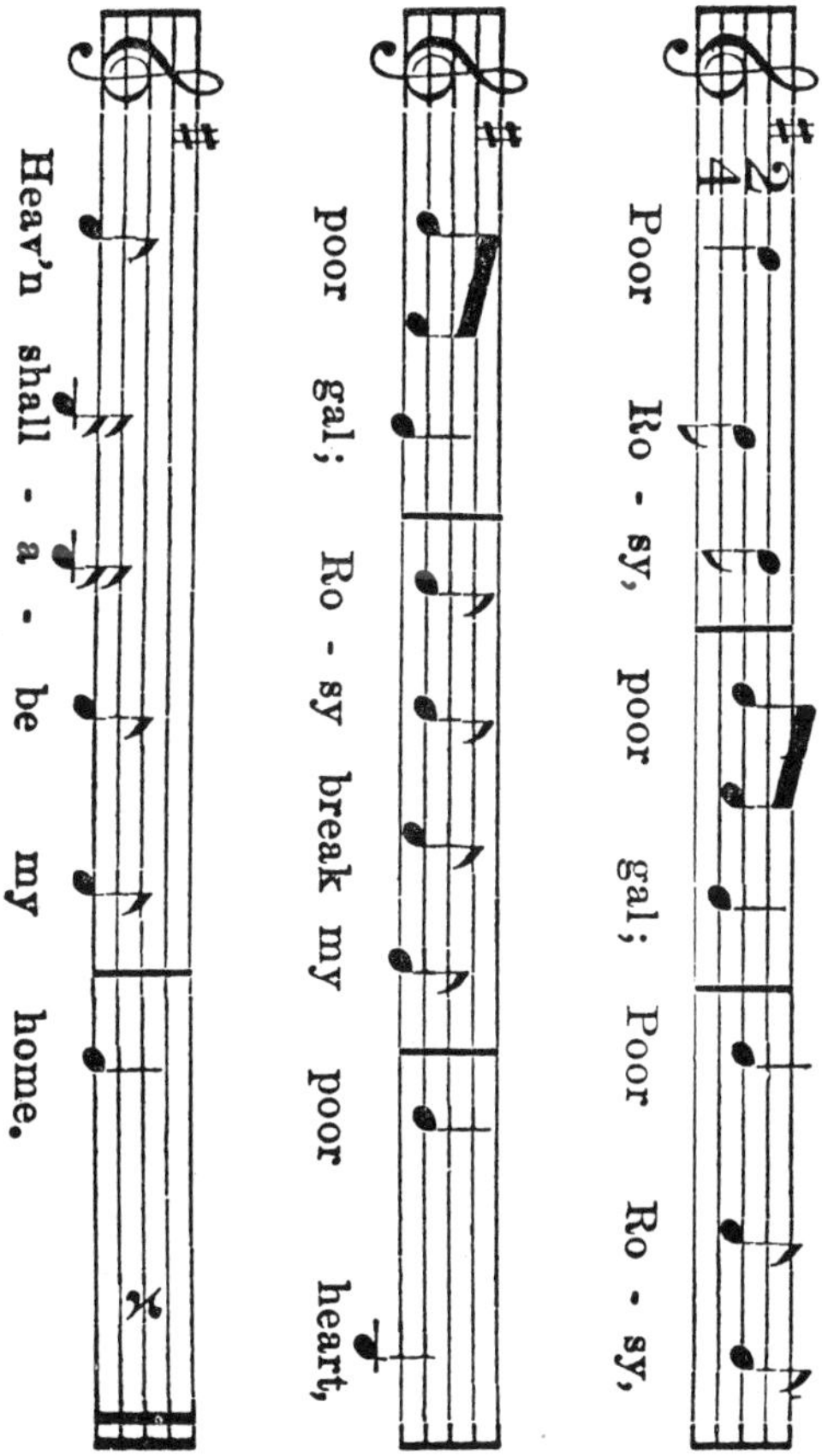
Poor Ro - sy, poor gal; Poor Ro - sy,
poor gal; Ro - sy break my poor heart,
Heav'n shall - a - be my home.

ひとりの黒人婦人がこの歌について、「それは張りつめた胸の思いと悩みを知る魂をもたずしては歌えません」と言った。ドイツ民謡において歌われるのとおなじ声がここに歌われているのである。

さあぼくは泉へ行こう、が飲みはするまい。
("Jetz Geh i' an's brunele, trink, aber net.")

死については黒人はほとんど恐怖をしめさなかった。それのみか死のことを親しげにそして好ましげにさえ語った。ちょうどほんの河を渡って、おそらくは——誰が知ろう?——ふたたびむかしの森にもどるだけのごとくに。のちになってその運命論は形がかえられ、埃と垢とのなかで苦役するものは歌ったのである。

埃、埃、そして灰、
わたしの墓のうえを吹きわたれ
それでも主はわたしの魂を、
運んで帰ってくださるよ。

周囲の世界から明らかに借りられたとわかるものは、奴隷の口にのせられるとき特徴的な変化をうけている。とくにこのことは聖書の句のときに真実である。「泣け、おおシオンの囚われの娘よ」("Weep, O captive daughter of Zion")は奇妙に、「シオンよ、声ひくめて泣け」と変っているし、エゼキエルの輪("the wheels of Ezekiel")(「旧約エゼキエル書」にたびたび出てくる言葉——訳者)は奴隷の神秘な夢のなかでそのたびに変えられて、ついに奴隷はつぎのように歌うのである。

ぼくの心のなかには
ぐるぐる廻る小さな輪がひとつある

その昔よくおこなわれたごとくこれらの讃歌の言葉は宗教的集団の誰か指導的歌うたいによって即興的に用いられたのである。しかしながら、その集まりの状況や、歌のリズムや、許される思索の限度が、おおくの場合その歌を一行ないし二行以内にしめつけた。そしておもに聖書の説明の場合であったが忍耐づよく努力してなされた稀な例があったにせよ、それらの詩はめったに四行あるいはそれ以上の物語に拡大されたことはなかった。たえずずっと三つの短い系列の韻文がわたしを魅きつけていた――その一つはこの章の冒頭（「この身体を横たえるため……」の詩をさす――訳者）にあるもので、そのうちの一行についてかつてトーマス・ウェントワース・ヒッギンソンは適切にもこう云ったことがある。すなわち「ひとがこの世に生活し苦しみというものを知っていらい、人間の無限の平和への憧れが、より以上に嘆きにみちて表現されたことはなかったとわたしには思える」と。第二の、そして第三のものは最後の審判の叙述である。――そのひとつは外部からの影響の跡をもつ最近の即興作である。

おお、四大のうち、
星たちはおちてゆく、
月は血のなかにしたたってゆく、
主の償いに、囚われたものは、
神のもとへと帰ってゆく、
祝福されてあれよ、

主の御名よ。

そしてもうひとつのは低地の海岸地方からのよりふるくからつたわっているより親しい画面である。

マイケルよ、舟を岸へ向けよ、
すれば、おまえはかれらの吹く角笛を聞くだろう、
すれば、おまえはラッパのひびきを聞くだろう、
世界中に鳴りわたるラッパのひびき、
金持ちと貧乏人とのためのラッパのひびき、
喜びの歌のラッパのひびき、
おまえとわたしとのためのラッパのひびき。

≪哀しみの歌≫のあらゆる哀しみを通じて、ひとつの希望が息づいている。——それは物事の窮極の正義によせる信念である。絶望のちいさな抑揚は、しばしば勝利としずかな安心に変る。ときとしてそれは生によせる信念であり、ときとして死によせる信念であり、またときとしてかなたのどこか美しい世界での無限の正義によせる確信である。しかしそのどれに当るにせよ、意味するところは明白である。すなわち、いつの日にか、どこかしらで、ひとびとはかれらの皮膚によってでなく、かれらの魂によって人間を判断するであろうということである。そのような希望は正しいものとされるであろうか？　≪哀しみの歌≫は真実をうたっているのであろうか？　この時代の暗黙のうちに増大

しつつある仮説は、人種の検証はすでにおわり、現代の後退的な人種はもうその無能があきらかにされて、権利に値いしないという仮説である。そのような仮説は時代に敬意をしめさず人間の行為に無知なひとびとの傲慢さである。一〇〇〇年前ならそのような仮説は容易に考えだされようが、それはしかしチュートン人には人生への権利を証しだてることさえも困難にしたことだろう。二〇〇〇年前ならそのような独断は容易に歓迎されようが、それはしかしブロンドの髪の人種が文明をいちどでも指導するなどという考えをもはねのけたことだろう。社会学の知識がはなはだしく哀れなまでに連関を欠いているので、進歩の意味や、人間の行為における「速い」とか「遅い」とかの意味や、人間の完全性の限界などということは、科学の分野において、おおいをかけられて答えを得ることのないスフィンクスとなっているのである。なぜエスキュラスはシェイクスピアの生まれる二〇〇〇年前に歌うことになったのか？　なぜ文明がヨーロッパに花ひらき、アフリカに閃光をはなち焰をあげ衰えていったのか？　そのような質問に答えられず世界がよわよわしく啞のように黙っているかぎり、神の座に「哀しみの歌」をもたらしたところのひとびとに機会の自由を拒否してこの国はその無知と罪深い偏見とを公然のものとしているのだろうか？

おまえたちの国だって？　どうしておまえたちのものとなったのか？　巡礼の父たちのまえにわれわれはこの土地に上陸していたのだ。ここにわれわれはわれわれの三つの贈物をもってやってきたのだ。そしてそれらをおまえたちのものと融合したのだ。物語と歌という贈物、――調和のよくない音楽的でない国土にやわらかい心をうつメロディー。おまえたちの弱い手が為しえたより二〇〇年もまえに荒野を開拓し土壌を征服しこの巨大な経済王国の基礎をおく、汗と腕力という贈物。第三のものとして、精神力という贈物、われわれを中心にして三〇〇年ものあいだこの国の歴史は回転した、われわれはすべての最悪のものを抑えつけその息の根をとめるため、この国の心の奥底からすべての最善のものを呼びさましてきた。炎と血、祈りの犠牲が、この国の人民のうえに波うった。そしてかれらはただ正義の神の祭壇のまえにのみ平和を見いだしたのである。精神力というわれわれの贈物はまたたんに受身のものではなかった。能動的にわれわれはわれわれじしんをこの国のまさに縦糸とも横糸ともして織りなした。――われわれはかれらの闘いをたたかい、かれらの哀しみをわけもち、われわれの血をかれらの血と混ぜあわせた。そしてあいつぐ世代また世代と国民が呪いのしるしで汚されないよう、正義・慈悲・真理をさげすまないよう、頑固な不注意なひとびとに説きあかした。われわれの歌、われわれの苦役、われわれの歓呼、そして警告は、この国にたいし血のつながる兄弟としての愛のこころから与えられたのである。これらの贈物は与えるに値いしないものであろうか？　この仕事とこの骨折りとは？　アメリカは、はたしてその黒人人民をもつことなく、現在のアメリカとなったであろうか？

たとえそうとしても、わたしの祖先たちの歌のなかにうたわれている希望は、立派にうたわれているのである。もしどこかこの物事の混乱と無秩序のなかに、憐れみのこころにみち、そして支配する力をもつ永遠の善が存在するとするなら、それならばいつの日にか神のいます時にまにあいアメリカはそのヴェールをとりさり、囚われのひとびとは自由になることであろう。自由に、わたしのこれらの高い窓に朝をしたたりおちてくる陽光のように、自由に、したの煉瓦としっくいのほら穴からわたしのところへ湧きのぼってくるかなたの若々しい新鮮な声のように自由に、歌とともにひろがり、活気にみなぎり、ふるえるソプラノと重くなるバス。わたしの子供たち、わたしの小さな子供たちは陽光にむかって歌っている。そしてそのかれらの歌は、こうだ、――

ぼくらは疲れた旅人をはげまそう、
疲れた旅人をはげまそう、
ぼくらは疲れた旅人をはげまそう、
天国への道をゆく疲れた旅人をはげまそう。

Let us cheer the wea - ry trav - el - ler, . .
Cheer the wea - ry trav - el - ler, Let us
cheer the wea - ry trav - el - ler A -
- long the heav - en - ly way.

すると、疲れた旅人は帯をしめなおし、その顔を朝のほうへ向け、かれの道を歩むのである。

追 想

わたしの叫びを聞け、おお、神なる読者よ、どうか、このわたしの書物が、世界の荒野に死産することのないようにしてくださらんことを。優しいひとよ、この書物の頁から、すばらしい収穫を刈りとる、思想の活力と思慮ぶかい行為が湧き出るように。罪あるひとびとの耳をば真理でうずかせ、人間の兄弟愛が嘲笑の的と陥し罠になっているこの荒涼とした時代に、諸国民を意気盛にする正しさをもとめて七〇〇〇万人が憧れるように。そうして、あなたの力で時をたがえず、無限の理性が絡みあいをのばし、今あなたのつけたもろい頁を折り曲げたしるしが、じっさい、それっきりこうなってしまわないように

これで　**おしまい**　と。

解説

一九〇三年四月に、A・C・マックラーグ社から『黒人のたましい』という表題のもとに出版された一冊のほっそりとした書物は、世界じゅうの英語が読まれるところでならどこででも、注目を集めることとなった。このことは、その冊子が、アメリカ、イギリスの出版がまだ大文字のNをもった黒人"Negro"という言葉をつかわなかった時期に、「知的な点で軽蔑され無視された人種のひとりによって」書かれたという事実にもかかわらず、本当のことであった。

二〇世紀の曙は、アメリカ黒人たちに重くのしかかっていたぶ厚い暗がりを、晴らすためにはほとんど何ほどのこともしなかったのである。黒人たちが関与するところでは、国じゅういたるところで、むっつりとした無感覚状態がよこたわっていた。エイブラハム・リンカーンの解放、再建の期待は、現れて、消えていた。恐怖、飢え、拘束、それに屈辱が、黒人の足どりにつきまとった。企業的なアメリカ人たちは、「人種問題」に死ぬほどうんざりしていた。

そのとき、予期していなかった公衆は、『黒人のたましい』に遭遇することになったのである。驚き——いやいやながらの讃嘆——困惑が、北に、南に、東に、西に、喚起された。「この本の表題は、天才的手腕だ!」と初期の紹介のひとつに現れた。おおくの評者たちが、極端なほめことばで後につづいた。「人種問題」にかんする「権威たち」は、衝激をうけてこの本の「詩的な文体」をみとめたが、その科学的価値を疑問視した。他のひとびとは、猛烈にこれを攻撃した。

しかし、どこででも、『黒人のたましい』は無視されることがなかった。ジョージアの「アトランタ・コンスティテューション」は、書物と著者について三つのコラムを印刷した。その書評の結びは、つぎのようになっていた、——「想起されなければならないのは、これが、北部の教育をうけた一黒人の思想であるということである。かれは、南部のかれの同胞たちのあいだに暮しながら、これらの同胞たちが本能によって知っていることがらの意味を、完全に感じとるということができない、——それらは南部育ちの白人も同じ本能によって知っているものであり、——両者によって事実として受けいれられているある種のことがらなのである。」テネシーの一新聞は、こう警告した、「この本は、黒人が読むのは危険である、何故なら、これは、不満をかきたてて、存在しないこと、また、心にとめるべきでないことで、黒人の想像をいっぱいにするだけであろうから。」

出版物や説教壇で、そして教育者のあいだでかわされた、広範囲にわたる激しい討論のなかから、今なお存在する伝説が生じた、——すなわち、ブッカー・T・ワシントン対W・E・B・デュボイスの不和という伝説が。

最初は、黒人たちは、争いにくわわらなかった。かれらは、誇りでいっぱいだった。じぶんたちの仲間のひとりが、大きな白人世界を動かしていたのだ！　称讃する借金返しの奴隷たちや、混乱のひびきが、ともに甘美な音楽のようにかれらの耳にふりかかってきた。若い黒人たちが『黒人のたましい』をやっと手にいれると、かれらは、眼を輝かせてその頁を読みふけった。読むにつれて、かれらの唇はひきしまり、かれらの精神はひろがり、かれらの筋肉はふくれあがった。それから、かれらは、まじまじとお互いどうし向きあった。かれらにとって、新しい世紀が始まったばかりなのであった！

一九〇三年のその春、ニュー・ヨークの「コマーシァル・アドヴァタイザー」の一評者は、こう書いた、――

「人種的偏見がとつぜん悪化した形態をとり、ほとんど毎日どこか思いもよらなかった区域で新しい爆発をみているときに、みずからの人種に内在する可能性に確乎とした信頼をよせる一黒人によってかかれたこのような種類の書物は、有益で心を鼓舞するいがいの何ものでもありえない。」

『黒人のたましい』は、国外でのいくつかの同時刊行とともに、合衆国内で二四版をかさねた。パナマ運河を建設する黒人たちはこの書物をよみ、ジャマイカやバルバドス島の故郷にそれをもってかえった。最南部《ディープ・サウス》の黒人たちはこの書物を傍において、まばらな綿花畑をながめながら、しっかりとした口調で「ここは、わたしの国だ！」と言った。二世代にわたる黒人たちが、この書物をまわし読みにして、ついにそれは、すりきれてぼろぼろになってしまった。そのあいだに、世界大戦は起り、不況は到来し、人民の声は諸国をふきわたる大きな風となった。

ヘンリー・ジェイムズが、その包括的な研究『アメリカの光景』（スクリブナー版一九四六年）を出版したとき、かれは問うた。何もかもあっというまに消え去ってしまうので、長年のあいだ出版されたいくらかでも特色のある《南部の》本といえば、黒人人種のうちでもっとも教養ゆたかなW・E・B・デュボイス氏の『黒人のたましい』唯一冊ということになるのは、どうしたものなのであろうか？

五〇年が、この書物が最初にあらわれていらい、過ぎ去った。その周期は、ゆっくりと回る。今や、その範囲がたいへん拡大しているのが見てとれる。今日では、全世界がその色の黒い人民たちの声をきくよう求められている。だからして、もう一度、「ほとんど毎日どこか思いもよらなかった区域で新しい爆発をみているときに、」わたしたちが、「みずからの人種に内在する可能性に確乎とした信頼をよせる」ひとりの黒人によって書かれた『黒人のたましい』を印刷するのは、正しい、時宜にかなったことである。

シャーリー・グレアム

第一章　われわれの魂の闘い

三　**アーサー・シモンズ**　Arthur Symons（1865～1945）　イギリスの象徴主義的な詩人評論家。かれをとおして、わが国にも象徴主義が紹介された。

一四　**メカニックスビルの戦闘**　南北戦争当時の南部連盟軍の首都ヴァージニア州リッチモンド周辺での攻防戦、いわゆる「七日間の戦闘」の中の一つ。「七日間の戦闘」は、一八六二年六月二六日から七月二日にわたって戦われたが、北軍のメカニックスビルでの英雄的な奮闘（六月二六日）などがあったにもかかわらず、南軍の司令官として任命されたリー将軍の巧みな作戦によって北軍の敗北におわった。

フサトニック川　マサチューセッツのバークシャー地方に源を発し南へ流れてコネチカット州ストラトフォードでロング・アイランド湾に注ぐ。デュボイスの出生地グレイト・バリントンはこの川の流域にある。

一六　**第七の息子**　旧約聖書の昔から七は聖にして神秘的な数字とされてきた。一週間の七日、七徳など七の数字のついたものは多い。また七は人の運命や健康を左右する大変革をも象徴しているという。ここでは、黒人が世界史的な変革をもたらす民であり、同時に受難の民であることをにおわせている。

二〇　**キュー・クラックス・クラン団**　the Ku-Klux-Klan　南北戦後に北部から来たカーペットバガー（次注参照）や、黒人による南部支配をくつがえし白人優越を復活しようとして、一八六五年のクリスマス・イヴにテネシー州の若い南部退役軍人によって組織された。当時は覆面騎馬の姿で迷信深い黒人をおどかして喜ぶ程度のものであった。しかしその効果が大きいため自然発生的にひろがった。正式の組織化は一八六七年テネシー州ナッシュビルでなされたという。「白椿騎士団」、「白バラ騎士団」、「白人同盟団」など他の地下団体の活動と相まって、南部に相当な恐怖をまきおこした。もちろん北部人による同様な活動も「忠誠同盟」などによって行われている。クラン団は、二〇世紀に入ってから新しい性格を付与されカトリック教徒、ユダヤ人、労働組合などにも攻撃を加えるようになった。一時は四、五〇〇万の会員がいたといわれる。

カーペットバガー Carpetbagger もともとは財産として手提げカバン一つしかもたぬような歓迎されぬ他国者のことをあらわす俗語で、アメリカ西部に入植した投機家などを指した。南北戦争後の再建期のカーペットバガーとは、北部から来た急進派の総称で選挙権を獲得した黒人をそそのかして共和党支配をうちたて、役職や富を手に入れて南部を支配したとされている。が、必らずしもペテン師だけであったわけではなく、自由や教育のために献身した理想主義者たちもいた。

憲法修正条項第一五条 the Fifteenth Amendment 合衆国憲法修正第一四条で期待されてかならずしも達成されなかった黒人の参政権を保障しようとした条項である。詳しくは、第二章の注を参照。

一八七六年の大転換 一八六五年〜七六年の再建期には、南部黒人は多くの下院議員、二人の上院議員、多数の各州議会議員を選出し、政府高官にも黒人が進出した。しかし、南部白人は執拗に黒人締出しの運動を展開し、一八七六年には、フロリダ、南カロライナ、ルイジアナを除きほとんどの州議会からの黒人排除に成功した。しかも一八七四年の中間選挙で民主党が久方ぶりに多数を制する事態が発生、そのうえ七六年の大統領選挙の一般投票で民主党のティルデンが勝利を収めた。共和党は投票の不正を主張して、両党の間には紛争が発生した。結局共和党は、まだ連邦軍の残っていた南部諸州から軍隊を引きあげるという妥協と交換に大統領のポストを確保した。ヘイズ大統領のこの妥協の中に北部産業資本と南部反動派の癒着を見てとることができる。このようにして一八七六年は、白人優越復活の決定的な年となった。

カナーンの地 Canaan 古代パレスチナと同じ地域を指す。旧約聖書の随所に出て来るが、この地は、イスラエル人にとっての「約束の地」であった。エジプト脱出後、かれらは、この地を征服する。旧約聖書の「出エジプト記」では、神がモーゼにエジプトから苦しめるイスラエル人を救い出し、「善き広き地、乳と蜜の流るる地、すなわちカナン人、ヘテ人、アモリ人、ペリジ人、ヒビ人、エブス人のおる処」へつれ出せと言っている。アメリカ黒人は、自らの運命をイスラエル人になぞらえ、救世主モーゼの出現を深く信じていた。

三　**トゥーサン** Tousaint L'ouverture（1746?～1803）　フランス革命の「自由、平等、博愛」の精神は、当時フランスの大農場主の支配下にあったカリブ海のハイチの奴隷たちの覚醒をうながし、ついに一七九一年かれらは、暴動をおこした（ハイチ革命）。フランスは、一七九四年奴隷解放を宣言したが、戦闘は一二年続きハイチが独立したのは、一八〇四年であった。これが最初の黒人共和国である。ハイチ革命で黒人共和国が誕生したことはその後のラテン・アメリカ諸国の植民地解放闘争を促すことになった。トゥーサンは、農場主の信任が厚く奴隷頭をしていたが、反乱に加わって、急速に頭角をあらわした。一七九六年には、サント・ドミンゴの軍司令官に任命されている。しかし、強力な黒人軍を訓練したかれは、自らを全国の支配者に仕立てあげフランスの権威を否認して、「サント・ドミンゴのボナパルト」と名乗った。かれは、フランスの策略によって、捕えられ、一八〇三年獄死した。

二五　**《哀しみの歌》** the Sorrow Songs　黒人霊歌のこと。第十四章参照。

第二章　自由の曙

二九　**ロウエル** James Russell Lowell（1819～91）　アメリカの詩人、文芸批評家、外交官。夫人の影響で奴隷解放論者となり、一八五〇年頃まで各種の改革運動に従事した。この詩は、かれの短詩「現代の危機」の中からとられたもの。

三〇　**奴隷解放宣言** the Emancipation Proclamation　リンカーンは最初メリーランド、デラウェア、ケンタッキー、ミズーリの境界四州が中立の立場から南部連盟の立場に移行することを恐れて奴隷の解放に消極的であった。かれは南北戦争が主として連邦維持のための戦争だと考えていた。だから「この戦争でのわたしの最高の目的は、連邦を救うことにあるのであって、奴隷制を救うことでもなければ、また破壊することでもない。もしわたしが一人も奴隷を解放せずに連邦を救えるものならわたしはそうするだろう。……そしてもしわたしが、一部の奴隷を解放し、他の奴隷をそのままにしておいても連邦を救えるなら、そうするだろう。」と言っている。最初かれは有償解放を考えていた。しかし戦局が進むにつれて、奴隷解放の戦争であることが次第にはっきりとして来た。軍事的にも奴隷の解放は北部に勝利をもたらすことがはっきりしてきたし、特にイギリスに連邦の大義名分を示す必要もあり、さらにかれの有償解放案が議会で否決されたこともあって、かれは、遂に即時無償解放を決意した。予備宣言が発せられたのは六二年九月、正式署名は六三年一月であった。

憲法修正条項　War Amendments　憲法修正条項第一三、一四、一五条のこと。米国の憲法修正は、第五条の規定に基いて行われる。それによれば、上下両院でそれぞれ三分の二の賛成を得た修正条項は、四分の三の州議会の批准を得ないと発効しないことになっている。

第一三、一四、一五条は、黒人の権利を保証したものである。第一三条は一八六五年連邦議会を通過、同年一二月一八日に確定したが、第一節に「奴隷および不任意の労役は、犯罪に対する刑罰として適法に宣告をうけた場合をのぞいては、合衆国内またはその管轄に属するいずれの地にもあってはならない」と規定してある。即ち奴隷解放宣言を憲法上に明文化したものである。第一四条は、一八六六年六月連邦議会を通過、三ケ年の紛糾の後、一八六八年七月確定公布された。第一節は、「合衆国において出生し、または帰化し、その管轄権に服するすべての人は、合衆国およびその居住する州の市民である。何州も合衆国市民の特権または免除を侵す法律を制定し、または施行してはならない。また何州といえども、正当な法の手続によらないで、何人からも生命、自由、または財産を奪ってはならない。またその管轄内にある何人に対しても、法律の平等な保護を拒んではならない。」となっていて、黒人の市民権を保証している。と同等に、そのことによって南部再建—

―別の側面から見れば共和党急進派の南部支配すなわち北部産業資本の南部進出を保証したものである。第一五条は、一八六九年二月議会を通過、一八七〇年三月確定公布された。第一節は「合衆国市民の投票権は人種、体色、または過去における服役の状態にもとづいて、合衆国または各州により拒絶ないし制限されることはない。」となっている。第一四条を補強し、黒人の参政権を保証しようとしたものである。これら条項が、南部各州によって、さまざまの形で骨抜きにされたことは周知の通りである。

ベン・バトラー　Benjamin Franklin Butler（1818〜93）　弁護士から民主党員として政界に入る。南北戦では連邦を支持。少将として多くの作戦を指揮。この章に見られる通り奴隷を戦利品として労働に使用し南北戦における黒人の軍隊加入の先例を作った。また南部連盟の同調者の財産没収をするなど思いきった処置をとった。労働者婦人、黒人の権利の主張者であったが汚職を思わせるような行為があったという。

三　**フレモント**　John Charles Fremont（1813〜90）　有名な西部探検家。一八五六年共和党大統領候補。南北戦中ミズリーに戒厳令を布き、叛乱者の財産を没収し奴隷解放の宣言をしたためにリンカーンに解任され、彼の宿敵となった。

ハリック　Henry Wager Halleck（1815〜72）　西部開発に功のあった法律家で将軍。実戦家であるよりもむしろ理論家で、一八四六年出版の「軍事学要綱」は、南北戦の志願将校達のテキストとなった。南北戦では最高司令官として、グラント将軍の先任者であった。

南部連盟諸州　the Confederacy　南北戦争当時、連邦から離脱した州は次の一一州である。ジョージア、南北カロライナ、ヴァージニア、テネシー、アラバマ、ルイジアナ、アーカンソー、ミシシッピー、フロリダ、テキサス。連邦への復帰は、一八六六年から七〇年の間に完了している。六〇年一二月に南カロライナが連邦を脱退したのが最初の行動で、上記一一州で、「アメリカ連盟政府」を組織し、ジェファーソン・デヴィスが大統領に選ばれた。なお境界八州のうち、メリーランド、デラウェア、ケンタッキー、ミズーリの四州は中立を守った。

陸軍長官カメロン　Simon Cameron（1799〜1889）　印刷所の小僧から成上った実業家、政治家。さまざまの疑惑を招くような手段で役職を得ている。一八四五年始めて上院議員に選出される時からすでにそうであったが、一八五七年の上院選では、共和党候補でありながら、いかがわしい手段で民主党票の支持を得て当選している。一八六〇年の大統領選では、閣僚としてのポストと引き換えにリンカーンを支持した。陸軍長官としては無能でたった一〇ヶ月しか在任していない。

一八六二年七月の法令　the act of July, 1862　「国民兵徴集法」のことを指す。七月一一日議会は二度目の「叛逆者財産没収法」とともに、それまで主として州権の下におかれた国民兵の徴集及びその諸条件決定についての大統領権限を強化し、「一八歳から四五歳までのすべての身体健全な男子市民」を国民兵の対象とする国民兵徴集法を通過させた。この法律では、黒人を軍隊に編成する大統領の権限を憲法に矛盾しないとみとめた。しかし、リンカーンは、しぶしぶこの法案を認める恰好になった。この法案が実効をもったのは六三年の奴隷解放宣言以後であるが、黒人兵の連邦軍への参加は、南北戦争の勝敗を決定ずける重要な意味をもっていた。フレデリック・ダグラス（第三章注参照）などの熱心な訴えにもかかわらず、最初は黒人兵の使用は正式に認められなかった。然し「非合法」に使用されたかれらは、実に勇敢であることを実証した。フォート・ピロウの戦闘にみられるように捕虜になると再奴隷化されるか虐殺されるかの運命が待ちかまえていたからである。全戦争を通じて陸軍に約二〇万、海軍に約三万の黒人が参加し、この他、約二五万人が、労務者、看護婦、案内者、斥候として参加した。南部連盟が、六五年三月に奴隷の戦力化を決定した時には、すでに戦争の命運はきまってしまっていた。

三　**ピアス**　Edward Little Pierce（1829〜97）　法律家。伝記作家として活躍。チャールズ・サムナー（本章注参照）の演説をきいたのがきっかけでかれと親交を結んだ。法律学校を卒業すると、S・P・チェイス

（次注参照）の法律事務所で働く。一八五五年、積極的な共和党員となり、六〇年七月、バトラー将軍（本章注参照）の戦利品奴隷の管理者となりモンロー砦におもむく。六六年財務長官チェイスは、「ポート・ロイヤルの実験」（本章注参照）のために、彼を、南カロライナに派遣した。その後、かれは同州の軍人知事として任命されたが引き受けなかった。多くの市民活動に従事したが、宿願の国会議員には遂になれなかった。

財務長官チェイス　Salmon Portland Chase（1808〜73）　早くから逃亡奴隷の擁護者として、「逃亡奴隷の法務総裁」の異名をとった。一八六〇年の大統領選には、過激な奴隷解放論者と考えられ、共和党の指名を逸した。非妥協的な人物でリンカーン政府の財務長官としては、思い切った財政政策を遂行。国立銀行制度は、彼の偉業とされる。再建期には、どちらかというと中立的な立場となった。

モンロー砦　Fortress Monroe　ヴァージニア州オールド・ポイント・カンファットにある砦。南北戦争中は、連邦軍に占領され、六五〜六七年には、南部連盟大統領のジェファーソン・デヴィスが幽囚された。ベン・バトラーが、逃亡奴隷を戦利品として受け入れたため、二ケ月に一〇〇〇人もの黒人がこの砦周辺のキャンプに集って来て、解放村を作り自由を謳歌した。

シャーマン将軍　William Tecumsch Sherman（1820〜91）　南北戦争中で最も有能な将軍という折紙をつけられた。「海への進撃」（本章注参照）の指揮官である。ウェスト・ポイントの士官学校を出て最初に従事した戦闘がフロリダのセミノール・インディアン討伐であり、あちこちに転じたため南部の地理に精通し、これが南北戦の時に役立った。かれは、奴隷制問題には非常に保守的な見解を抱いていたが、憲法への無限の信頼から北軍に参加したという。戦後も南北戦の総司令官グラント将軍の下で働き、グラントが一八六九年に大統領になると軍総司令官となった。

ヒルトン・ヘッド島　Hilton Head　南カロライナ州の南、ジョージア州のサバナの東南東、ポート・ロイヤル海峡をふくむ海岸近くの群島の中にある。

ポート・ロイヤルの実験　Port Royal Experiment　南北戦争の初期、即ち、一八六一年一一月六〜七日にシャーマン将軍のひきいる軍隊は、五六隻の船と一万二千人の兵員をもって、ポート・ロイヤル島を占領し、戦争終了まで、補給基地として使用した。ピアスが放棄された大農場を没収して黒人を教育し、かれらを使用して綿やとうもろこし、野菜等を作らせた。然し、黒人を自由な労働者として使用していたのではないようである。一八六二年にすでに八つの学校が開かれ、一年で三千人の学生数を擁したという。

自由民援助協会　Freedmen's Aid Societies　本文にあげられている諸団体の組織的活動の他に、個人による慈善行為も多かった。ピーボディは二〇〇万ドル以上の教育基金を寄贈している。

アミスタッド事件　the Amistad　一九三九年アフリカのシオラ・レオネの黒人男女が、二人のキューバ人大農場主に買われて、アミスタッド号で目的地へむかっていた。しかし、洋上でサンクを指導者とする黒人たちが反乱を起し、乗組員を殺害する。が、この船は、同乗の大農場主の策略でアメリカ東岸につけられてしまう。奴隷たちは、コネチカットで裁判をうけるが、これが当時の奴隷制反対派を刺戟して、かれらの無罪釈放の運動となって展開する。迂余曲折の末、ついに、奴隷たちの抑留は不法であり、かれらによる船長以下の乗組員殺害は無罪であるとの判決が下る。奴隷たちは、布教団とともにアフリカへ送還されたという。

アメリカ伝道協会　American Missionary Association　一八四六年、無宗派の布教団として設立された。南北戦中には、モンロー砦に解放奴隷の学校を作ったのを手始めに北軍の後を追って、あらゆる年令層のための黒人学校を開いて行った。アトランタ大学をはじめ四つの大学がこの協会の援助をうけている。

全国解放奴隷救済協会　the National Freedmen's Relief Association　一八六二年二月二二日にニュー・ヨーク市で組織された。最初太西洋岸で、次いで全南部で活躍するようになった。

アメリカ解放奴隷同盟　the American Freedmen's Union　不詳。

西部解放奴隷援助伝道団　the Western Freedmen's Aid Commission　不詳。

三三　**黒人農民集落がより集った**　一八六二年四月一六日不徹底な立法ではあったが、首都ワシントン・コロンビア府では奴隷が解放され近接地から多数の黒人が逃亡して来た。

ディックス将軍　John Adams Dix (1798〜1879)　ニュー・ヨークの有力な民主党政治家。民主党の中でも反奴隷制の立場を主張し一八七二年には、民主党員でありながら、共和党員によってニュー・ヨーク州知事に選出されている。将軍として南北戦で活躍した。

バンクス将軍　Nathaniel Prentiss Banks (1816〜94)　法曹界から政界に入り、五五年共和党員となる。下院議長、マサチューセッツ州知事など歴任。南北戦争では多くの戦闘を指揮し、ポート・ハドソンを占領した。政界に復帰してからは、民主党と共和党の間を往復している。

三四　**イートン大佐**　John Eaton (1829〜1906)　教育行政家として力量を発揮した。南北戦でグラント将軍に認められ、一八六二年テネシー、アーカンソーで逃亡奴隷を管理する仕事を任される。これは自由民管理局に先行する大きな事件であった。黒人部隊の准将に名誉昇進。戦後もグラントの信任を得て、教育長官等をつとめている。

サックストン将軍　Saxton　不詳。

海への進撃　the march to the sea　一八六四年一一月八日北軍のシャーマン将軍は、進撃の命令を発した。大統領選挙の当日のことであった。翌九日には、リンカーンの当選が確認された。一一月一五日夜ジョージア州アトランタへの放火を皮切りに一六日に進撃は開始された。約六万の兵が幅八〇マイルにわたってサバナにむけて大行進を続け、一二月二二日遂にサヴァナに入城した。リンカーンの当選と共に南北戦の命運を決する大事件となった。この戦闘のきわだった特徴の一つは、進撃路にあたる地域を徹底的に掠奪、破壊しつくしたことであった。このことは、南部の軍事資源を無力にしようとしたシャーマンの意識的な行動であった。事実、鉄道網も徹底的に破壊しつくしたこの作戦は、南部産業を回復不能にし、戦争を決定的勝利へと導いた。

シャーマンはジョージアの損害を一億ドルとふんでいる。かれは、黒人を軍隊に編入することを極力おさえたが、黒人たちは、かれが解放者であることを、本能的に感じとり、プランターのかくした食糧を提供し、歓呼の声をあげて歓迎し、数マイルにわたってその軍隊につきしたがった。後に自由民管理局長官になったハワード将軍もこの作戦に参加している。

野戦命令第一五号 Field-order Number Fifteen　この命令は、一八六五年一月にシャーマン将軍によって発せられている。本文でもわかる通りいわゆるシーアイランド地方で、米作プランターが放棄した土地を黒人に分与するというものであった。これは、黒人解放史で重要な意味をもつ事件の一つである。

三五 **下院議員エリオット** Eliot　不詳。

財務長官フェセンデン William Pitt Fessenden (1806〜69)　法曹界から政界に入った。一八五四年上院議員となり、財務長官をやっていた八ケ月をのぞいて死ぬまでの一五年間議員をつとめた。リンカーンの任命によっていやいやながら財務長官をつとめた。再建期には急進派と対立、ジョンソン大統領の弾劾裁判では、かれの立場に賛成し共和党から遠ざけられた。

ハワード将軍 Oliver Otis Howard (1830〜1909)　南北戦争では、数々の作戦に従事、特に「海への進撃」ではシャーマンのよき助力者であった。彼が創立者の一人となったハワード大学は、自由民管理局長としてのかれの輝かしい業績を記念してその名を冠した。かれは第三代学長に就任している。

三六 **チャールズ・サムナー** Charles Sumner (1811〜74)　南北戦争をはさむ数十年間を最も急進的に生きた政治家の一人。毒舌家で熱烈な奴隷解放論者。北緯三六度三〇分以北に奴隷州を認めないとする「ミズーリ協定」を実質上無効にした「カンザス・ネブラスカ法」(一八五四年)への反対演説のため上院で襲撃され、三年間回復出来ぬ重傷を負った。下院へのサディウス・スティブンスと共に共和党急進派の急先鋒であった。奴隷解放宣言の主張者、黒人兵の連邦軍編入の主張者、再建期の自由民管理局の推進者、旧南部への苛烈な制裁の主張者としてきわだっていた。ジョンソン大統領の有罪を強く主張したのもかれであり、グラント大統領のサント・ドミンゴ併合に反対して外交委員会議長を追われたのもかれであった。医者の反対をおしきって登院し、狭心症で倒れ不帰の客となったこともかれのはげしい性格の一端を示すものであろう。「自由は国家的なもの《フリーダム・ナショナル》。奴隷制は一地方のもの《スレイバリ・セクショナル》。」「節操の奴隷として、わたしは、いかなる政党をも主人と呼ばない。」などの名言を残している。

三九　**詩的な正義**　poetic justice　天運応報の意味で用いられる成句。

全面恩赦宣言　the proclamations of general amnesty　①本章訳注（……告げなければならなかったあの日）参照。②戦後の南部では、一方で三つの憲法修正条項（本章注参照）の通過や六六年の市民権法案、六七年の再建法の通過によって、黒人の権利が拡大されて行ったが、同時に南部各州は、六五年の戦争終了後直ちに巻き返しをはかり、六八年までには、黒人法を制定して、黒人の火器使用の制限、住居の制限、職業選択自由の剝奪などを通じて共和党政府の政策を骨抜きにしようとした。クラン団のテロ活動が絶頂に達したのも七〇年頃であった。共和党内部は深刻な分裂の危機にさらされ、七〇年には、ヴァージニアと北カロライナ、七一年にはジョージアで民主党が支配権をにぎり、その勢は他の州にも波及しつつあった。このような情勢を背景に、遂に一八七二年五月に、議会は大赦法を通過させ、それまで選挙権を剝奪されていた旧南部指導者の公民権を回復した。これは、一八七六年を境に全南部が再び民主党支配下に入る道を開くことになった。なお、ここでは、①の場合である。

四〇　**ニュー・イングランド女教師十字軍**　the Crusade of the New England Schoolma'am　南北戦争中および戦後を通じて黒人教育に従事した人々のことをこう呼んだのであろう。戦争末期には一〇〇〇人の北部の男女がこの仕事におもむいている。女教師が多かったから特に「女教師」と冠したのであろう。

第九番目の十字軍　中世の主な十字軍は八回組織されている。だからこの事業を第九番目の十字軍にたとえたのであろう。

聖ルイ Saint Louis（1214〜70） フランスのルイ九世のこと。かれは一二四八年エジプトに十字軍として参加するが、一二五〇年に捕虜となる。釈放されてからも五四年まで「聖地」にとどまる。また七〇年にアフリカ北部のチュニスに十字軍をくわだてるが、上陸後間もなく死んだ。一二九七年に聖者の列に加えられた。彼はキリストの王冠と十字架をもった人間として象徴されている。

イリノイ州出身の上院議員トランバル Lyman Trumbull（1813〜96） 法曹界から政界へはいった。一八五五年から七三年まで上院議員。民主党員であったが、後に共和党員となった。憲法修正条項一四条の通過に功があったが、ジョンソン大統領の弾劾には反対投票している。七二年以後は再び民主党の支持者となる。

四一 **ジョンソン大統領** Andrew Johnson（1808〜75） 三四年以降民主党員として中央政界にのり出した。かれは奴隷制賛成派に同調していた。だから一八六〇年の大統領選挙では、後に南部連盟の陸軍長官となったブリッキンリッジを支持した。南北戦争中には南部連盟にこそ加わらなかったが、民主党員であることをやめなかった。一八六四年の選挙では、リンカーン大統領の下で副大統領になり、六五年四月にリンカーンが暗殺されるとそのあとをついで大統領となった。戦後の南部再建の方針ではかれはリンカーンと同じような考え方をしていたといわれ、旧南部連盟を敵として扱うことに基本的に反対で、六五年にはすでに大赦令を発して南部反動派の復活に手を貸している。本文に見られる通りことごとに議会と対立し何回も拒否権を発動している。この対立が最高潮に達した時におこったのが、議会による大統領弾劾裁判であった。わずか一票の差で結局この裁判は議会の敗北に終った。六九年三月ジョンソンは大統領をやめ、七五年にテネシーから上院議員に選出されたが、間もなく死去した。

四二 **リー将軍** Robert Edward Lee（1807〜70） 軍総司令官として有名であるが、ジョン・ブラウンの暴動を鎮圧した張本人であった事実を忘れてはならない。実際には南部側が実質上崩壊した一八六五年の二月に総司令官に就任している。リッチモンドの撤退の後、六五年四月九日、アポマトックスでグラント将軍に降伏した。戦後、ワシントン・カレッジの学長となる。

四四　**カーペットバガー**　既出。第一章注参照。

四六　**「四〇エーカーとラバ」**　“forty acres and a mule”　再建期の政策の一つの柱は、黒人の政治的権利の獲得であり、もう一つの柱は、土地革命による黒人の生活の保証であった。自由民管理局はプランターの放棄地、政府没収地を三年間無償で四〇エーカーを限度として借すことを目標にした。そこで、再建期の黒人にとって「四〇エーカーとラバ」が共通の切実な要求となった。

四七　**……告げなければならなかったあの日**　一八六〇年六月二〇日の法令で、アラバマ、ミシシッピー、ミズーリ、アーカンソー、フロリダで公共地が解放されたが、四〇〇万のうちわずか四〇〇〇家族がこの法令によって家をもつことが出来ただけであった。ジョンソン大統領は「大農場を没収して小農場に分割しなければならぬ」という戦前の約束を無視した。一八六五年三月二五日の恩赦令は、税金のために売却されたポート・ロイヤルの土地をのぞいてすべての不動産を旧所有者にもどす道を開いた。管理局長官ハワードは、南カロライナ州チャールストンにおもむいて黒人たちと取りきめを行わなくてはならなかった。「人々は、躊躇した。然しすぐに自分達の家と農園を放棄して他人のために働かねばならぬことの意味を悟った。不満のささやきが一杯になった。」ハワード長官は彼等によばれて演説した。彼は困惑と同情をおおいかくすために人々に歌を命じた。直ちに会衆のへりにいた老女が歌い始めた。≪誰ひとりわたしの悩みを知らない。≫ハワードは泣き出した。——以上がデュボアの『黒人再建期』に描写されている情景である。

エドマンド・ウェア　Edmund Asa Ware (1837〜85)　有名な教育家。六七年自由民管理局長官ハワードの要請で、ジョージア州の教育長に就任。アトランタ大学の設立者の一人で初代の学長になった。

サミュエル・アームストロング　Samuel Chapman Armstrong (1839〜93)　南北戦で黒人部隊を指揮し

たことから、黒人問題に興味をもち、一八六六年から七二年まで自由民管理局の教育部門で活躍した。一八六八年、黒人の職業学校ハンプトン大学を創設し死ぬまで校長を勤めた。七八年以後は、インディアンにも入学を許可し、インディアン問題研究に没頭した。かれの学生の中にブッカー・ワシントンがいた。(第三章注参照)

エラスタス・クラバス Erastus Milo Cravath (1833~1900) 牧師で、フィスク大学の初代学長。かれの父が奴隷解放論者であったため早くからその影響を受けた。南北戦争の時は、従軍牧師として参加。戦後黒人教育に打ち込み、アトランタ大学とフィスク大学の創立に力をつくした。デュボイスの師である。

四七 **フィスク大学** Fisk University テネシー州、ナッシュビルにある。共学。一八六五年設立、六六年開校、六七年認可された黒人大学であるが最近では白人の入学も許可している。クラバス記念文庫は、黒人関係の蔵書で有名である。デュボイスの卒業した大学。

アトランタ大学 Atlanta University 一八六五年アメリカ伝道教会(本章注参照)によって設立された黒人大学。ジョージア州アトランタ市にある。デュボイスは一八九七年から一九一〇年までこの大学で経済学と歴史の教授をした。

ハワード大学 Howard University 一八六七年自由民管理局長官ハワード将軍(本章注参照)によってワシントンに設立された黒人大学。六八年から大学課程が開かれ様々の学部をもっている。

ハンプトン大学 Hampton Institute ヴァージニア州ハンプトンで一八六八年開校、七〇年認可された。サミュエル・アームストロング(本章注参照)が設立者である。一種の職業学校として出発したが、ブッカー・ワシントン(第三章注参照)のような著名な人物を出し、初期の黒人高等教育に大きな貢献をした。またインディアン教育でも著名である。黒人史の資料の豊富な図書館をもっている。

四九 **柔和な人たちが地を受けつぐ** 旧約聖書詩篇第三七篇第一一項は次の通りである。
然し柔和な人たちが地をうけつぎ、ゆたかなやすらぎを楽しむであろう。

五〇　**ファーナンド・ウッド**　Fernando Wood（1812〜81）　海運業で産をなして一八五〇年代から地方政界にはいり、ニュー・ヨーク市長三選。南北戦争の開始当時、ニュー・ヨーク市を連邦から脱退させよと主張して非難された。六三年から議員。

陸軍長官ベルクナップ　William Worth Belknap（1829〜90）　最初法曹界にはいるが、一八六一年に連邦軍に参加。六四年准将。六九年に陸軍長官となるが、役職上の不正行為の責を問われて七六年に辞任。

五三　**ケンタッキー州選出のデビス上院議員**　Davis　不詳。

一八六六年の法令　六六年二月の自由民管理局存続法案のことであろう。

第三章　ブッカー・T・ワシントン氏その他の人たち

五九　**バイロン**　George Gordon Byron（1788〜1824）　イギリスの浪漫派詩人。ギリシャ独立軍に参加したが、マラリヤ熱のため客死した。この詩は、かれの物語詩『チャイルド・ハロルドの巡礼』の第七六節から。

ブッカー・T・ワシントン　Booker Tallaferro Washington（1856〜1915）　白人の父と黒人の母を両親として生まれた。幼い時から、赤貧に絶えて育った。南北戦争の時養父は北軍に参加して、黒人が解放されると、家族を、西ヴァージニアのメイルドンの製塩場に呼んだ。かれがそこで、奴隷解放宣言をきいたのは八歳の時であった。当時かれは、学校教育をうける経済的幸運にめぐまれず、その製塩場で働いたり炭鉱で働いたりした。一八七二年に、やっと念願かなって、ハンプトン専門学校（第二章注ハンプトン大学の項参照）に入学。しかしやはり貧困に追われて、門番をしながら、学費をかせがねばならなかった。七五年にそこを出ると、メイルドンへ行って、昼は子供たちを、夜は、大人たちを教育する仕事に従事した。その後、ワシントンで八カ月の研究生活の後、ハンプトンに帰り、例の有名なハンプトンのインディアン教育計画に従事した。一八八一年、かれは新設されたタスキーギ専門学校の校長になったが、その時わずか二五歳だった。タスキーギは、開校時、教師はかれ一人、学生三〇人という貧弱な学校だったが、かれは、学生たちに、農事や手仕事を教えることに力を入れ、みるみるうちに大きくなっていった。(校舎は学生たちに作らせたという。)当時の風潮に乗って、頭と心、特に手仕事を教育するという、かれのこの教育目的、すなわち、市民的権利の主張の一時的断念という教育目的は、広く白人層の間にもうけ入れられ、アンドリュー・カーネギーなどは、この学校に多額の寄付金を寄せている。マッケンジー大統領とその閣僚は、かれの学校を訪問したし、セオドア・ルーズベルトはかれと会食して、助言を求めた。またイギリスでは、ヴィクトリヤ女王がかれを招待している。デュボイスは、**晩年の三部作の小説『黒い焔』the Black Flame の一章をわざわざさいて**、ルーズベルトとの会食の場面を描写し、かれを指弾している。かれの批判者たちは、かれが言ったという言葉「パン半切れは、ないよりはまし」が妥協の人物としての彼を象徴するものとしてはげしく非難し、或る者はかれを「アンクル・トム」とさえ呼んだ、自伝に『奴隷より身をおこして』Up From Slavery がある。尚この章に関係ある黒人教育の歴史を素描すると次の通りである。自由民管理局の教育活動が実質的に停止された一八七〇年には、四三二九の学校で二四万七千人程度のものが初等教育を受けた。又すでに、ハワード、フィスク、ハンプトン、アトランタなどの各種大学、専門学校は設立されていた。再建期には、南部のたとえば南カロライナやルイジアナなどの州で黒白共学の実験が行われたが、白人の反対が強かった。そして、七六年の大転換を経て、差別教育はほとんど完全な形をとるに至る。その後の差別教育がどのようにすすんだかは、アラバマ州で、七七年当時の白人児童一人当りの支出が、黒人児童のそれを五〇%上まわっていたのが、一九〇九年までには、五一四%までに数字がうなぎ上りになっているという一事だけでもよくわかる。タスキーギ専門学校が、一八八一年に設立されてはいるものの専門教育も、初等教育同様すすんでいない。黒人教育は、スレイター基金、ピーボディ基金、ジェーンズ基金、一般教育委員会、ローゼンワルド基金などのような慈善寄金に依存しながら、黒人自身の手ですすめられねばならなかった。一九〇〇年には、一五〇万の黒人生徒と、二万八五六〇人の黒人教師がいたといわれる。

自由黒人　the Free Negroes　初期奴隷解放運動の主動力となったのは、クェーカー教徒などの宗教団体と、自由黒人であった。自由黒人は、たとえば、ジョージ・ワシントンがその妻の死後奴隷を解放するように遺言したように私的解放という形でアメリカ独立革命の頃から発生していたが、これが最もきわだった社会的な動きになってきたのは、ハイチ革命（第一章注トゥーサンの項参照）の前後であった。しかしこの頃がピークであとはその増加率は減少している。これは、奴隷暴動の頻発（自由黒人が指導者となる例が多かった）、解放運動の進展、更には、綿花プランテーションが確立されて奴隷労働力が不足してきたことなどによるものである。このため、解放された奴隷が同じ州に一年以上とどまることを禁じ、それが守られぬ時は、競売に付されるという法律を作った州まであった。経済的要請からだけでなく白人農場主の自由黒人への恐怖がこのような処置をとらせたものと考えられる。また地下（鉄）組織を利用して南部の奴隷たちの逃亡を援助した自由黒人が多数いたことなどでもわかるように、かれらが南北戦争以前の解放運動の中心的な指導者となっていた。ただ、アフリカのリベリアに黒人を送還してリベリア黒人共和国を作らせるという事実上の「自由黒人追放」運動にまんまと乗せられるような層も多数いた。

アメリカ伝道協会　既出。第二章注参照。

プライス　John C. Price　オーバーリン＝ウェリントン救出事件で一八五八年に捕かくされたかれは、自由の身となった。一八八六年開かれた北カロライナ（黒人）州教員協会で議長をつとめ、黒人の高等教育、教育への連邦の援助、黒白教員同一資格と同一給料の要求を提議した。

六〇　**タスキーギ専門学校**　Tuskegee Institute　ブッカー・T・ワシントンによって一八八一年アラバマ州タスキーギの町に開設され認可された。当初は黒人のための職業学校であったが後に大学となった。職業教育に重点を置き、一九三七年に現在の名称に変更した。図書館には、南部黒人に関する貴重な文献がある。タスキーギを「大学」と訳さなかったのは、本章の内容から考えて「専門学校」とした方がよいと考えたからである。

アトランタの妥協　“Atlanta Compromise”　一八九五年アトランタ綿花博覧会でブッカー・T・ワシントンが行った演説。かれは、生水を欲している船が他の船に信号を発したところ、その船からは、バケツをおろせという信号がくりかえしかえってきた。そこでバケツをおろしてみると、そこが生水地域であることを発見したというお得意の話を例に引いて、隣人である白人との友好を過小評価する黒人にむかって警告する。「君のいるところにバケツをおろしたまえ。」そうすれば機会はあたえられるというのだ。更に白人に対しても黒人の間にバケツをおろしてくれと訴える。そうすれば、ストライキや労働争議もなくなり富がもたらされるというわけである。またどのような民族も詩を書くのと同様に土を耕やすことが出来なければ、繁栄しないとも言っている。

ジェファーソン・デヴィス　Jefferson Davis (1808〜89)　南北戦争時のアメリカ南部連盟の大統領。ミシシッピーの大農場主で、政界に入って南部ブロックの指導者となった。ミシシッピーが連邦を離脱すると上院議員をやめ、まもなく南部連盟の大統領に選出された。かれは戦争遂行上強力な中央支配が必要だと考えた。そのため州権を第一と考える南部諸州指導者の強い反対を受けることになった。軍人として有能であったため軍隊の統御に深入りしすぎて将軍連の反感を買った。リー将軍の降伏は、かれの承認なしに行われたという。戦後捕えられて、モンロー砦に二年間幽閉され六七年釈放された。釈放後、「南部連盟の興隆」という弁明の書物を書いている。

六一　**アッシジの聖フランシス**　Saint Francis of Assisi (1182〜1226)　フランシスコ会の創始者。徹底的な貧窮と禁欲、深い愛、謙遜を旨とし、自らの衣服もボロに変え托鉢をしながら伝道して歩いた。

六二　**ルーズベルト大統領と会食**　本章注ブッカー・T・ワシントンの項参照。

六四　**マルーン**　the Maroons　マルーンという言葉は今日主として西ジャマイカに住む一定の黒人を指す。然しこの場合はまだ奴隷解放運動が組織的になっていなかった時代に、特にヴァージニアやフロリダ地方の沼沢地方に逃亡した奴隷たちのことを指すものと思われる。かれらは、奴隷狩りから身を守るために、原住民のインディアンと結び侵入して来るものにテロを加えた。そのため、兵隊たちもこの地方にはいり込むことを恐れたほどであったという。インディアンとの共同闘争というこの形態は、初期の少数民族の結束の問題として考える場合、非常に大きな意味をもっている。

六五　**デンマーク黒人**　the Danish blacks　不詳。

ストーノのカトー　Cato of Stono　一七三九年ジェミーと共に反乱をおこした。

フィリスの熱心な歌　フィリスは、黒人女流詩人フィリス・ホイートリーを指すとおもわれる。第九章参照。

アタックス　Crispus Attucks　一七七〇年三月五日にボストン駐在の英国連隊と民衆との間に起った、いわゆる「ボストンの虐殺」の指導者。かれに関する資料は、ほとんどないが、逃亡奴隷であったろうといわれる。出生については混血児、黒人、インディアンなどの説があるが、事件当時は、船乗りであった。一八八八年にはかれの碑がたてられている。

セイレムとプアー　Salem and Poor　不詳。

バネッカーとデラーム　バネッカー　Benjamin Banneker（1736～1806）は混血黒人で、科学に大きな才能を示し、アメリカ最初の木製時計を作ったり、日蝕を予測したり、暦を作ったりした。国務長官当時のジェファーソンの推せんで、ワシントン市の建設という大きな仕事に従事した。デラーム　Derham　については不詳。

カフ兄弟　the Cuffes　ポールとジョンの二兄弟のことである。ポールは財産家となり、アメリカ黒人のアフリカ移住の主張者となった。そして実際にシェラ・レオネに移住者を送り出している。本章でいう政治的要求とは、かれがジョンを説得して税金を払っている市民が投票権を否定されているのは不当だとして、マサチューセッツの法廷に一七八〇年に提訴した事実を指す。この裁判の結果、一七八三年マサチューセッツの黒人に合法的権利と特権をあたえる法令が出された。

ハイチの反乱　第一章注トゥーサンの項参照。

ガブリエル Gabriel　一八〇〇年ヴァージニア州リッチモンド付近で暴動を起した指導者。暴動時には二四歳位であったという。かれの計画は、一〇〇〇人の黒人を集めて、リッチモンドに夜襲をかけ、住民を殺し、兵器庫を占領して、全面的な暴動をひきおこそうとするものであった。八月の或夜、鎌をもった黒人たちは町に向かって進撃した。しかし、一人の黒人が計画を暴露したために知事が民兵を派遣して鎮圧した。黒人達は、このため沼地や森林に追いつめられて逮捕され、ガブリエルを含む多数の者が絞首刑に処された。

ヴェシー Denmark Vesey (1767?〜1822)　ハイチの奴隷革命の影響をうけておこしたアメリカ黒人の最初の大規模で組織的な暴動の主謀者。この暴動は、南部白人の心胆を寒からしめただけでなく、以後一〇年間に多くの黒人暴動を誘発することになった。かれの経歴についてはあまり知られていないが、一八〇〇年に富クジにあたって、一五〇〇ドルをもらい、それで自由を買い、大工となり財産を作った。聖書の影響をうけて黒人とイスラエル人の運命を結びつけて考えるようになり、反乱を決意した。黒人たちを集めてひそかに武器をつくり七月の第二日曜日を蹶起の日ときめた。ところが、この計画が非常に大規模になったために、当局に探知されてしまった。そこで、予定をくりあげて、六月一六日に蜂起することになったが、すでにおそく、当局は、ヴェシー以下一三一人の黒人を逮捕してしまった。反乱は失敗に終ったが、公判の過程で驚くべき事実が判明した。計画によれば、それは全チャールストン市を占領するというものだった。しかも参加予定者は六〇〇〇〜九〇〇〇人であることもわかった。ヴェシー以下三五人が絞首刑に他も極刑に処されるが、当時の新聞はほとんどこの反乱と裁判のことを伝えていない。これは、チャールストン市民が、この事件後、自由黒人の追放を含む強い内容の取締りを要請した事実とあわせ考える時、南部白人のうけた衝撃の大きさを知ることが出来る。

ナット・ターナー　Nat Turner（1800〜31）　サザンプトンの蜂起の指導者。少年時代から黒人解放の使命感をもつようになった。バプティストの説教者として、仲間の黒人の間に信頼を獲得した。一八二八年奴隷がこの世を支配するようになるという天啓を得て、数人の仲間に蜂起の計画を打ちあけた。一八三一年八月二一日予定通り、自分の主人一家を皆殺しにしたのを手始めに男一三人、女一八人、子供二四人を次々に殺して行った。この虐殺に加わった黒人は、六〇人にも及んだが、結局、軍隊が出動して鎮圧した。白人の報復も苛烈を極め、一二〇人程度の黒人を殺害したばかりでなく、首謀者のターナーをふくむ一九人を絞首刑に処し一二人を追放した。この事件は、そのはげしさのために、かえって、黒人弾圧法を強化し、南部を完全な白人の武装地帯にかえてしまった。そのため、大規模な暴動はこれ以後、ほとんど不可能となった。そして、この事件を境に、黒人解放運動は政治的要求を追求する運動へと転換し、その主要舞台も、北部へ移って行った。

ウォーカー　David Walker（1785〜1830）　自由黒人で古着商を営んでいたが、一八二九年有名な『ウォーカーの訴え』というパンフレットを出した。その中で圧制者に対する反対運動と必要とあれば暴力を使うことを説いた。同時に奴隷所有者が罪を改めたら許すようにとも説いている。かれの暴力主義的傾向は当時の解放論者の受け入れるところとならず、かれは自費で出版した。一八三〇年に三版まで出した。白人の憤激をよんでかれの首には賞金がかけられたという。三〇年に死んでいるが、毒殺されたといわれる。

六六　**フォーテンとパーヴィス**　フォーテン　James Forten（1766〜1842）は、初期の奴隷解放運動で指導的役割を果した裕福なフィラデルフィアの自由黒人。パーヴィス　Robert Purvis も、フィラデルフィアの黒人解放論者。

シャド Shad　全国黒人大会第三回大会（一八三三年）の議長に Abraham D. Shadd という人物がえらばれているが、詳しいことはわからない。

デュボイス Du Bois　不詳。

バーバドーズ兄弟 the Barbadoes　ボストンの指導的黒人解放論者のジェイムズ・バーバドーズと、ロバート・バーバドーズのこと。

レモンド Charles Lenox Remond　黒人解放運動の雄弁家。アメリカ反奴隷制協会の会員として、自由州を演説して歩く。一八四〇年のロンドン世界反奴隷制協会に代表として参加している外、さまざまの会合に参加している。

ネル William C. Nell　最初の大きなアメリカ黒人史を一八五一年に出版した解放運動家。

ウェルズ・ブラウン William Wells Brown　レモンドやフレデリック・ダグラスと同時代の有名な黒人解放論者。

ダグラス Frederick Douglass (1817？～95)　混血の黒人として生まれた。一八三八年に北部へ逃亡することに成功。暴力的な方法ではなく、合法的に政治的権利を獲得する闘争を続けたという点で、三〇年代以降の黒人解放運動の中心的人物であった。新聞「北部の星」（後に「フレデリック・ダグラス新聞」と改称）を発行して、奴隷制廃止論者の拠点を作った。南北戦争の時は、黒人を兵隊として使うことを強く主張した。戦後も各種の社会運動に献身。八九年にはハイチ共和国公使となっている。かれの自伝は日本訳がある。

ジョン・ブラウンの暴動 John Brown's raid　ヴァージニアのハーパーズ・フェリーの兵器庫をおそい全南部の黒人を蜂起させようとした白人の奴隷解放論者ジョン・ブラウンの失敗した暴動。この暴動が失敗したのは、ヴァージニアには家庭内労働に従事している奴隷が多く戦闘的でないことをブラウンが理解せず、戦術をあやまったためであるとされる。しかし暴動がおこったのが南北戦直前の五九年一〇月であったため、北部人は、かれを殉教者とたたえ、例の「ジョン・ブラウンの歌」を歌いながら南北戦争に参加した。

エリオット　Robert B. Elliot　再建期の共和党支持派の黒人指導者。

ブルース　Blanche K. Bruce　自由民管理局銀行の預金者への払いもどしに努力した上院議員ブルースを指すと思われる。有名なジャーナリストのジョン・ブルースのことではなかろう。

ラングストン　Langston　ラングストン兄弟のうちのチャールズを指すのか、ハワード大学教授となったジョンを指すのか不明。

アレグザンダー・クラムメル　Alexander Crummell（1819～98）　第十二章に詳しい。

㐂 **ビショップ・ダニエル・ペイン**　Bishop Daniel Payne　不詳。

一八七六年の大転換　既出。第一章注参照。

七〇 **トゥーサン**　既出。第一章注参照。

グリムケ兄弟　the Grimkes　アーチボルド・グリムケとF・J・グリムケ兄弟のことであろう。デュボアのよき理解者であった。

ケリー・ミラー　Kelly Miller　大学教授で、デュボイスと共にNAACPの機関紙「クライシス」の編集者。

J・W・E・ボーエン　J. W. E. Bowen　牧師で、ガモン神学院長。一九〇六年のアトランタの虐殺で負傷した。

七四 **エイコック知事**　Governor Aycock　不詳。

モーガン上院議員　Senator Morgan　不詳。

トマス・ネルソン・ページ　Thomas Nelson Page　南部の大農場制をロマンチックに書いた作家。イタリヤ大使にもなっている。

ベン・ティルマン上院議員　Benjamin Ryan Tillman (1847〜1918)　猛烈な反ニグロ政治家として有名である。一八八〇年代の南カロライナ州での沿岸平野地帯の大農場主と山岳地帯の人民との闘争の渦中でのしあがり、前者の代弁者として二期知事をつとめた。一八九四年から一九一〇年代まで上院議員をつとめている。

七七　**祖父たち**　いわゆる、ピルグリム・ファーザーズ、すなわち「メイフラワー号」でアメリカに移住した先駆者たち。

「……権利がふくまれている。」　アメリカ独立宣言の一部。

第四章　進歩の意味

八二　**シラー**　Johann Christoph Friedrich von Schiller (1759〜1805)　ドイツの劇作家、詩人。この詩は、彼の詩劇『オルレアンの少女』第一幕第一場の勝利の大広間でのジャンヌの独白の部分である。

八八　**メソディスト派**　Methodist　第十章参照。

八九　**ハードシェル・バプティスト派**　the Hard-Shell Baptist　ハードシェルは頑固な非妥協的なという意味であり、徹底的に非妥協なバプティストの意である。一九世紀初頭に形成された。バプティスト派は第十章参照。

九〇　**フィスク大学**　既出。第二章注参照。

第五章　アタランタの翼

九九　**ホイティアー**　John Greenleaf Whittier (1807〜92)　米国の詩人で奴隷廃止論者。詩集は多いが、その大半が奴隷反対の叫びである。

一〇〇　**アトランタ**　Atlanta　ジョージア州の首都。一八三七年鉄道の終点として作られてから、商工業、運輸の中心地として急速に発展した。南北戦争中シャーマン将軍によって徹底的に焼きはらわれた。本章で「寡婦のように立ち上り」とあるのは、その破壊から立ち上る姿を述べたもの。一九世紀末の俗悪な商業主義の波にのみこまれたこの町と、黄金のリンゴの誘惑に負けたギリシャ神話の処女アタランタの運命をくらべながら、当時の風潮に警告を発したのが、この文章である。

運命の神ラキシス　ギリシャ・ローマ人は、人間の誕生、生命、死を思いのままに支配する三人の運命の神がいると考えた。一人は糸巻き棒を持ち誕生をつかさどるクロトー、一人は人生の糸をつむぎその生涯を決定するこのラキシス、もう一人は、人生がおわると、その糸をたち切ってしまうアトロポスであった。

一〇一　**マーキュリー**　ギリシャ神話のヘルメスにあたるローマの神。学問・商業の神であり、旅行者、浮浪者の保護者でもあった。

ボイオチア　中部ギリシャの肥沃な土地。古代ボイオチア人は農牧民族であったので、アテネ人から頭がにぶいと言われた。ここでいう翼をもった少女とはアタランタのこと。

アタランタ　Atalanta　ギリシャ神話でも諸説があるが、この章の内容に合わせて略述すれば次のとおり。この少女は、生まれてから捨てられ、牝熊に育てられた。狩人としてすぐれていたばかりでなく非常に足が早かった。神託で結婚しないようにと警告されたにもかかわらず、自分を競争で打ち負かした男とは結婚するが、そうでない場合はその男を殺すと提案した。ヴィーナスからヘスペリデスの金のリンゴ三個を与えられたヒポミネスが、挑戦した。そして遂にそのリンゴを道中に置いてアタランタを誘惑することによって彼女を打ち負かして結婚し、子供をもうけた。然し、ヒポミネスのヴィーナスへの忘恩のため、かれらの愛は神の神殿を汚す結果となり、シベルがかれらをライオンに変えてその馬車につなぎつけてしまった。

一〇二　**「法と秩序」の復活**　南北戦後の再建期の挫折を経て、まもなく南部に白人優越主義が復活したことを指す。

プルトー　ローマ神話で冥界を支配する神。芸術を象徴する。

セレス　穀物の生長をつかさどるとされた古代イタリヤの女神。

アポロ　ギリシャ・ローマ神話の太陽の神。音楽、詩、医術をつかさどる。

一〇六 **ディドー**　詩人ヴィルギリウスによってカルタゴの創設者、エリザ女王に与えられた名前。彼女は、嵐で漂着したイーニアスと恋におちいる。しかしイーニアスはマーキュリー神によって彼女のもとから去らされる。エリザは悲しみのあまり火葬用のまきの山に身を投じて死ぬ。

トロイ　ギリシャ神話のトロイの町のことをさすと思われる。「トロイの木馬」の中にひそんでいたギリシャ人によって占領された。

ファラオ　古代エジプトの王の総称。

三学と四学　中世の大学では、七教養科目を教授した。そのうちの下級が三学で文法、修辞学、論理学より成り、上級が四学で、算術、音楽、幾何学、天文学より成る。

一〇七 **パルナサス山**　ギリシャのデルフィの近くの山。二つの峰を持ち、一つはアポロ神とミューズの神々に、もう一方は、バッカス酒神に捧げられた。ミューズの神々との関係で、この山は、詩と音楽の山とみなされるようになった。「パルナサス山にのぼる」という言葉は「詩を書く」ということと同義である。

一〇八 **フィスク大学**　既出。第二章注参照。

ハワード大学　既出。第二章注参照。

一〇八 **アトランタ**　既出。第二章注参照。

アカデマス　ギリシャのプラトンがアテネ近くにつくった学園。

一〇九 **十戒の第六、第七、第八戒**　シナイ山でエホバによって、モーゼが啓示をうけた戒律の第六、第七、第八の戒。（第六）汝殺すなかれ。（第七）汝姦淫するなかれ。（第八）汝盗むなかれ。

ヘスペリデスのリンゴ　ギリシャ神話のヘスペリデス三姉妹は、黄金のリンゴのなる木を持っていた。そして、この木は、竜のラドンによって守られていた。ヘラクレスは、この竜を殺してその黄金のリンゴをとったという。処女アタランタとの競争に勝つためにヴィーナスがヒポミネスにもぎとって与えてやったのが、このヘスペリデスのリンゴであった。

二〇 **ウィリアム・アンド・メアリー大学**　College of William and Mary　主としてヴァージニア州ウィリアムズバーグにある。共学。一六九三年に認可され九四年に監督派教会によって開校された。アメリカの高等教育機関としては二番目に古い。法律の専門学校としては一番古く、また経済学、物理学、歴史学等の分野でも先駆者としての機能を果した。

トリニティー大学　Trinity College　コネチカット州ハートフォードにある。主として男子のための大学。一八二三年認可され二四年に開校されたが、当時はワシントン大学と言われた。一八四五年に現在の名前に変更された。

ジョージア大学　University of Georgia　ジョージア州アゼンスにあるアメリカ最初の州立大学。共学。一七八五年に認可。一八〇一年開校。海洋生物学の実験所をもつ。

テキサス大学　University of Texas　主としてテキサス州オースチンにある。一八八一年に認可され、八三年に開校した共学の州立大学。遺伝学、生化学、物理学等の研究にすぐれ、シカゴ大学と天文学の共同研究をしている。

テューレン大学　Tulane University of Louisiana　ルイジアナ州ニュー・オーリーンズにある。男子大学と女子大学にわかれる。一八三四年に認可され、三五年に州立医大として開校したが、一八八四年に、ポール・テューレンの基金で再組織された。最初から医学校として有名であったが、現在、中部アメリカ研究所、都市生活研究所を持っている。一九六三年から、自発的に黒人の入学を認めるようになった。

ヴァンダービルト大学　Vanderbilt University　テネシー州ナッシュビルにある共学大学。一八七二年にメソディスト監督派教会中央大学の名で認可を受け、七三年に設立され現在の名前に変えられた。七五年に開校している。コーネリュース・ヴァンダービルトの贈与によるものであるため、その名を冠している。一九一四年まで、メソディスト教会の援助を受けていた。天文学、医学、その他の科学研究で有名である。

第六章　黒人の教育

二五　**オマール・カイヤム**　Omar Khayyám（11世紀後半〜1123）　ペルシャの詩人、天文学者。エドワード・フィッツジェラルドは、その極めて自由な創作的飜訳によって、かれの四行詩『ルバイヤット』を紹介した。明治以降のわが国でも英訳をとおしてこの書物はひろく読まれてきた。

ジェイムズタウン　ヴァージニア州ウィリアムズバーグの近くにある。ロンドン会社によって一六〇七年ここに一〇五名の植民者たちがおくりとどけられた。これが、北アメリカにおける恒久的なイギリス植民地のはじまりである。ジェームズ一世の名をとって、このように名付けられた。

二八　**ジョンソン博士**　Samuel Johnson（1709〜84）　英国一八世紀の文人。当時の文壇の大御所であったが、その文筆による実際の業績によってよりも、その毒を含む言説と辞典の編集によって有名である。

二九　**自由民管理局学校**　一八六五年から七六年にいたる南部再建期に自由民管理局は、アメリカ伝道協会その他の慈善団体の協力を得て黒人教育に大きな足跡を残した。当時一〇〇〇以上の黒人学校を作ることに成功したと言われる。詳しくは、第二章を参照されたい。

三三　**ハーバード大学**　Harvard University　主としてマサチューセッツ州ケンブリッジにある。アメリカ最古の男子大学。一六三六年に創設されているから、ウィリアム・アンド・メアリー大学（第五章注参照）より六〇年程早い。ジョン・ハーバードの名をとって校名とした。清教徒の牧師の教育機関として出発したが、後に一般教育の機関となった。そして、神学中心の大学から、綜合大学へ発展した。

一二四 **タスキーギ専門学校**　既出。第三章注参照。

フィスク大学　既出。第二章注参照。

スペルマン学院　Spelman Seminary　アトランタ大学の女子大学部スペルマン・カレッジのことか。

ハンプトン大学　既出。第二章注参照。

一二六 **アトランタ大学**　既出。第二章注参照。

ハワード大学　既出。第二章注参照。

ウィルバーフォース　Wilberforce University　オハイオ州ウィルバーフォースにある。アフリカ・メソディスト監督派の学校。共学。一八五六年認可され開校した。一八六三年にユニオン学院を吸収した。

クラフリン大学　Claflin　不詳。

ビドル大学　Biddle　不詳。

ショウ大学　Shaw University　北カロライナ州、ローレイにある黒人大学。一八六五年黒人の丸太小屋で最初の授業を行う。六六年以来共学。認可されたのは一八七五年。最初は、洗礼派の黒人牧師を養成するのが目的であったが、現在では、色々な学部をもっている。

一二七 **合衆国教育長官ハリス**　William Torrey Harris (1835~1909)　教育者で哲学者。ヘーゲルの研究家。教育長官には、一八八九年から一九〇六年まで在任した。

一二八 **エール大学**　Yale University　コネチカット州ニュー・ヘヴンにある。男子だけの大学。一七〇一年に高等教育学校として認可され、一七〇二年にキリングワースに開校した。現在地に移転したのは一七一六年。エリヒュー・エールの名を冠した。一九世紀に総合大学として発展した。

オーバーリン大学 Oberlin College オハイオ州オーバーリンにある。一八三三年開校したが、オーバーリン大学となったのは、一八五〇年。最初に共学を実施した大学の一つとして名高い。また奴隷制廃止論のセンターとなった。初期の教授団は、ニュー・イングランド組合教会派を中心に構成されていた。

一三五 **ライン・ゴールド** Rhinegold ドイツの伝説で、ニーベルンゲン天人族の所有した黄金の指輪のことをいう。これに迷わされるとは、この指輪を英雄ジークフリードに奪われてから、かれらが、かれに隷属してその宝物を守らなければならなかったことを指すのであろう。

ピズガ山 **ペリシテ人** **アマレキ人** ピズガ山（Pisgah）は死海の北東の山で、この山の近くから悩めるイスラエル人たちをひきいてきた救世主モーゼが約束の地カナーンをみた。ペリシテ人（Philistine）はペリシテに住むイスラエル人の敵。

アマレキ人（Amalekite）は、徐々にイスラエル人に服して行ったカナーンの住民。

第七章　黒人地帯

一三九 **ソロモンの歌** 旧約聖書雅歌第一章。

エルナンド・デ・ソート Hernando de Soto（1500？～42） スペインのアメリカ探検家。一五三九年フロリダに上陸、黄金と宝物を求めて、ジョージアを通り南北カロライナからテネシーに至り、アラバマに入った。その地のインディアンとの戦いで負傷したが、なおも前進し、白人として初めてミシシッピー河を渡ってオクラホマまではいりこんだ。しかし宝物を発見できず失望してミシシッピー河畔へ帰り、その地で死亡するが、探検隊は、さらにテキサスに進んでいる。

一四〇 **チェロキー族**　the Cherokees　南北カロライナ、ジョージア、アラバマ、テネシーなどの山岳地帯に住んでいた原住民インディアンの一部族。定着して進んだ文化を持っていたが、一七五〇年に天然痘で半数程に減った。白人植民者の圧迫を受け、これと戦った。しかし一八二〇年には白人の統治方式を採用し、二七年チェロキー国を確立した。チェロキー居住地区に金が発見されると、ミシシッピー河の東側に追いやられ、インディアン地域（後にはオクラホマ）におしこめられた。その途中での苦難は、数千の生命を奪ったという。南北戦争末期にかれらも所有していた黒人奴隷を解放した。一九〇六年に部族として解散してアメリカ市民になっているが、まだ、北カロライナ州西部には、この部族が少し残っている。

サム・ホーズ　Sam Hose　一九世紀末におこった一連の黒人リンチ事件の一つ。サム・ホーズは殺人と強姦の罪に問われ、最初罪を認めるが、次いで否認する。しかし、ある日曜日の朝、ひきずり出されて、数千人のジョージアの老若男女の歓呼のうちに、無残にも焼き殺されてしまう。

オウグルソープ　James Edward Oglethorpe（1696～1785）　英国の将軍で、議員、博愛主義者。ジョージアの創建者。一七三三年一一六人の植民者をつれて、南カロライナに渡った。かれらには、ジョージアを二一年間統治する権限が与えられていた。

ホワイトフィールド　Whitefield（1714～70）　イギリス生まれの福音復活派の偉大な説教者。一七三六年ウェズリーの招きでジョージアに出かけてから、本国と米国植民地の間を往復して伝道に努めた。メソディスト派と関係があったため排斥され、そのため青空説教などやった。その熱烈な説教は、いたる所で多数の聴衆を集めた。プリンストンやペンシルベニアなど約五〇位の大学の基礎を固めるのに功があった。

トゥーサンのひきいたハイチ革命　既出。第一章注参照。

一四一 **一八〇八年の国法**　フランス革命の影響でヨーロッパ各国に奴隷貿易禁止の風潮を生み出した。デンマークは、一八〇二年、イギリスは一八〇七年、フランスは一八一九年であった。アメリカでは、一七八七年の憲法制定会議で、一八〇八年以前にこれを禁止できないということが決定されていた。しかし、ジェファーソン大統領は禁止に意欲を示し一八〇七年に議会を通過した法案は、翌八年から発効し、奴隷貿易は法律上は禁止された。しかしプランテーションは当時逆に多数の奴隷を必要としつつあったので実際には、密貿易による奴隷売買が行われた。

クリーク・インディアン the Creek Indian　クリークは、ジョージア、アラバマの先住インディアン部族のひとつで、一八世紀当時は、クリーク同盟の下に五〇の町と約二万人の人口を有していた。町単位で構成されるこの同盟は独特の性格を持ち、たとえば町は、白（平和）団と、赤（戦争）団の二つにわかれ、同盟の政治組織も町のそれにならった。反対の団の町の間での球技大会が、戦争の代用とされた。経済は、とうもろこし、豆、かぼちゃなどの農業に支えられていた。一八世紀にヨーロッパ植民者との接触が強まると、要地を確保して、かれらと取引した。そして、同盟は強化され、ヨーロッパ式の習慣、農業技術、黒人奴隷所有などの方法をとり入れた。しかし、一八一三年〜一四年のクリーク戦争で、敗北して、三〇年代には、インディアン地域に移住させられた。そして一九〇七年までクリーク自治国家を作っていた。一九五〇年現在でオクラホマに二〇〇〇人、アラバマに五〇〇人程度のクリーク族が残っている。合衆国政府にはげしい抵抗を示し、二回のセミノール戦争で頑強な戦闘を組織したセミノール族は、この部族の支族であり、この部族の指導者オシオーラが、インディアンを父に黒人を母にもつ混血児であり、その妻も同じ混血であったということ、セミノール戦争で黒人も共に連邦軍と戦ったということは興味深い事実である。

一四三 **ブラック・ベルト** the Black Belt　黒人人口が多数《マジョリティ》になっている南部地域をいい、南カロライナ中央からジョージアにかけての一帯をそう呼ぶこともあるし、アラバマ、ミシシッピーその他の黒土帯を指すこともある。肥沃な綿花地帯である。

アンドリュー・ジャクソン Andrew Jackson（1767〜1845）　第七代アメリカ合衆国大統領。一四の時家を出て、英人と戦って捕えられたこともある。一七八七年法曹界に入る。九六年から下院、上院議員や、裁判官をつとめる。クリーク戦争でインディアンを破るが、第一次セミノール戦争で、インディアンを煽動したという理由で、二人の英国人を刑に処したため国際問題をひきおこす。しかしかれは、西部の人たちの支持で国民的英雄となり、農民、職人、新興商人等を背景に一八二八年大統領となり、いわゆるジャクソニアン・デモクラシーと、自由資本主義の時代をつくり出す。かれの評価については賛否両論が渦巻いているが、ヴァン・ビューレン（本章注参照）を片腕に強硬な政策をとり、敵も多かった。西部開拓者の大統領といわれ、西部からの初めての大統領である。

フォート・ミムズの大虐殺　the Indian Massacre at Fort Mims　一八一三年八月三〇日、トムビッグビー川とアラバマ川の合流地点の近くのフォート・ミムズ防塞で、ウィリアム・ヒーザフォードのひきいるインディアン大軍が、五〇〇人以上の白人（と黒人）を殺害した。これが、クリーク戦争（一八一三〜一四年）に発展する。

クリーク条約　クリーク戦争の結果、連邦とインディアンとの間に結ばれた条約。これによって、クリーク族は、その居住地の三分の二を連邦に割譲する。そして、さらに全土を失い、インディアン地域に移住させられることになる。本章注クリーク・インディアンの項参照。

ヴァン・ビューレン　Martin Van Buren（1782〜1862）　第八代アメリカ大統領。法曹界から州民主党員として地方政界に進出。一八二一年から二八年まで合衆国上院議員。二八年ニュー・ヨーク州知事となったが、アンドリュー・ジャクソン大統領の片腕として二九年国務長官。ジャクソン大統領第二期目には、副大統領となった。三六年ジャクソンの支持で大統領となったが、かれの遺産である三七年の恐慌のために人気を失い大統領を一期つとめただけであった。

一八三七年の恐慌　一九世紀初頭に開けてきた南西部のプランターは、土地、奴隷、農具の購入による借金の支払、生産物の価格のつり上げをはかるためにインフレ政策、すなわち大量の紙幣の発行を歓迎した。同時に北西部の新開地の農民も、土地や農具を手に入れるためにこの動きに合流する傾向があった。「西部の」大統領ジャクソンは、合衆国銀行が金持の特権を維持するものであると考え、連邦預金を同銀行から他の金庫へ移しかえ、同銀行を瓦解させた。干渉する国立銀行がなくなったために、州立銀行（山猫銀行）が乱立し、金銀貨の裏付けのない紙幣を乱発し貨幣価値を急落させた。この恐慌のため、ジャクソンの後継者ヴァン・ビューレンは苦しむこととなる。

一四三 **インディアン地域** Indian Territory　本章注チェロキー族の項、及びクリーク・インディアンの項参照。

一五一 **南部連盟**　第二章注参照。

インディアン・ニグロの酋長オシオーラ Osceola　本章注クリーク・インディアンの項注参照。

クリーク同盟　本章注クリーク・インディアンの項参照。

一五四 **再建期** Reconstruction　一八六五年から七六年までの南部再建期。黒人の政治的社会的向上の時期であり、同時に挫折の時期であった。第一章第二章参照。

第八章　金羊毛の探索

一六七 **ウィリアム・ヴォーン・ムーディ** William Vaughn Moody（1869〜1910）　アメリカの詩人、劇作家。ミルトンの影響をうけたピューリタン的正義のひとである。

一六八 **ヤーソンとかれに従うアルゴー船の勇士たち**　（ギリシャ神話）Jason　（ギリシャ読みで）ヤーソンは、Aeson イーソンの息子で、おじのペリアスが父を殺したとき、かくまわれて育ったが、ペリアスのいうには、ボイオティアに金羊毛をもってくれば王位につける、と。そこで、ヤーソンは、ギリシャの勇士をあつめ Ar-

80　アルゴー号という船にのって、黒海の東のコルキスに遠征をした。アルゴーとは、ギリシャ語で「すみやかな船乗りたち」という意味である。エウリピデスの劇『メディア』などに頻出する神話である。イギリスの詩人ウィリアム・モリスに『ジェイソンの生と死』という物語詩がある。

翼ある羊のクリソマラス　（ギリシャ神話）　テーベの王アタマスは妻イーノとともに悪疫をのぞくため犠牲になろうとしたが、そのとき祭壇に向う途中で金色の翼をもった羊があらわれて、かれらを空中につれだしコルキスに運んだ。その金色の羊毛をのちにヤーソンが探すわけである。

竜の歯牙　（ヤーソンの神話のつづき）　コルキスについたヤーソンに、コルキス王イーイティーズは、無理難題をふきかける。二匹の火を吐く雄牛を軛につなぎ、軍神の畑を耕し、竜の歯をまくように要求した。このとき、イーイティーズの娘メディアがヤーソンを恋し、救うのである。この竜の歯はテーベの創設者カドマスの退治した竜のもので、そのカドマスのまいた竜の歯から、テーベの貴族たちが生まれたともつたえられている。

一三　**スペイン戦争の幕間とか、フィリピンのマチネー**　幕間（インターリュード）とか、マチネーとかは、もちろん演劇用語である。スペイン戦争は、また米西戦争ともいう。一八九八年に、キューバにたいするスペインの政策に端を発しておこった。フィリッピン独立運動の闘士リサールの処刑（一八九六年）後、米西戦争の影響をうけて、フィリッピン群島各地に反乱がつぎつぎに起り、反乱軍がスペインにたいする独立闘争にアメリカ軍を援軍として迎えるにいたった。だが独立は達成せず、逆にアメリカ軍に鎮圧されるにいたった。

一六　**憲法修正第一三条**　既出。第二章。

移住民取扱法　the migration-agent law　移住民取扱人（migration-agent）とは、州の外から黒人たちを労働用に徴募しようとしたひとびとのことで、いくつかの南部州では、移住してくる農業労働者には許可が必要であるという法律が出されていた。そして移住をすすめたひとは、そのために罰をこうむることになっていた。

一八七　**古代ローマ人が持っていたパトロンの観念**　ローマ的なパトロンの考えかたは、解放した奴隷や平民などにたいして、保護者になるということである。また、かれらのために元老院の代表になったり、裁判で弁護したりする。これが、ローマ帝国では芸術家を助けるマエセナス（ヴィルギリウスのパトロンになった）のようなひとびとを指すようになる。白人と黒人の関係に、奴隷解放後でも何らかの権利を保有している、古代ローマ的なパトロンの考えの復活があるというわけである。

サム・ホーズ事件　既出。第七章。

一九一　**クロッパー**　cropper　シェアクロッパー share cropper とはアメリカ合衆国南部の小作農民で、地主から、種子、道具、家畜それに住居地や食物の貸し売りをうけて、収穫の一部をわけまえ (share) として支払われる。つまり前借りの分はそこから差しひかれるわけである。

メテイエ　métayer　フランス語。地主から種子、道具、家畜をうけとって、土地を耕やし、収穫の一部をうけとる農民のことをいい、語源的には medietat ＜半分＞の意からきているようである。

一九二　**テナント**　tenant　小作人。また借地人、借家人のこともいう。地主から土地を借りうけるひとをいう。領地をもつひと、居住者といった意味でもテナントというが、ここではその意味でもちいてはいない。ここでは、クロッパー、メテイエといくらかの相異をもって使われていることは、本文中からも明らかである。借地人とすべきかもしれなかったが、それだと農業労働に従事しない感じになるので、まぎらわしいが小作人という訳語をとった。

一九三　**アーサー・ヤング**　Arthur Young (1741～1820)　イギリスの農業家。科学的な農業技術の発展のためひろく旅行し、文筆をふるった。一七八四年に「農業年譜」誌を創設し、これを編集した。

一九五　**一八九三年の恐慌**　九三年の恐慌の原因は、政府に従来の倍の銀の買付を要求したシャーマン・シルヴァー・パーチェイス・アクトによるものでなく、農地の抵当、無謀な鉄道投資、不健全な銀行業務であったといわれる。銀行預金高が極度に減少し、倒産はごくありふれた事件となった。二万二〇〇〇マイルにわたる鉄道は財産管理をうけ、その建設は、ほとんど停止された。恐慌ののち当時の大統領ジョージ・クリーヴランドは特別議会を召集して、シャーマン・シルヴァー・パーチェイス・アクトを廃止したが、恐慌の間接的原因にはなっていたのであろう。財政困難な諸会社諸企業の吸収によって、より強力な企業が生まれ、より強大な経済的利潤を生ずるようになった。またそれに伴い、新らしい労働問題が発生してきたが、そのもっとも代表的なのが、一八九四年のプルマン・カー・カンパニーのストライキである。

第九章 主人と召使の息子たち

三〇一 **ブラウニング夫人** Elizabeth B. Browning (1806〜61) イギリスの女流詩人。夫ロバートとともに一九世紀のイギリス、ヴィクトリア朝時代に健筆をふるった。『ポルトガルからのソネット』など詩集は多い。引用詩は『詩人のヴィジョン』の最終部分からである。

三三七 **フィリス・ホイートリー** Phyllis Wheatley (1753〜84) アメリカの黒人女流詩人で、一七六一年にアフリカからアメリカにつれてこられた。彼女は、ボストンの商人ジョーン・ホイートリーの奴隷となったが、主人が理解があり、奴隷に読み書き禁止の時代に彼女に文字を教えた。その『さまざまな主題によせての詩集』(一七七三)は、アメリカ、イギリスで好評をえた。アレクサンダー・ポープの影響をうけた詩で、当時の考えかたから、奴隷の境遇などはほとんど歌ってはいない。

サム・ホーズ 既出。第七章。

第十章　父たちの信念

三二 **フィオナ・マクラウド**　Fiona Macleod（1855〜1905）　本名、ウィリアム・シャープといい、スコットランド生まれの詩人、小説家、批評家である。両方の名前で詩や小説をかき、死後まで同一人であることは知られていなかった。マクラウドの名では、『山を愛するひとたち』『不滅の時間』などの作品がある。

三三 **南部の黒人の信仰復興集会**　情熱的な陶酔状態へみちびいて福音伝道のための特別集会がおこなわれ、信者たちが信仰告白をし、牧師が熱烈に説教をする。本文にくわしい。なお、L・ヒューズ短篇小説『大集会』にその描写が生き生きとなされている。

デルフォイ　古代ギリシャにおける、もっとも強力で、もっとも有名な神託の地である。パルナサス山の南の山麓にある。もと大地の女神への崇拝から発したといわれるが、のち太陽神アポロの神託にうつった。神託の加護をもとめるひとびとは集まり、さまざまな捧げものをした。

三四 **エンドア**　タボル山の南パレスティナの村の名である。ここにサウル王が意見うかがいをした有名な魔女が住んでいた。

黄金海岸　西部アフリカの旧英国領で、現在は独立して、ガーナと改称した。一九五七年三月英連邦内での完全な独立をみとめられ、一九六〇年七月に共和国となったが、やはり英連邦に属している。大統領はクワメ・エンクルマで、かれはこの著者W・E・B・デュボイスを非常に尊敬し、手厚く招聘した。

三五 **メソディスト派**　Methodist　メソディズムは、一八世紀初期に英国国教会の沈滞にたいする反動として起った運動で、ジョーン・ウェスリー（一七〇三〜九一）がその指導者であった。一七二九年にオックスフォードでつくられた宗教団体の成員に「メソディスト」という名がつけられ、九一年に教会をつくった。敬虔と道徳性をめざす“rule and method”によって生活するその方針から、名称がでてきたのである。プロテスタントの一派。

バプティスト派　Baptist　洗礼（バプティズム）は、信仰者いがいには与えられるべきものではなく、洗礼が新約聖書に示されている唯一の儀式であると主張するキリスト教徒たちに、この名称がつけられる。子供の洗礼に反対したため、ニュー・イングランドでは迫害され、ペンシルベニア、南部全域に普及した。起源は一六〇八年英国である。とくに黒人バプティストが多いのは、アフリカにおける沐浴の習慣に由来するのだという説もある。

三元　**ヴーズー教**　カリブ海や西インド諸島など（とくにハイチ島）にみられる宗教的な信仰や行事をヴーズーイズムという。合衆国南部やギアナにもみられる。ヴーズー教の根本的な特徴は、西アフリカからの奴隷たちによってもたらされたもので、語源もアフリカ（vodu 悪魔）にあるといわれる。恍惚状態や魔法やまじない行事は、ヴーズー教の儀式で重大な役割りをしめる。キリスト教の要素が混入して、アフリカの神々がさまざまな聖者たちと同一視されているものもある。

監督派教会員　監督制主義の教会で、教権は、教皇のような一個人にあるのではなく、監督（司教）団にあるという主張をもつ。キリスト教プロテスタントの一派である。

長老派教会員　監督制にたいして、長老制を主張するカルヴィニズムに基いたキリスト教プロテスタントの一派である。教職者同権を主張し、長老は、司祭でなく、十字架の宣伝者、福音の伝道者であるとする。

三四〇　**カトリック教会**　ローマ・カトリック教を奉ずる教会である。分裂しない古代キリスト教教会から由来するが、語源的にカトリックとは、包括的、普遍的（ギリシャ語カトリコス）の意味がある。カソリックという場合もある。

大アフリカ・メソディスト教会　アフリカン・メソディスト・エピスコパル・チャーチのことで、主要な黒人メソディスト派の一つである。フィラデルフィアに奴隷として生まれたリチャード・アレン（一七六〇〜

一八三一）を最初の監督として一八一六年に設立された。

シオン教会　アフリカン・メソディスト・エピスコパル・ザイオン・チャーチのこと。黒人のプロテスタント教会として、一七九六年ニュー・ヨーク市のメソディスト・エピスコパル・チャーチの黒人メンバーによって創設された。南北アメリカ、アフリカ、西インド諸島などで活動し、ノース・カロライナにリビングストン大学をもち、成員およそ七一万の大きな団体である。

二四一 **オビ崇拝**　アフリカ黒人や西インド諸島のひとびとのあいだにおこなわれている物神（ものがみ）崇拝。

二四七 **デンマーク・ヴェシー**　既出。第三章参照。

ナット・ターナー　既出。第三章参照。

二五〇 「**われわれ命あるあいだは生きなむ**」　"Dum vivimus, vivamus."　原文はラテン語。

死の影の谷　キリスト教徒が天国にいくのに通らなければならない谷。バニヤン『天路歴程』I。聖書の詩篇にこうある。「たとえ、われ死の影の谷を歩むとも、われ災わいを恐れず。おん身のわれと共におわしますれば、おん身の笞とおん身の杖はわれを慰さむ。」

第十一章　最初に生まれたものの死去

二五三 **スウィンバーン**　Charles A. Swinburne　(1837～1909)　イギリスの詩人、批評家。共和主義を奉じて、イタリーの志士マッチーニにオードをよせたり、教会や君主制に反感をしめし、おおくの詩をかいた。『ポエムズ・アンド・バラッド』『夜明けまえのうた』など、テクニシャンとしても知られている。引用詩は『イティラス』からである。

第十二章　アレグザンダー・クラムメル

二六五 **テニスン** Alfred Tennyson（1809〜92）　イギリスの詩人。ヴィクトリア朝の桂冠詩人で、おおくの詩をかいた。友人の死を悼んだ『イン・メモリアム』が今ではもっとも知られている。

ウィルバーフォース　既出。第六章参照。

二六六 **ミズーリ協定**　（一八二〇〜二一）奴隷の拡張問題に関しての一連の危機に結末をつけた最初の法案。ミズーリに南部から多くのひとびとが入ってきた結果、当然それに伴なって、奴隷の移入の問題が起ることになり、ミズーリは奴隷州になることが考えられた。ニュー・ヨークのジェイムズ・タルマッジは、奴隷の移入を禁じ、ミズーリで生まれたすべての奴隷を解放する修正案を提案し、一八一九年二月下院を通過したが、上院では、通過しなかった。一八二〇年一月、メインを州に認める法案が下院を通過し、一八一九年のアラバマを奴隷州として認めたことで、上院における自由州と奴隷州の議席数が同数となった。二つの法案は、上院で一つにまとめられ、ミズーリでの奴隷制度を廃止する条文の代りに、36°30′の線（ミズーリの南の線）の北、ルイジアナ・パーチェイス Louisiana Purchase（米国が、一八〇三年にフランスから買収した広大な土地、東西ミシシッピー川↓ロッキー山脈、南北はメキシコ湾↓カナダに至る地域）の残りの部分で奴隷制度を禁止する案にした。下院はこの妥協案に反対したが、両院の合同委員会が任命されてから、別個に取り扱われ、一八二〇年三月、メインが州に、ミズーリは奴隷制度に何の制限も受けない憲法を採用する権限をあたえられた州として認められ、ここに妥協案が成立した。36°30′の但し書きは、一八五四年まで有効であった。一八五四年のカンザス・ネブラスカ法案によって、この協定は廃止された。

マニラとエル・ケイニーの砲撃　マニラは、フィリッピンの首府、エル・ケイニーはキューバのオリエンテ州の町で、ここにとりでがあり、一八九八年の米西戦争でアメリカ軍によって攻撃をうけたところである。

第八章の「フィリピンのマチネー」の項を参照のこと。

二六八 **ニュー・ハンプシャー** アメリカ合衆国北東部の州。独立一三州のひとつ。州のモットーは、「自由に生きよ、しからずんば死ね」である。

ケイナーン Canaan ニュー・ハンプシャー州の中央西部にある町。コネチカット、フロリダにも同名の村がある。また同じ綴りで神がイスラエル人に約束した理想郷、約束の地、「乳と蜜の流る土地」の意味で第一章にはつかわれている。そのさいは、カナーンとしておいた。

二六九 **監督教会の総合神学校** 監督ホーバートは、ニュー・ヨーク州に教会を建て、神学教育を推進した。かれは、オックスフォード運動を予期したひとで、一八一九年ニュー・ヨークに総合神学校を、一八二四年ヴァージニアに神学校を設けた。それをさすものとおもわれる。

二七〇 **ジョーン・ジェイ** Johu Jay (1817〜94) 判事で著述家であったウィリアム・ジェイ (1745〜1829) の息子で、弁護士をしていたひとをさすものと思われる。「豪胆な父」は、ニュー・ヨーク州憲法制定委員会の議長となり、独立後の新共和国のもっとも有能な外交官であった。フランクリン、ジョン・アダムズ、ジェファスンらとともに英国との交渉にあたり、一七九四年には、ジェイ条約として知られる交渉成立に寄与した。

聖ポール教会 ロンドンにある寺院で、一六七五年にその礎石をおき、一七一〇年に完成した。

二七一 **使徒承伝** カトリック教や英国教会が、その権威を使徒から継承されたという主張である。僧正や監督は、∧使徒たち∨からの直接の中断されることのない継承を顕現する、というわけである。聖職の任命、管区の僧俗ともに教え支配する権限などを∧使徒たち∨からさずかったとするのである。

フォックス著『殉教者たちの生涯』 ジョーン・フォックス (1516〜87) はクイン・メリーの迫害をのがれて、大陸に亡命、一五五四年にシュトラスブルグでプロテスタント殉教者たちの物語をラテン語で発行した。

一五六三年に増補英語版が出され、生存中に四版を重ね、死後もたびたび版を重ねた。クイン・メリー統治時代のプロテスタント殉教者の敬虔さと英雄的態度を描いたものであるとのこと。なお、デュボイスは、このフォックスの綴字 Foxe を Fox と誤ったまま訂正がなされていない。

『人間の全義務』　一六五八年頃に出版された礼拝用の手引きで、かつて広く用いられたものであるが、その著者が誰かはっきりとはわからない、という。

二七五 **ウィルバーフォース**　ウィリアム・ウィルバーフォース（1759〜1833）の子のサミュエル・ウィルバーフォース（1805〜73）をさすと思われる。父は奴隷貿易の廃止をおこなった政治家、子はオックスフォードの僧正になった。

スタンレー　Arthur Penrhyn Stanley（1815〜81）　イギリスの僧侶で著述家。一九世紀後半にイギリスで起った自由主義的な広教会派神学の唱導者として知られている。

サーウェル　Thirwell　不詳。

イングルズ　Ingles（1814〜62）　有名なイギリスの将軍で、陸軍少将であったサー・ジョン・アードリー・イングルズのことではないかとおもわれるが、詳しくはわからない。

フロウド　James Anthony Froude（1818〜94）　イギリスの歴史家。オックスフォードに学び、オックスフォード運動の影響をうけ、のちロンドンに出てカーライルと親交をむすんだ。

マコーレー　Thomas Bafington Macaulay（1800〜59）　イギリスの歴史家。ケンブリッジで教育をうけた。著書は数多い。「エディンバラ評論」に定期的に寄稿した。議員にもなり、ホイッグ党の弁士としてきわだった存在であった。

ベンジャミン・ブロディ卿　Sir Benjamin Brodie（1817〜80）　イギリスの化学者。同姓同名の父は、有名な生理学者である。ここでは年代から息子のほうを指すとおもわれる。黒鉛とその酸の研究が知られている。

父は科学者として数々の社会的栄誉をうけているので、ブロディ卿のクラムメルにたいする援助は、イギリス社会にとって大きな意味をもつものであったろう。

第十三章　ジョーンの帰還

二八三 **ブラウニング夫人**　既出。第九章参照。

第十四章　哀しみの歌

三一三 **「巡回歌うたい《ミンストレル・シンガーズ》」の舞台**　ミンストレルとは、もともと吟遊詩人のことであるが、ここでは一九世紀初期に起ってアメリカ各地を巡回する音楽的なヴァライアティの上演団を云い、そこでは黒人のメロディをふんだんに盛りこんだ舞台が見られたが、黒くメーキャップした白人が出演したので、真の黒人民謡は歪められてしまったというわけである。スティヴン・フォスターもまたミンストレル・ショーのために作曲をした。

ポート・ロイヤルの試み　既出。第二章参照。

トーマス・ウェントワース・ヒッギンソン　Thomas Wentworth Higginson (1823〜1911)　ハーヴァードを出て牧師をし、おおくの著述をした。奴隷制廃止論者で、ジョン・ブラウンとも親交があった。

ミス・マッキム　Miss Mckim　不詳。同名の有名な建築家がいるので、その関係のひとかもしれないが、詳しくはわからない。

三一四 **組合教会**　Congregational Church　ある地域の教会にかんすること、牧師の選任その他はその権限のすべてをその地域の集まりがもち、完全に自らの手で統制し、治めていく主義を組合教会主義という。そういう主義にもとづいてつくられている教会を組合教会というのである。

ヘンリー・ウォード・ビーチャー　Henry Ward Beecher（1813〜87）　組合教会派の牧師。奴隷制廃止論者。進化論にも理解をしめし、『進化と宗教』という著書もある。

訳者あとがき

W・E・B・デュボイスは、二〇世紀アメリカの最大の思想家のひとりである。かれの思想的影響力を無視したアメリカ史は、いずれ遠からず、書きかえられなければならないであろう。

黒人解放運動の理論上の根幹をかたちづくったのは、他でもないこの『黒人のたましい』の著者である。その文筆活動は、じつに六〇年以上におよび、生存中に念願であった汎アフリカ主義の現実化するきざし、すなわちアフリカ諸国の独立を見、招かれてガーナの地で『エンサイクロペディア・アフリカーナ』の編さんに従いながら、日本流にいえば大往生を遂げたデュボイスは、ある意味で闘いの生涯を貫いて幸福であったといえる。

いま、われわれがその生涯の全業績を検討するには、あまりにその資料に乏しく、あまりに広範囲にわたっている。だから、ここでは、かれの全生涯にわたっての思想と行動の軌跡を略述するにとどめ、今世紀にこのような一貫した生きかたをしたひとがいたということを、銘記していただけるようにと紹介するだけにしたい。

デュボイスの一貫して持続した闘いのエネルギーは、ここに訳出するごく初期の『黒人のたましい』からも充分みてとられることであろう。ほとんど、そのすべての出発点が煮えつまったかたちで出されている、といってい い。とくにここでふたつの点をわれわれは注目したい。それは、名著『黒人のたましい』のもつ綜合性と前衛性である。この一冊には、アメリカ黒人のすべてが、すべての角度から、すべての方法で考察の対象になっている。

これは社会科学書であろうか?

そうであって、そうでない。歴史研究があり、社会学的調査がある。だから、社会科学者にはとうぜんのことながら読んで頂かなければならない。しかし、ここにはどうじに、宗教的熱狂の探求もあれば、青春の挫折の物語りもある。埋もれたひとの伝記あれば、歌によせる考察もある。もし情念を排除して純客観的に対象を捉えることのみを社会科学と呼ぶひとがいるとすれば、この書物はとまどいの的となるであろう。しかし、もし人間を欲望や情念をそなえたその全体として歴史のなかを生きるものとして捉えないならば、人間社会について考察をなしえないとするひとがいるとすれば、これほど興味ふかい書物はないであろう。著者一個人がもつ綜合性が、黒人をあらゆる角度からとらえつつひとりの全的人間として浮びあがってくるように、われわれには思えるのである。

つぎに『黒人のたましい』の前衛性とわれわれが呼ぶところのものは、ほとんどが未知であり未開拓であった分野に、著者デュボイスが鍬をふるっていることにまず端的に示されており、ついで、ひとりの黒人として、単にじぶんたちをとりまく現実を解釈の対象としてでなく、つねに変革の対象としていることに伺われよう。一箇の書物のつくりかたとして、御覧のようにじつに総合的であり、また前衛的である。楽譜や詩の配置、各章ごとに織りなすように展開される構成など、こころにくいばかりである。各章冒頭の詩は、まったく内容上から後につづく散文と対応するようにおかれ、浅学で異国語のわれわれには出典を明らかにすることもできないのが多かったが、楽譜とあいまって導入部としてみごとに組立てられているとおもう。

そしてここにもうひとつつけくわえたいことは、書物全体としての構成に充分こころくばりをしてあるとはいうものの、各章各章はおのおの完全に独立をしながら連関しあっているので、われわれとしては読者諸氏にためらうことなく、こう云うことができる。**どこからでも、どの章からでも読みはじめてください**、と。小説をよみたいひとは、第十三章から、と。ニグロ・スピリチュアルズについて知りたいひとは第十四章から、と。アメリカ史のもっとも興味ある一章、南北戦争後の解放奴隷の運命については、第二章から全章へ、と。

さて、デュボイス博士の全生涯の業績であるが、歴史学・社会学の学究の徒として、黒人の権利要求と獲得のための闘争における指導者として、汎アフリカ会議の提唱者として、詩人・作家として、平和運動・原水爆禁止運動の推進者として、子供のものまでにいたる雑誌編集者として、つまり広い意味での文化運動の指導者として、じつに多角的であり、百科事典をおもわせる総合的知識の啓蒙者であった。じじつ、最後にとりかかっていたのが、ガーナでの『エンサイクロペディア・アフリカーナ』であってみれば、フランス革命前のドニ・ディドロをおもわせるアンシクロペディストの名前でわれわれが呼んだとしても、それほど不当なことではあるまい。

*　*　*

ウィリアム・エドワード・バーガート・デュボイスは、一八六八年、マサチューセッツ州のグレイト・バリントンに生まれた。この地方は、割合に人種偏見が少なく、黒人たちがむしろ白人の季節労働者を軽蔑するような雰囲気があった。かれの血には、フランス人、オランダ人、黒人奴隷の血がまじっているといわれる。父は床屋などしていたが早くから放浪したので、かれは母の手で育てられた。そのため学資の獲得には苦労したようである。秀才で、大学に進む前からニュー・ヨーク・グローブに投稿するなどしてその地方の一種の黒人スポークスマンのような役割を果していた。秀才のかれが、北部の一流大学ではなく南部の黒人大学フィスクへはいったことが、かれの思想の方向を決定することになった。かれは、ここで始めて真の意味の「黒人問題」に目覚めたようである。卒業後、ハーバード大学へはいったが、ここもかれは、単に図書館、勉強部屋として利用しただけのようである。しかし、後年の「事実」をもととして論理を追求するという方法は、多分にこの時のすぐれた教師ウィリアム・ジェームズのプラグマチズムなどに負う所が多いようである。経済学と歴史、特に黒人問題に進もうと決意したのは、大体この頃のことであろうと思われる。後ベルリン大学に留学するが、これはかれに事物を客観的に考察することを学ばせたとどうじに、ヨーロッパ社会主義の思想にもふれさせることになる。帰国後ウィルバーフォース大学、ペンシルバニア大学でしばらく教鞭をとった後、一八九七年から一九一〇年までアトランタ大学に奉職する。この期間は、学者としてのかれの最も実り多い時代といえよう。「フィラデルフィアの黒人」(一八九九年)のような都市部黒人に関する第一級の論文を残しただけでなく、本書『黒人のたましい』(一九〇三年)をもまとめあげた。更に戸別調査による黒人の実態調査といったような先駆的な仕事も精力的に押し進めている。しかし、その時期は、学者としてのデュボイスを作っただけでなく社会運動家としてかれを育てたとも言えよう。というのは、かれとトロッターなどが中心となって「ナイヤガラ運動」が一九〇五年には始められているからである。同時にかれは、雑誌「ホライズン」を主宰して啓蒙運動に乗り出している。「ナイヤガラ運動」は、知識階級の運動としての限界をもっていたとはいえ、まさに黒人自身による「奴隷解放宣言」の性格をもっていた。一九一〇年に出来た「全国有色人向上協会」NAACPは、この運動の精神的後継と見るべきであろう。デュボイスがNAACPの役員としてアトランタ大学を去ったのは、実は『黒人のたましい』でかれがブッカー・T・ワシントンを「理性的」に批判したことが、ワシントンとそのタスキーギ・グループの激怒を買い、このことでかれとワシントンが決定的な論敵となり、当時黒人運動の主導的地位にあったワシントン一派とかれの白人の同盟者がアトランタ大学に圧力をかけた結果と見ることが出来る。後年の論文をみてもわかることだが、かれは、「ワシントン氏の目標は正しいがその方向が間違っている」と折目正しい批判をしているのである。

NAACPでは、かれはその機関紙「クライシス」の編集者として存分に腕をふるった。かれの思想的立場は終始一貫していた。すなわち、黒人問題の「解決」を第一義的に考え、あらゆる思想はそれの補助者として役立つという考え方である。このかれの考え方をニグロ・ショービニズムあるいは一種の人種主義として批判する論者もいる。事実そのような傾向もあり、第一次大戦の時に、戦争を軍隊などにおける黒人公民権拡大の機会としてとらえ最終的には、大戦へのアメリカの参加を認めたことや日本の侵略行為を擁護したことなどにもあらわれている。NAACPは、白人博愛主義者がその当初から主導権を握っていたので大きな限界をもっていた。この協会の役員と非妥協的なデュボイスとが当初から敵対的な関係にあったことは当然といえよう。それにもかかわらず、デュボイスが一九三四年までこの協会にとどまりその機関誌「クライシス」の編集長としての地位を保持することが出来たのは、かれの編集者としての卓越した手腕と、(この雑誌は、デュボイスの個人雑誌的な性格が強かったが、協会の発展がこの雑誌にたよっていた比重は大きい。デュボイスの文筆家としての真髄は、後記の書物もさることながらこの雑誌の彼の論文の中にこそ最もよくあらわれている。)ワシントンの死によるその影響力の減退、黒人の都市集中化という階級分化の進行による事態の変化が、デュボイスの理論と実践の正しさを示し、それが黒人大衆に支持されていたからであろう。

二〇年代のかれは、その視野を世界的な舞台にまでひろげている。その一つは、汎アフリカ会議を一九一九年に召集したことにあらわれている。この運動は、二〇年代後期に中絶しているが、四五年にガーナのエンクルマも参加して再召集され新しいアジア・アフリカ時代を画することになる。しかし当時は、マーカス・ガーヴェイの夢想的な「アフリカへ帰れ運動」と混同されて、正当に評価されなかったようである。第二は、国際社会主義への接近である。かれは生涯ソ連を人種偏見のない国、労働者が平等に教育を受けられる未来の国として高く評価し、かつて「わたしはボルシェヴィキだ」と言ったこともある。しかし、かれがマルクス主義の文献に直接取り組んだのは、六〇歳をすぎた三〇年代ではないかと思われる。(この所産が、『黒人再建期』(一九三五年)というぼう大な書物となる。)ソ連をこのように評価しながらアメリカ共産党とは常に一線を画し、黒人はプロレタリヤ革命の突撃隊とはなりたくないと繰り返し述べている。黒人問題を最優先と考えたかれの態度がここにもよくあらわされている。

重要なことは、この時期にかれが次第に組織労働者への反感を深めて行ったことである。かれの思想的態度の底には、本書にもよく示されているように「才能ある十分の一」すなわち進んだ知識階級の能力を開発することによって黒人の地歩を確保し、教育によって人種偏見を除去出来るという確信があった。その場合、かれは、この「才能ある十分の一」は勤労階級に奉仕するものだと考えていた。だから、かれの意識の中には常に勤労階級との連帯ということがあった。にもかかわらず、かれが最終的にはAFLのような組織労働者の組織と敵対関係にはいったのは、労働組合の中にある白色主義、即ち黒人労働者の排斥という現実が一向に変革されぬからであった。かれは遂には、黒人だけの労働組合を考えたばかりでなく、黒人自身だけによる経済的自立社会、かれの表現を借りれば、「自発的隔離」「差別のない隔離」を考えるに至り、それを「クライシス」誌上に発表する。この「隔離」という言葉がNAACPの幹部をひどく刺戟して遂に三四年のNAACPとの訣別となり、かれは、アトランタ大学に再びもどらなければならなかった。

三四年から四四年までの学究生活の途中で第二次大戦がおこり、(かれは、これを「人種的平等のための戦争」と称した。)このことが、かれの黒人自立社会論に終止符を打たせることになる。かれの期待をかけた「才能ある十分の一」は、逆に「黒人問題」と直面することをさけ、黒人自立社会の中で資本を提供すべきであった黒人資本家たちは白人資本家と全くかわらぬ利潤の追求者であることを思い知らされた時のかれの絶望は大きかったが、世界は自由と平和の方向へ向かいつつあった。そして特に戦後は、国際労働運動が大きなうなりとなっておしよせてきた。かれは、四四年再びNAACPに帰り四八年まで活動を続けた。然し、もはやそこはかれの思想を受け入れてくれる場所ではなかった。黒人社会が大きく変貌していただけでなく指導者も多中心主義的となり、しかも妥協的になっていた。かれは国際労働運動と平和運動に希望を託するようになり、その方面で精力的に活動するようになった。三〇年代にかれを「ブッカー・T・ワシントンの同類」とまで罵倒した共産党との接近も始まった。五〇年に世界平和評議会の「ストックホルム・アピール」をひろめる運動で起訴されたことが、かれの思想と行動の方向を決定的にきめることになった。死の数年前にアメリカ共産党に入党したことを考えると、かれがNAACPの運動を始めた四〇歳台の転機よりも、八〇歳台に訪れたこの転機の方がむしろ大きい意味をもっと考えるべきであろう。かれは、「ニグロ・ショービニズム」をそこで捨て去ってしまったのだから。ガーナのエンクルマ大統領に招かれて『アフリカ大百科辞典』の大事業にとりかかっている途中、六三年の例の「ワシントン大行進」の前夜に劇的な死をとげたことは、すでに述べた通りである。九五歳であった。

最後に本書『黒人のたましい』の意義をもう一回内容的な面から要約すると、(1)始めて科学的な社会学的方法を使って黒人問題を究明し、更に芸術の分野でも黒人の優秀性を立証したこと。(2)黒人問題を「何が」「何故」の問題から「……すべし」の主体的解決の対象の問題として捉えることを、広く白人、黒人に訴えかけ、黒人の自覚と誇りを促したこと。(この観点からみると、かれの文中に論理の飛躍や自家撞着がみられるのはやむを得ないと考えられる。)(3)二〇世紀の問題を人種差別の問題として把握し、予言者的な宣言をしたこと。(4)アメリカ黒人の問題は黒人としての側面とアメリカ人としての側面をもっており、最終的な解決はアメリカ人としての立場からなされるべきであると定式化したこと。(5)擡頭しつつあったブッカー・T・ワシントン一派の有力な妥協的思潮に挑戦し、二〇世紀の黒人運動の戦闘的潮流のきっかけを作ったこと。

以上のような観点からすれば、黒人雑誌「フリーダムウェイズ」で一論者が本書を「黒人解放運動の聖書」と、表現しているのは誇張ではあるまい。ジェームズ・ウェルドン・ジョンソンが、『アンクル・トム』以来最も大きな影響をあたえた書物と言い、マックス・ヴェーバーがドイツ版の出版をすすめ、ケンブリッジの『アメリカ文学史』が、「強い抒情性をもっている」と評価していることなどを考え合わせると、本書が、社会学の書としてだけでなく文学の書としても一定の水準を保っていることがわかるであろう。

かれの影響は、すこぶる広範で、ガーナのエンクルマ、ナイジェリアのアジキウェのような政治家や、ラングストン・ヒューズやピーター・エーブラハムズのような作家にその精神はうけつがれ、青年たちのあいだにはかれの名前を冠したデュボイス・クラブの活動がはじまって、たとえばヴェトナム戦争反対に妥協をしらぬたたかいをくりひろげていることが、ようやくわが国にもつたえられているところである。

主要著作リスト

The Suppression of the African Slave Trade to the United States（1896）
The Philadelphia Negro（1899）
The Souls of Biack Folk（1903）
John Brown（1909）
The Quest of the Silver Fleece（1911）（小説）
The Negro（1915）（これは後にホーム・ユニヴァーシティ・ライブラリーに所収され戦時中に訳された。）
Darkwater（1920）
The Gift of Black Folk（1924）
Dark Princes（1928）（小説）
Black Reconstruction in America, 1860—1880（1935）（黒人勤労者を南北戦争の伏在的原因と考え、北軍勝利の決定的な力を黒人の中に求め、南部プランテーションからの黒人の脱走を「ゼネラル・ストライキ」と呼び、再建期南部の政府をロシヤ革命に先立つ、マルクス主義の実験であると主張した。）
Black Folk, Then and Now（1939）
Dusk of Dawn（1940）（自伝的論文）
Encyclopedia of the Negro（1945）（アフリカ百科辞典の構想をもたらした書物）
Color and Democracy（1945）
The World and Africa（1946）
In Battle for Peace（1952）（晩年の思想を知る上で重要な書物）

The Black Flame（1957—1961）（三部作の小説。*Black Reconstruction* の続編を小説の形で書いたものと考えてもよかろう。一八七六年から一九五〇年代初期までの黒人運動の記録としての性格をもっている。九〇歳を中にはさんだ時期に書かれた。）

An ABC of Color（1963）（東独の　Seven Seas Publishers　から出版。デュボイスの思想の全貌を知るに好適の選集。）

主要研究書

Francis L. Broderick, *W. E. B. DuBois: Negro Leader in a Time of Crisis*（1959）

Elliot M. Rudwick, *W. E. B. DuBois: A Study in Minority Group Leadership*（1960）

Freedomways, Vol. 5, No. 1, Winter, 1965（黒人雑誌。デュボイス特集号）

日本で飜訳された作品

小説『黒い王女』山室静訳（新潮社刊・アメリカ尖端文学叢書所収・一三九一年、カルヴァートン編のなかから抜粋したもの）

評論『黒人論』（ホーム・ユニヴァーシティ版の訳）井上英三訳（博文館刊一九四四年）「国土をみつめよ」（演説）「アトランタ連禱」（詩）

以上、木島始訳『ことごとくの声あげて歌え』（未来社刊一九五二年）

「権利・義務に関するナイアガラ宣言」飛田茂雄訳「思想革命」（自伝的論文の一部）木島始訳　「哀しみの歌」（本書第十四章にあたる部分）木島始訳

以上『黒人文学全集』第十一巻（早川書房刊　一九六二年）

「進歩の意味について」（本書第四章にあたる部分）　鮫島重俊訳
雑誌「20世紀文学」第一号（南雲堂一九六四年）
「アメリカ合衆国とニグロ人民」（論文）　高橋徹訳　「この国土をみつめよ」鮫島重俊訳（木島訳の演説と同じもの）
以上『アメリカの黒人解放運動』　（未来社　刊一九六六年）

＊　＊　＊

おもえば、訳者のひとりである木島始が、一九五二年の五月にアメリカ黒人の詩を集めた訳詩集『ことごとくの声あげて歌え』を未来社から出版してから一三年の歳月を経ている。そのときデュボイス博士の詩「アトランタ連禱」と論述「国土をみつめよ」を同書に収めるにあたって、同年一月一六日付の返事で博士の全著作からの飜訳許可をうけていたにもかかわらず、今日までその訳出を怠っていたのは怠慢という他はない。ここにその責任の一端を果しえたことを喜びたい。

ただ、デュボイス博士の文章は、すこぶる難解、というか日本語に訳しづらいところがあり、今回も訳者たちはくりかえし嘆息を発したものであった。さまざまなかたからの教示をえたが、なかでも在ロンドンの黒人文学研究家ロージー・E・プール女史、在長野のW・H・H・ノーマン師からの御教示はありがたかった。ここに厚く感謝する次第である。

なお第一章から第七章までを鮫島重俊が、第八章から第十三章までを黄寅秀が、それぞれ担当し、残りと訳文の文体統一の責任は、木島始が負ったことをここに明らかにしておきたい。カラー・ラインのような言葉には、「皮膚の色による差別線」「人種差別の線」「カラー・ライン」とさまざまな言葉を当てているが、これはそこでの用いられかたの相異ではなく、その言葉（本書中での重要な言葉）にたったひとつの訳語でなくちがった形ででもより多く接して頂こうとしてのことである。なお、詳しい註があるかとおもえば、註がつけてないところがあったり不統一なところもあるが、率直にいってなにぶんにも分野が広すぎしかも社会科学の専門家でない訳者たちで研究がいきとどかなかった故である。然し「不詳」となっているものでも例えば三五頁のエリオットなどについては、デュボイスの『黒い焔』などに言及してあるように記憶するがあえて「不詳」のままとした。どうか至らない点についての御教示をおねがいしたいものである、と考えている。なお第一章から第七章までの註は、鮫島が、第八章以下の註は木島と黄が責任を負うものである。

原典では各章の表題に“of”がついているので全部「――について」という表題にすべきであったかと思われるが、訳者たちの討論のすえ、これをとることにした。他にそのような箇所はない。なお、扉の献辞にあるバーガートは、ウィリアム・エドワード・バーガート・デュボイスの祖父をあらわし、ヨーランドは娘をさす。この娘は、有名な黒人詩人カウンティ・カレンと結婚し、一年くらいで離婚したひとだそうである。父デュボイスより先に亡くなった。そして、「失われたもの」と「見出されたもの」とは、バーガートとヨーランドをさすだけでなく、アフリカ大陸とアメリカ大陸をさす、というのがプール女史の意見である。そして解説をかいたシャーリー・グレアムは、デュボア博士が原水爆禁止のストックホルム・アピール支持で罪に問われたころ、熱烈に博士をたすけ、博士の夫人となった女流作家で、現在はガーナ共和国で活躍中のひとである。

一九六五年一二月

木島　始
鮫島重俊
黄　寅秀

〔訳者略歴〕

木島　始（*Hajime Kijima*）

1928年京都生まれ。1951年、東京大学文学部英米文学科卒業。元法政大学教授。2004年、死去。著書に『木島始詩集』（未來社）、『イグアナのゆめ』（理論社）、『木』（佐藤忠良・画、福音館書店）、「木島始童話集」（『ノリちゃん』他全８冊、創風社）、訳書に、ラングストン・ヒューズ『ジャズの本』、ナット・ヘントフ『ジャズ・カントリー』（以上、晶文社）、『ホイットマン詩集』（思潮社、岩波文庫）、エズラ・ジャック・キーツ『ゆきのひ』『ピーターのいす』（以上、偕成社）、ウィリアム・フォークナー『魔法の木』（冨山房）、キップリング『ジャングル・ブック』（共訳、福音館書店）、編著書に『四行連詩集　近づく湧泉』（１～２、土曜美術社出版販売）他多数。

鮫島重俊（*Shigetoshi Sameshima*）

1928年鹿児島県生まれ。1954年、東京大学文学部英米文学科卒業。現在、慶応義塾大学名誉教授。国士舘大学大学院講師。

黄　寅秀（*Hwang In Su*）

1928年韓国生まれ。1951年、東京大学文学部英米文学科卒業。元法政大学教授。訳書にジェイムズ・ウェルドン・ジョンスン『もと黒人の自伝』（学芸書林）、ウィリアム・メルヴィン・ケリー『ジャズ・ストリート』（晶文社）、ジュリアス・レスター『奴隷とは』（共訳、岩波書店）、リロイ・ジョーンズ『根拠地』（共訳、せりか書房）、ローザ・ガイ編『ハーレムの子どもたち』（晶文社）、ジュゼッペ・トゥッチ『ネパールの秘境ムスタンへの旅』、ヤンハインツ・ヤーン『アフリカの魂を求めて』（以上、せりか書房）他。

黒人のたましい

1965年12月25日　第１刷発行
1975年12月25日　第２刷発行
2006年９月５日　新装復刊第１刷発行

定価（3500円＋税）

訳　者　木　島　　始
　　　　鮫　島　重　俊
　　　　黄　　　寅　秀
発行者　西　谷　能　英

発行所　株式会社　未　來　社
〒112-0002 東京都文京区小石川3-7-2
TEL 03-3814-5521（代表）
http://www.miraisha.co.jp
email info@miraisha.co.jp
振替 00170-3-87385

ISBN 4-624-41089-0 C0036　（印刷・製本　萩原印刷）

（消費税別）

ベイカー・ジュニア著／小林憲二訳
モダニズムとハーレム・ルネッサンス
〔黒人文化とアメリカ〕ミンストレル・ショー、ブルース、演説などからアメリカのブラックカルチャーにおけるモダニズムの形成過程をたどるポストコロニアル批評の先駆。 二〇〇〇円

スターケン著／岩崎稔他訳
アメリカという記憶
〔ベトナム戦争、エイズ、記念碑的表象〕ベトナム戦争、エイズの流行など、アメリカ社会に深刻なトラウマを残した出来事はどのように記憶され表象されたのか、精緻に分析する。 三八〇〇円

カプラン著／村山淳彦訳
移動の時代
〔旅からディアスポラへ〕フェミニズムの視点からポストモダンの諸言説にみられる〈旅〉や〈移動〉という事象をめぐる思考の限界と問題点を脱構築的に批判する文芸／社会評論。 三五〇〇円

マークシー著／藤永康政訳
モハメド・アリとその時代
〔グローバル・ヒーローの肖像〕圧倒的な強さを誇り、過激な発言で物議をかもした不世出のボクサーの最盛期を描きつつ、60年代アメリカを風靡した抵抗の精神をいまに甦らせる。 二八〇〇円

ベラー著／松本・中川訳
破られた契約〔新装版〕
〔アメリカ宗教思想の伝統と試練〕建国の宗教的アイデンティティをなした神との契約を見すえ、現代アメリカ社会の苦難の原因を聖なる契約の破棄にあるとする市民宗教論。 二五〇〇円

久田俊夫著
アメリカ・サンジカリズムの群像
〔作業服を着た素人革命家たち〕20世紀初頭アメリカ西部に誕生した、作業現場での直接行動を唱える急進的な産業別労働組合＝ＩＷＷの六名の有力指導者の肖像で描く労働運動史。 二五〇〇円

フレイジア著／太田憲男訳
ブラック・ブルジョアジー
〔新興中産階級の勃興〕アフリカの文化的伝統から断ち切られ、白人の残酷な扱いを受けた結果、特異な閉鎖的社会を作り上げたアメリカ黒人社会の指導層の実態を分析した古典。 一八〇〇円